实践哲学视角下的译者主体性探索

熊兵娇 著

中国书籍出版社

序

　　说起来，我似乎从来没有写过明确以译者主体性为标题的文章，也没有在哪篇文章或哪部专著里明确探讨过译者主体性，但这并不意味着我不关注译者主体性问题，更不意味着我对译者主体性问题没有思考。其实，译介学的核心内容之一就是关注长期隐身在幕后的译者以及译者在目标语系统中的影响与作用。前几年我推出了一本小书——《隐身与现身——从传统译论到现代译论》。我在书中指出，"译者的隐身与现身"是传统译论发展到当代译论的转折点：两千多年来的传统译论一直强调"原文至上"，确立"忠实是判断译文优劣的唯一标准"，要求译者跟在原作的后面"亦步亦趋"，译者成了"隐身人"；而当代译论，包括译介学理论，则要彰显译者主体性，要让译者"现身"。我特别强调，翻译的本质就是要实现跨语言和跨文化的有效交际，而译者应该确立自己的主体意识和崇高使命，为促成不同民族之间的相互交流和了解做出贡献。

　　然而，大多数研究译者主体性的学者似乎并未发现译介学与译者主体性研究之间的关系，其原因很可能出在我戏称的"网络依赖症"上：一些研究者不是尽可能地占有相关资料并认真研读，而只是在网上轻松地输入"译者主体性"这个关键词，然后根据网上显示出来的若干篇相关文章，以此为据展开研究。如此一来，只要你的文章标题和正文中没有出现"译者主体性"这个"关键词"，即使你文章的内容跟译者主体性讨论有关，甚至密切相关，你的著述也进入不到这些研究者的视野之中。在这一点上，本书作者熊兵娇表现出了一定的理论敏感性。她在书中梳理国内译学界对译者主体性研究的课题史时敏锐地发现，我在拙著《译介学》里关于"创造性叛逆"的阐释把连同译者、读者在内的接受环境一并称为"创造性叛逆"的主体，是对此前译学界关于"主体即人"主体思想的"挑战"。

当然，兵娇对译者主体性的研究并不是遵循译介学的研究视角，而是以实践哲学为理论视角，超越主体性的主观理性的匡囿。她借鉴马克思实践哲学的理论知识，看到了翻译作为人类的一项重要社会活动，既是社会性的，又是历史性的，看到了翻译与特定社会历史语境之间的关系。这样，在她的笔下翻译就跳出了传统的"纯语言转换"的视域，而具有了"改写""改造""再造"或"重构"的意蕴与功能。在此意义上，翻译面对的就不是一个"原文—译文"的两极世界，而是进入了一个"原文—原语语境—译者—译语语境—译文"的多极世界。这样，译者作为联系原语语境和译语语境的"中间环节"，就不再扮演"摆渡人"和"传声筒"的角色，而是必然会积极地参与到原文意义和话语的重建中去。

为了进一步深入阐释译者作为实践主体的主体性，即译者的社会性与历史性，兵娇还借用霍米·巴巴的"第三空间"理论，指出翻译的"第三空间"意味着意义的生成不是自身而为，而是"建构在一个相互区别与相互冲突的阐释空间之中，进而强调意义……不是原始的统一体或不变物；相同符号可以被再阐释、再历史化，以及再解读"。这就表明，译者不可能"赤条条"地进入文本之中，而必然会带有自己的文化视野与历史踪迹。兵娇指出，翻译是空间内的意义生产，而译者对原作的解读过程也就是译者的社会性与历史性对原作的一种空间性重构。我认为如此阐释译者主体性（即译者的社会性与历史性）是深刻且富有新意的。

令人印象深刻的还有本书第四章对《珍妮姑娘》和《飘》的两

个不同时代的中译本所做的对比分析。兵娇采用丰富的译例，分别从人物形象译介和文化图景译介的差异性切入，进一步论证了译者的社会性与历史性在文本意义的生成与建构中所起的作用，从而使对译者的社会性与历史性的阐释更加生动、更具说服力。

　　本书作者熊兵娇是我在上海外国语大学高级翻译学院招收的第二届翻译学博士（于2006年9月入学）。在学期间，她就表现出对翻译理论的浓厚兴趣，获得过上海外国语大学研究生部学术论文一等奖等科研奖项，在平时的课堂讨论中她经常会发表一些颇具独特感悟的观点。2009年6月她顺利通过了博士论文答辩并以优异成绩毕业，毕业后自愿到家乡的学校——江西财经大学任教至今。走上工作岗位后，她仍一如既往地刻苦勤奋，著译不辍，成果甚丰。她翻译出版了梭罗的《瓦尔登湖》、海明威的《老人与海》等多部译著；在海内外学术刊物上发表了《上海"孤岛"时期文学翻译的发生与建构——以〈西洋文学〉杂志为讨论对象》等论文多篇；参与编写《汉英笔译全译实践教程》《研究生英语写译教程》等多部翻译教材；主持或参与了多项国家级、省部级研究课题。

　　让我倍感欣慰和更为赞赏的不止是上述这些丰硕的成果，而是她为取得这些成果所付出的努力和表现出来的精神。兵娇的人生道路其实并不那么平坦，但她在遭遇困难时总是能冷静、乐观以对，并以超凡的勇气，坚毅地朝着自己的既定人生目标奋进。所以，每次见到她，总是能看到她灿烂的笑容，听到她朗朗的笑声。凭着这样的精神，我相信兵娇在今后的人生道路和学术道路上，一定能取得更为优异和出色的成绩。

　　是为序。

谢天振
2016年冬于广西北海
恒大御景花园

目 录

绪 论 ·· 1
    一、国内外研究现状 ·· 2
    二、研究问题、目标与意义 ······································ 29
    三、研究方法与基本思路 ··· 31
    四、研究内容与研究的局限 ······································ 32

第一章　主体的反思 ··· 34
  第一节　翻译研究"文化转向"视野中的译者 ················ 34
    一、传统译论中的译者地位与形象 ···························· 35
    二、"文化转向"及其现实意义 ································· 41
    三、"文化转向"视野中的译者身份与主体性 ············· 47
  第二节　主体、主体性问题探讨 ································· 51
    一、作为哲学问题的主体与主体性 ···························· 51
    二、主体间性与主体性 ·· 57
    三、主体性困惑与无法消解的主体性 ························· 62
  第三节　本章小结 ·· 67

第二章　理论的透镜 ··· 68
  第一节　马克思实践哲学概述 ···································· 68
    一、关于实践哲学 ·· 69
    二、马克思实践哲学的内涵及其理论意义 ·················· 77

第二节　实践哲学对翻译研究的启示 …………………… 83
　　一、理论哲学路径下的翻译研究 …………………… 84
　　二、实践哲学对翻译研究的启示 …………………… 89
第三节　译者作为实践主体及其主体性内涵 …………… 93
　　一、译者作为翻译实践的主体 ……………………… 93
　　二、译者作为实践主体的社会性与历史性 ………… 97
第四节　本章小结 ………………………………………… 102

第三章　时空的演绎 …………………………………… 103
第一节　译者——突围的"他者" ……………………… 103
　　一、译者：从他者之境走向主体身份 ……………… 103
　　二、译者与翻译的"第三空间" …………………… 107
　　三、译者突围的意义——译者的社会角色与
　　　　历史功能 …………………………………………… 112
第二节　译者何为：面对"异"的两难 ………………… 116
　　一、翻译中"异"的问题 …………………………… 116
　　二、翻译：求同还是存异？ ………………………… 120
　　三、译者与翻译："异中存同"与"同中见异" …… 124
第三节　译作——主体建构的"第三生成物" ………… 127
　　一、"第三生成物"的本质内涵 …………………… 128
　　二、译作：主体建构的"第三生成物" …………… 132
　　三、影响译作生成的可能性因素 …………………… 134
第四节　本章小结 ………………………………………… 140

第四章　译者的介入 …………………………………… 141
第一节　相同人物　不同形象：从《珍妮姑娘》译本
　　　　看译者的介入 …………………………………… 141
　　一、德莱塞与《珍妮姑娘》的简介 ………………… 141

二、相同人物　不同形象：《珍妮姑娘》主要人物
　　　　形象的译介 …………………………………… 146
　　三、译者的介入：形象差异背后的原因探析 ……… 160
　第二节　相同图景　不同文化：从《飘》译本
　　　　看译者的介入 ………………………………… 165
　　一、米切尔与《飘》的简介 …………………………… 165
　　二、相同图景　不同文化：《飘》的文化图景
　　　　及其译介 ……………………………………… 169
　　三、译者的介入：文化差异背后的原因探析 ……… 190
　第三节　本章小结 ……………………………………… 195
结　语 ……………………………………………………… 197
参考文献 …………………………………………………… 202
后　记 ……………………………………………………… 225

绪　论

　　译者主体性问题是一个重要的翻译研究课题，从研究的发展脉络来看，无论是国内还是国外的翻译研究，对译者主体性的关注都经历了一个由遮蔽、排斥到凸显、高扬的过程。纵观中国翻译史，对译者的论述自古就有，但大多是对译者的素质和能力上的要求与规定，如道安的"五失本，三不易"[①]，彦琮的"八备"[②]，梁启超的"三通"[③]，等等。在西方，西塞罗提出："翻译也是文学创作，任何翻译狄摩西尼的人都必须自己也是狄摩西尼式的人物。"[④] 德莱顿说："无人可译诗，除非是具有诗歌创作的天赋者。""要做翻译，译者必须首先是一个训练有素的母语批评家。"[⑤] 诸如此类的论述还可列举，此处不予赘述。这些对译者的要求与规定可谓近乎完美，却未能揭示出译者作为翻译主体的主体性特质，译者的主体性由此被遮蔽。可是，在结构主义语言学的影响下，翻译研究又将视角投向两种语言转换的规律与模式的探究，凸显了一种"工具理性"，忽视了翻译活动的社会性和人文历史性：翻译被看成是寻找对等语或等值关系的一个科学化过程，译者犹如翻译机器。由此，译者的主体性被排斥。在翻译研究"文化转向"的推动下，结构主义语言学范式的翻译研究开始遭到质疑，封闭、单一的结构被打破，确定性和终极性意义被消解，理论研究从独白走向对话，研究视角也由一元转向多元。这时，

---

① 马祖毅：《中国翻译简史》，中国对外翻译出版公司，2004年，第37页。
② 同上，第53－54页。
③ 梁启超：《论译书》，见《翻译通讯》编辑部编：《翻译研究论文集（1894—1948）》，外语教学与研究出版社，1984年，第19页。
④ 谭载喜：《西方翻译简史》（增订版），商务印书馆，2004年，第20页。
⑤ John Dryden, "On Translation," in Rainer Schutle & John Biguenet, eds., *Theories of Translation: An Anthology of Essays from Dryden to Derrida*, The University of Chicago Press, 1992, p. 24.

译者作为翻译行为的主体及其主体性得以彰显。在这一研究动向的引导下，国内外译学界才开启了真正意义上的主体与主体性探索。

一、国内外研究现状

1. 国内研究现状

国内学界对译者主体性的研究，确切地说是始于20世纪90年代。从主体与主体性概念的内涵与演变来看，研究者对译者主体和主体性的探讨受到了哲学主体性思想和文学主体性论争的启发①，而后期所开展的大量研究也明显受到了西方翻译研究"文化转向"的影响。国内译者主体性研究的成果颇为丰富，我们以"译者主体性"为"篇名"检索中国知网，共检出期刊论文1166篇，硕士论文719篇，博士论文7篇（时间截止到2015年，统计数据不包括更多涉及和探讨"译者主体性"但未在篇名中予以明确体现的论文），另外还有专著及其中的部分章节。在此我们仅从译者身份的定位与主体的确立，主体性的内涵、表现与制约因素，主体性到主体间性的转向，以及主体性研究的理论视角四个方面进行述评。

（1）译者身份的定位与翻译主体的确立

国内众多学者从翻译主体的角度对译者的身份做了界定与论述。从现有文献判断，最早提出"翻译主体"概念的是辜正坤。他在孙迎春的《张谷若翻译艺术研究》一书的序言"翻译主体论与归化异化考辩"中谈到，他1982年就使用了"翻译主体"这个提法。他认为，一个主体是否为主体，取决于该主体在某一特定行为状态中的功能②。受到哲学思想——"主体即人"的启发，他将主体分为"原作主体、翻译行为主体、翻译读者主体和翻译批评主体"，并指出就翻译行为或翻译过程的执行者而论，译者是"翻译行为主

---

① 20世纪80年代刘再复撰写了一系列文章，对文学主体性问题进行了系统性的探索，并引发了强烈的学术反响，对文学主体性的讨论与争鸣无疑也为国内译界的译者主体性思考提供了指引与方向。

② 辜正坤：《序一：翻译主体论与归化异化考辩》，见孙致礼：《张谷若翻译艺术研究》，中国对外翻译出版公司，2004年，第vii页。辜正坤用"翻译主体"指代翻译家，之前是否有人使用过这一说法不得而知。但辜正坤认为，"翻译主体研究"过于笼统，不如用"翻译家研究"明白易懂。

体"①。

　　一般认为，国内最早对"翻译主体"进行专门论述的是杨武能。他在《阐释、接受与再创造的循环》一文中指出："同其他文学活动一样，文学翻译的主体同样是人，也即作家、翻译家和读者；原著和译本，都不过是他们之间进行思想和感情交流的工具或载体，都是他们的创造的客体。而在这整个的创造性活动中，翻译家无疑处于中心的枢纽地位，发挥着最积极的作用。"② 在1993年发表的《尴尬与自如　傲慢与自卑——文学翻译家心理人格漫说》一文中，他进一步指出："在文学翻译这一特殊的艺术创造过程中，翻译家处于中心的、最积极最能动的位置，没有译家全身心地投入，只有机械地操作，就没有艺术。"③ 杨武能不仅将主体界定为人，且认为翻译的主体应该包括译者、读者和作者，与此同时他突出强调了译者的中心地位。译者处于中心地位是不容置疑的，但译者是否是唯一主体呢？针对这一问题，国内有学者提出了不同的见解。陈大亮④、胡庚申⑤皆认为译者是唯一的翻译主体。那么，作者和读者是否为主体呢？这还与如何定义翻译有关⑥。查明建、田雨认为，如果翻译专指翻译行为本身，那么翻译行为主体就是译者，原作、作者和读者都是译者实践活动的对象；如果翻译指涉翻译活动全过程所有相关因素，那么译者、作者和读者都是翻译主体⑦。也有学者提出了中心主体和边缘主体的概念，认为译者是中心主体，而原作者和读者是影响中心主体的边缘主体⑧。显然，将原作者和读者排除在主体之外，是把翻译当作一种主体性行为来理解的，因为原作者和读者不是翻译行为的执行者，所以本质上他

---

① 辜正坤：《序一：翻译主体论与翻译归化异化考辩》，见孙致礼：《张谷若翻译艺术研究》，第 vii 页。
② 杨武能：《阐释、接受与再创造的循环——文学翻译断想之一》，见许钧主编：《翻译思考录》，湖北教育出版社，1998年，第 227－228 页。
③ 杨武能：《尴尬与自如 傲慢与自卑——文学翻译家心理人格漫说》，见许钧主编：《翻译思考录》，第 263 页。
④ 参见陈大亮：《谁是翻译主体》，《中国翻译》2004 第 2 期。
⑤ 参见胡庚申：《从"译者主体"到"译者中心"》，《中国翻译》2004 年第 4 期。
⑥ 参见查明建、田雨：《论译者主体性——从译者文化地位的边缘化谈起》，《中国翻译》2003 年第 1 期。
⑦ 同上，第 21 页。
⑧ 屠国元、朱献珑：《译者主体性：阐释学的阐释》，《中国翻译》2003 年第 6 期，第 9 页。

们就属于客体。谢天振挑战了"主体即人"的主体思想，他从创造性叛逆的视角出发，指出文学翻译中创造性叛逆的主体，除译者外，读者和接受环境也同样是创造性叛逆的主体①。这一独特观点主要立足于文学翻译的接受层面。一部翻译作品进入不同的文化与文学语境，不同的读者或读者群就会有不同的解读。但接受环境作为主体是永远不能离开读者这一主体而实现其主体功能的。

"谁是翻译主体？"是一个仁者见仁、智者见智的问题，理解和考察的视角不同，得出的答案自然有异。许钧就这一问题的研究现状进行了归纳与总结，得出了四种答案：一是译者为翻译主体，二是作者和译者是翻译主体，三是译者与读者是翻译主体，四是作者、译者和读者皆为翻译主体②。他在此基础上提出了"狭义的翻译主体"和"广义的翻译主体"。此外，对译者身份和翻译主体进行界定与研究的还有穆雷③、高宁④、王文斌⑤、徐岚⑥、吴波⑦、王玉括⑧等。通常情况下，不管原作者和读者是否为主体，译者作为翻译主体的地位是确定无疑的。翻译作为一种以人为思考和创作中心的艺术活动，对翻译活动主体——译者的研究应该加以重视⑨。

综上所述可见，现有研究大都突出强调了译者的主体或中心地位，传统译学观念中译者的被动性与附属性已经遭到质疑，译者的主体地位得以确立。翻译过程必然是人的活动过程，作为实践者，译者的主体地位不容忽视，它应该成为我们关注的焦点或中心。

---

① 谢天振：《译介学》，上海外语教育出版社，1999年，第14页。
② 许钧：《"创造性叛逆"和翻译主体性的确立》，《中国翻译》2003年第1期，第10页。
③ 参见穆雷：《翻译主体的"发现"与研究——兼评中国翻译家研究》，《中国翻译》2003第1期。
④ 参见高宁：《论译者的主体性地位——兼论翻译标准的设立原则》，《上海科技翻译》1997年第1期。
⑤ 参见王文斌：《论译者在文学翻译中主体作用的必然性》，《外语与外语教学》2001年第2期。
⑥ 参见徐岚：《论译者的主体地位》，《中国科技翻译》2005年第3期。
⑦ 参见吴波：《译者地位边缘化成因及其对策初探》，《国外外语教学》2004年第1期。
⑧ 参见王玉括：《译者的身份建构》，《天津外国语学院学报》2005年第5期。
⑨ 袁莉：《关于翻译主体研究的构想》，见张柏然、许钧主编：《面向21世纪的译学研究》，商务印书馆，2002年，第398页。

（2）译者主体性的内涵、表现与制约因素的探讨

译者的主体地位得到确立之后，就面临译者主体性的内涵、主体性的表现及其制约因素等问题。对于这些问题，国内学界展开了积极的思考和有益的探索。

主体性问题本是哲学研究的核心内容之一。人类的发展与其身处其中的社会历史的发展是相互促动、相互关联的。这样，人的主体性的澄明也必然体现为一个历史演进的过程。在西方哲学史上，主体性的内涵经历了一次又一次的历史性嬗变，即由古代本体论哲学的物我同源的无主体性（主体的实体性范畴）到近代认识论哲学的认知主体性（主体的能动创造性范畴）到现代哲学的生命主体性（主体的人本性范畴）再到当代哲学的离散主体性（主体的多元性范畴）。毫无疑问，哲学的主体性研究可为译者主体性（或翻译主体性）研究提供有效的理论借镜。

从国内译者主体性的研究现状来看，对主体性内涵的界定大多是从近代哲学的主体性思想中获得灵感，并将其运用于翻译主体性或译者主体性概念的界定中。如查明建、田雨指出："译者主体性是指作为翻译主体的译者在尊重翻译对象的前提下，为实现翻译目的而在翻译活动中表现出来的主观能动性，其基本特征是翻译主体自觉的文化意识、人文品格和文化、审美创造性。"[①] 屠国元、朱献珑认为："译者的主体性就是指译者在受到边缘主体或外部环境及自身的影响制约下，为满足译入语文化需要在翻译活动中表现出的一种主观能动性，它具有自主性、能动性、目的性、创造性等特点。"[②] 许钧对主体性也做了界定，只不过他强调的是翻译主体性，认为其核心是翻译主体的审美要求和审美创造力[③]。与此同时，他还对译者的主体意识做了界定——"所谓译者主体意识，指的是译者在翻译过程中体现的一种自觉的人格意识及其在翻译过程中的一种创造意识。"[④] 显然，国内学者对主体性的定义大多强调了主体的主观能动性、自主性和创造性。相同或类似的观点还可进一步例举。例如：王友贵将译者主体性界定为"译者在原作选择、原作评

---

① 查明建、田雨：《论译者主体性——从译者文化地位的边缘化谈起》，第22页。
② 屠国元、朱献珑：《译者主体性：阐释学的阐释》，第9页。
③ 许钧：《"创造性叛逆"和翻译主体性的确立》，第9页。
④ 同上。

价、译者的文化意识、文化身份建构、翻译过程中所表现的主观能动性"[1]。陈梅认为："译者主体性是译者作为翻译的主体在对原作的翻译活动中所体现的能动地改造原作、控制原作、使原作为译者主体服务的特性。"[2] 廖志勤将译者主体性界定为"译者在尊重时代文化语境和翻译对象的前提下，在思想意识、文化价值取向、翻译理念及审美意识层面上所表现出来的一种主观能动性"[3]。

然而，也有一些学者虽然没有对主体性进行明确的界定，但在行文中间接表达了对主体性的认识与理解。例如：廖晶、朱献珑提到了译者的主体性因素，诸如译者的自主性、能动性、目的性、创造性和在翻译过程中所表现出的艺术人格自觉和审美创造力等[4]。穆雷则从"主观努力"和"主观愿望"强调了译者的主观性[5]。从与这些同期或不同期的研究成果中我们发现，研究者对译者主体性内涵的界定大都使用以上定义或做出与其相似的解释与说明。

从上文所列举的几种定义可以看出，现有研究从不同角度强调了译者的主观能动性和创造性，由此凸显了主体的主观性及其自主自觉意识。然而，主体性不仅表现为主观能动性，它同时还包含受动性[6]。受动性是主体对客体对象的依赖性，是主体发挥能动性的客观根据，也是客体对象对主体的制约性[7]。通过对据有资料的梳理可以发现，不少学者在关注主体的主观能动性的同时，也触及了主体的受动性。仲伟合、周静通过梳理国内研究对主体性含义的界定，提出了自己的主体性定义，他强调了主体的主观能动性，同时也

---

[1] 王友贵：《当代翻译文学史上译者主体性的削弱（1949—1978）》，《外国语言文学》2007年第1期，第40页。

[2] 陈梅：《外部力量与译者主体性的建构——以〈圣经〉翻译为例》，《外语与外语教学》2006年第6期，第51页。

[3] 廖志勤：《文化语境视阈下的译者主体性研究》，《西南科技大学学报（哲学社会科学版）》2007年第3期，第31页。

[4] 廖晶、朱献珑：《论译者身份——从翻译理论的演变谈起》，《中国翻译》2005年第3期，第17页。

[5] 穆雷：《翻译主体的"发现"与研究》，《中国翻译》2003年第1期，第16页。

[6] 魏小萍：《"主体性"涵义辨析》，《哲学研究》1998年第2期，第23页。

[7] 同上，第24页。

凸显了主体的受动性①。他还就译者的文化先结构、译者的双语文化能力、原作者以及文本选择对译者的影响、译者的诠释空间、译文接受者等角度具体分析了译者的"受动性"的表现②。还有学者在肯定译者的主体能动性的同时，提出"受动中的能动"，认为这种静中有动、动静结合的状态更有利于译者主体能动性的发挥③。另外，也有一些学者以"制约因素"④"外部力量或客体的制约性"⑤"操纵性"⑥"客观性"⑦"受限"⑧"限度"⑨"客观制约性"⑩"社会历史视野"⑪等角度为切入点，从政治意识形态、主流诗学、赞助人、读者、文学文化系统、社会经济结构等外部因素和译者的审美趣味、生活经验、社会文化视野等内部因素出发来理解、探讨主体的"受动性"。陈大亮对主体性等同于"主观能动性"的含义混同现象进行了批判，并指出这一界定忽视了主体性还有受动性的一面，认为"主体性说到底是能动性和受动性的辩证统一"⑫。译者主体性研究不能忽视主体的受动性，主体性必然是主观能动性与受动性的统一。然而，目前对主体的受动性的研究并不深入，只是拘于从观点上简要介绍或理论上扼要阐发。

---

① 参见仲伟合、周静：《译者的极限与底线——试论译者主体性与译者的天职》，《外语与外语教学》2006年第7期。

② 同上，第44－45页。

③ 参见董广才、刘佳：《受动中的能动——谈译者翻译主体能动性》，《鞍山师范学院学报》2006年第1期。

④ 参见裘姬新：《译者的主体性及其制约因素》，《河南科技大学学报（社会科学版）》，2005年第1期。

⑤ 参见陈梅：《外部力量与译者主体性的建构——以〈圣经〉翻译为例》，《外语与外语教学》2006年第6期。

⑥ 参见魏家海：《文学翻译的操纵性与主体性》，《西安电子科技大学学报（社会科学版）》2004年第2期。

⑦ 参见曹少森、冯文坤：《文学翻译中译者的双重性》，《湛江师范学院学报》2007年第1期。

⑧ 参见喻锋平：《"被缚的普罗米修斯"——谈译者主体性的介入和受限》，《河北理工学院学报（社会科学版）》2005年第2期。

⑨ 参见邓巨、秦中书：《阐释过程中译者的空间与限度》，《中华文化论坛》2007年第1期；谢世坚：《论文学翻译中的译者主体性及其限度》，《广西师范大学学报（哲学社会科学版）》2004年第4期。

⑩ 参见曾利沙：《论翻译的艺术创造性与客观制约性——主题关联性社会文化语境下的译者主体性个案研究》，《广东外语外贸大学学报》2006年第2期。

⑪ 参见唐洁、舒奇志：《相同人物 不同形象——从〈红字〉两译本的文字处理看译者社会历史视野对译作的影响》，《北京电子科技学院学报》2006年第3期。

⑫ 陈大亮：《谁是翻译主体》，第4页。

我们认为，如果在理解主体性的时候只强调主体的主观能动性和创造性，忽视主体的"受动性"，就可能会落入把主体性等同于主观自由的险境，这种担忧并非多余。事实证明，人们对主体性的认识往往就会陷于这样一种尴尬，即把统一存在于主体性之中的主观能动性和受动性二者割裂、对立起来，并以这一认识为前提得出：没有主观能动性的发挥便是主体的主体性遭到压制、消解或削弱的表现。我们选取了几位具有代表性的学者的观点来加以陈述。必须指出，他（她）们对译者主体性的讨论是基于某种理论预设之上，因此对主体性内涵中的受动性自然就会缺少应有的关注。

王友贵在《当代翻译文学史上译者主体性的削弱（1949—1978）》[①] 一文中对译者主体性进行了界定，突出了主体的主观能动性，并指出我国译者的主体性突出表现在翻译的三个方面：一是原作选择（含原作评价）；二是译者的文化意识、身份意识；三是翻译过程中的主观能动性。在此基础上，他指出，译者主体性削弱的表现就是：译者没有自主的原作选择权、评价权，身份意识和文化建构意识淡漠，译者在翻译活动中为政治意识形态和主流诗学所左右；由此进一步阐述，造成译者主体性削弱、缺失的原因有政治意识形态因素、文学文化系统因素、制度因素、编辑出版人因素、读者因素，以及译者自身因素。最后，他得出结论：由于翻译的"工具论"，加上体制、译作生产方式等对翻译的制约，使得本期译者的主体意识淡薄，主体性受到削弱。显然，王友贵是把译者主体性理解为译者的自主与自为，将其看作是一种纯粹意义上的译者的"我思"与"我感"。毫无疑问，这一理解割裂了主体性中能动性与受动性的统一。此外，他还认为，主体性的发挥是衡量译者是否优秀的尺度，是译者的翻译能力的体现。他说："一般而言，译者愈优秀，其主体性表现愈强烈。"[②] 不但译者主体性的现实基础被彻底抽空，而且译者主体性的概念被"译者的翻译能力"置换。

孙艺风在《翻译规范与主体意识》[③] 一文中将"主体意识"界定为译者

[①] 参见王友贵：《当代翻译文学史上译者主体性的削弱（1949—1978）》，《外国语言文学》2007年第1期。

[②] 同上，第41页。

[③] 参见孙艺风：《翻译规范与主体意识》，《中国翻译》2003年第3期。

对文本的"变通"与"操纵"。他认为:"译者出于某种政治心理,一味地迎合、追随主流意识形态的归化,可说是趋炎附势的表现,导致瓦解和消除了主体性,以主体性的灭绝为代价,寻求与译入语体系规范的一致。"① 进而他又指出,译者的主体性要打折扣,因为译者必须向接受的社会性妥协,纯主体性不断面临社会的挑战,压迫性的社会规范有时会让主体性降低到隐形状态。显然,孙艺风也是把译者的主体性放置在一个超然物外的语境中考察,把主体性中内隐的受动性弃置一边,使统一于主体性的主观性和客观性处于分裂之中。

高宁在《译学主体、译学对话和译者主体性地位》② 一文中也表达了与上述两位学者相似的观点。通过文本细读可以发现,他在界定主体性时特别强调"译者对原著的选择",通过对照译者主体性与作者主体性,他指出,作者可以人为地、主动地去响应或抵制政治体制和意识形态的制约,去发挥自身的人文理念,而译者却做不到这一点,译者的"响应"或"抵抗"只能是被动作战的结果。他认为:"[译者]摇摆在不同的文化背景、政治体制和意识形态之间,步履蹒跚地进行角色变换,其绝大部分主体性也就消解或分裂在这种角色变换之中。"③ 无疑,他对译者主体性的理解也是囿于译者的自主与自为的纯主观性。

廖七一在《硬币的另一面——论胡适诗歌翻译转型中的译者主体性》④ 中也突出强调了译者主体性的主观创造性的一面,并将这一"创造性"蒙上了"偏离"与"叛逆"的色彩。他认为:"胡适的诗歌翻译活动与当时的文学理念和翻译诗学背道而驰。这种偏离和叛逆体现了胡适在诗歌翻译中的主体性和创造性。"接着,他又指出:"多元系统和翻译规范在强调普遍性、规律性和文化对个体译者的制约的同时,牺牲了对译者主体性和创造性的关注。"⑤ 可见,廖七一也同样是将译者的主体性界定在一个超乎时空之外的主

---

① 孙艺风:《翻译规范与主体意识》,第7页。
② 参见高宁:《译学主体、译学对话和译者主体性地位》,《中国比较文学》2006年第1期。
③ 同上,第126—127页。
④ 参见廖七一:《硬币的另一面——论胡适诗歌翻译转型期中的译者主体性》,《中国比较文学》2003年第1期。
⑤ 同上,第100页。

绪 论 | 9

观能动性的范围之中，认为普遍性、规律性和文化的制约无法彰显译者的主观能动性。

罗琼、陈琳的《试论"译者"的主体性》①一文以"文革"时期的翻译实践为例，考察了意识形态制约下的译者主体性，剖析了意识形态对文本的制约力。作者认为，由于译者受到意识形态的强大制约，没有选择文本的权力，译者的思想自由被剥夺，完全丧失了"主体性"，因此，文学翻译工作变成了一种政治行为，而不是文学活动。作者指出，译者在政治压力下从事翻译活动，意识形态给译者戴上了"镣铐"，使翻译成为"口是心非"的改写，由此得出结论：迫于压力所翻译的作品几乎取消了译者主体性，使文学翻译成为畸形产儿。不难发现，作者对译者主体性的理解仅限于译者的主观自主与自为，把译者主体性等同于译者的自主选择性。

国内不少研究者对译者主体性的理解存在偏颇，他们似乎落入了一种思维定式的怪圈：主体性就是主体的主观能动性和自主选择性，译者主体性就是译者的纯主观所为，是译者的自由选择与个人追求。这样理解主体性，显然割裂了主体性的能动与受动的内在统一。受动性又何尝不是主体性的一种表现，或者说，受动性本身就是主体性，而只不过是以另一种方式，或许可以说是以一种反作用力的方式影响译者的翻译行为。因此，探讨译者主体性不能只看到影响译者的作用力，而忘记影响译者的反作用力；不能片面夸大主体的主观能动作用，而忽视或贬低客体对主体的影响与制约。

翻译不是一种超然物外的行为，译者也不是超然物外的存在，翻译和译者都处于特定的社会与时代语境之中。这些都启发我们：不应忽视对翻译主体受动层面的探讨，不应将译者的主体性与其身处其中的社会历史现实隔离开来。主体应该同时具有能动性和受动性两个辩证层面，探讨翻译主体不可以对其受动性轻描淡写甚至大胆回避②。因此，译者主体性研究一方面要看到译者主体享有的自我选择权和决断权，另一方面又不能把译者的这种自我选择权与决断权置于一种空中楼阁式的幻影中，那样的主体性显然无法解释翻

---

① 参见罗琼、陈琳：《试论"译者"的主体性》，《琼州大学学报》2005年第4期。
② 胡牧：《主体性、主体间性抑或总体性——对现阶段翻译主体性研究的思考》，《外国语》2006年第6期，第67页。

译实践中实际存在的"创造性叛逆""误读与误译""重译""复译"等现象。我们应该看到,译者主体性的发挥总是处在特定的现实语境之中,译者不可能跳离脚下的坚实大地而做腾空飞跃,因为"翻译不是处于真空地带"。

(3) 多元理论格局下的译者主体性阐释

国内学界对译者主体性的探讨呈现出多元化的理论格局,从理论视角的学科背景来看,包括文学批评(如解构主义、女性主义、后殖民主义)、哲学(如哲学阐释学、分析哲学、语言哲学、价值哲学、心智哲学)、语言学(如认知语言学、关联理论、语用顺应论、语境理论、图示理论)、社会学、跨文化交际、修辞学、传播学、翻译学(如目的论、改写理论、释意理论、生态翻译学)、心理学(如认知心理学、人格心理学)、社会符号学等。主体是一切行为活动的执行者,但凡可以用来解释主体和主体行为的理论,都可以为译者主体性研究服务,这也是当前研究理论视角丰富的重要原因。此外,也有研究者将译者(或翻译)主体性置入一个更宏大的语境中来加以考察,如葛校琴的《后现代语境下的译者主体性研究》、段峰的《文化视野下的文学翻译主体性研究》。我们对现有研究所选用的这些理论视角不做全面的概述与分析,在此仅围绕几个主要学科范式下的常见视角进行介评。

首先来看文学批评理论指导下的译者主体性研究,在此主要评述解构主义、女性主义和后殖民主义等几个重要的理论视角。

解构主义旨在对传统结构主义进行消解与重构,它展现了一个结构变幻、意义播撒和中心游移的文本世界,从而消解了意义的确定性、静止性和一元性,凸显了意义的不确定性、动态性和多元性,为多元化的解读与理解提供了理论依据。建基于解构主义之上的翻译理论,打破了原作者和译者、原文和译文之间的二元对立关系,译者和译作的地位得到提升,译作不再是原作的派生物,译者不再是原作的"传声筒",跟随原作,亦步亦趋,而是在解读原作时有自己的自主性和选择权[①]。解构主义使译者的主体性得以彰显,这是否意味着译者的主体性可以无限上升、超越极限呢?有论者认为,解构主义将译者主体性推至极端,导致了翻译本体论的沦落,故而提出以主体间性建

[①] 参见李红满:《解构主义对传统翻译理论的冲击》,《解放军外国语学院学报》2001 年第 3 期。

构译者的主体性①。也有论者指出,解构主义视角下的译者主体性必须是"发挥与控制的统一"②。解构主义翻译研究是一种纯理性思辨,从本质上说是一种翻译批评理论,体现的是以批评"批评"为目标的一种策略③。解构主义为译者主体性研究提供了新的思维范式,提供了观察与思考译者、文本和意义的新视角,译者成为文本与意义的"重构者",而不是"发现者"。然而,有一点不能忽视:解构主义视域中的译者主体性具有一种先在性,是一种给定物,而不是建构物,它的纯理性思辨将翻译与译者置于观念性的文本世界之中,使主体性的现实基础被抽离。

女性主义视角下的译者主体性研究从女性主体与主体性出发,主张翻译为女性服务,要求彰显女性的独立身份,"使女性在语言中显现,从而让世界看见和听见女人"④;同时,强调翻译主体的创造性,驳斥传统的忠实观,认为忠实意味着剥夺女性的话语权,让女性的身影隐而不现⑤。女性主义翻译研究还主张重新认识译者作为翻译主体的身份和作为双重作者的责任⑥。更多的相关研究对女性主义视角下的译者主体性做了较为深入与充分的论述⑦。女性主义视角下的译者主体性向我们展示了女性主义译者的文化态度和文化语境对文本阐释与翻译策略的影响,翻译因此成为文化干预的一种手段,成为译者参与的一个意义生产与文化建构的过程。

如果说女性主义旨在为两性关系中一直受男性压制的女性正名,那么后殖民主义则是旨在对一直受西方压制的东方民族性的发掘。受西方后殖民主

---

① 参见杨镇源:《论后解构主义时代译者主体性之重构》,《电子科技大学学报(社科版)》2009年第3期。
② 参见庞学峰:《发挥与控制的统一——德里达解构主义视角下的译者主体性研究》,《外语与外语教学》2010年第3期。
③ 黄海军、马可云:《解构主义翻译:影响与局限》,《外语教学》2008年第1期,第91页。
④ 蒋骁华:《女性主义对翻译理论的影响》,《中国翻译》2003年第4期,第10页。
⑤ 同上,第11页。
⑥ 徐来:《在女权主义的名义下"重写"》,《中国翻译》2003年第4期,第16页。
⑦ 参见戴桂玉:《从文化学派角度看女性主义翻译主体性》,《西安外国语大学学报》2007年第1期;冯文坤:《舞者,还是舞?——论女性主义翻译观与译者主体性》,《四川师范大学学报(社会科学版)》2005年第2期;刘芳:《女性主义视角下的翻译忠实性及译者主体性》,《天津外国语学院学报》2006年第2期;耿强:《性别译者:主体性与身份建构》,《宜春学院学报(社会科学版)》2004年第3期;等等。

义理论思潮的影响，国内文学界和译学界皆对后殖民理论进行了深入的研究。同女性主义一样，后殖民主义也是力图颠覆二元对立的思维模式，即殖民者与被殖民者之间的对立。后殖民主义"深刻揭示了翻译的文化属性和文化功能，为译者主体性研究开辟了新的思考视角"①。有研究者以译者主体性为切入点，剖析处于强势文化与弱势文化的译者如何采用归化与异化等翻译策略影响译入语主流文学、文化和意识形态②。在后殖民翻译研究中，如何定位和理解译者的身份，这是一个不可回避的问题。有学者指出，在后殖民语境中，译者会陷入"双重身份"的尴尬处境，成为话语实践的参与者或沦为文化交流的传声筒③。也有学者认为，后殖民过于强调文化对抗，使译者身份陷入僵化④。

后殖民主义本质上是一种充满了西方白种人的文化偏见的话语，带有严重的种族歧视和民族压迫倾向。"后殖民主义翻译研究以其对翻译权力和历史性问题的关注颠覆了诸如忠实、等值等传统翻译观，深入透视了翻译的文化属性，是对翻译学研究的一种拓展和丰富"⑤。后殖民主义翻译思想的实质就是，揭露与颠覆不平等的权力关系，关注贯穿翻译之中的权力、政治和文化霸权问题，重塑殖民地和被殖民地的对立关系。由此，翻译成为摧毁文化霸权的话语工具和解殖化的思想武器。后殖民主义翻译研究对传统翻译理论进行了批评与反思，否定翻译就是语言转换，翻译被认为是"重写"，瓦解了原文和译文一对一的忠实与对等关系。

由上所述可见，解构主义、女性主义和后殖民主义视角下的翻译研究，翻译都不是寻找传统意义上的原文与译文的忠实与对等。"翻译过程如同其他写作过程一样是一种意义流动的创造，而不是从一种语言迁移到另一种语言

---

① 屠国元、朱献珑：《翻译与共谋——后殖民主义视野中的译者主体性透析》，《中南大学学报（社会科学版）》2010年第6期，第154页。
② 参见裘禾敏：《论后殖民语境下的译者主体性：强势文化与弱势文化》，《浙江社会科学》2008年第3期。
③ 参见蒋林：《后殖民视域：文化翻译与译者的定位》，《南京社会科学》2008年第6期。
④ 参见王富：《战略本质主义与后殖民译者身份定位》，《社会纵横》2015年第9期。
⑤ 王洪涛：《翻译学的学科建设与文化转向》，上海译文出版社，2008年，第227页。

的一对一的过程。"① 在这些理论视角的观照下，翻译变为重写与再造，是译者对原文的挪用与操控，译者的主体性得到了彰显。女性主义和后殖民主义翻译研究遵循解构主义的批评模式，消解忠实、倡导主体性、凸显翻译的差异和历史性，从而展现了翻译现象的另一种向度和性质②。它们为译者主体性研究开辟了新的路径，展示了译者作为翻译主体在异文化的交流与建构中的重要角色与地位。

其次，哲学也是译者主体性研究的一个重要理论资源，其中使用最多的就是阐释学（或哲学阐释学）。阐释学（亦称诠释学、解释学）是一门关于意义的理解和解释的理论或哲学，它与翻译有着某种天然的联系，因为翻译过程首先是一个理解和解释的过程。"一切翻译就已经是解释，我们甚至可以说，翻译始终是解释的过程，是翻译者对先给予他的语词所进行的解释过程。"③ 阐释学的概念，如"理解的历史性""偏见""视域融合"可以为"误读"、目的性翻译和创造性叛逆以及文化过滤现象提供哲学理据，从而也为译者主体性研究提供理论依据。借用阐释学，袁莉指出，翻译的实质不是对原作意义的还原，而是译者主体能动的理解与诠释过程，是译者参与意义建构的过程，也是译者主体存在方式的呈现④。翻译是译者与文本之间的对话，译者主体性会介入到文本意义的生成与建构之中。"理解的历史性"强调理解的"预先占有"，认为"我们一来到这个世界，就被既定的历史、文化、语言所浸染，根本无法自由选择或摆脱历史文化通过语言对自身的预先占有"⑤。"理解的历史性"也构成了理解的"偏见"，因为译者无法超越历史时空的局限去理解原文。而视域融合是"在两种不同的视域相遇时，译语文化框架在译者对原语文化意向接受中默默地起着潜在的强大的制约作用，译者就免不了用自己所处的译语文化语境不同程度地过滤、归化原语文本"⑥。

---

① 戴桂玉：《从文化学派角度看女性主义翻译主体性》，第 57 页。
② 王洪涛：《翻译学的学科建设与文化转向》，第 231 页。
③ 伽达默尔：《真理与方法》，洪汉鼎译，上海译文出版社，1999 年，第 12 页。
④ 袁莉：《关于翻译主体研究的构想》，见张柏然、许钧主编：《面向 21 世纪的译学研究》，第 405 页。
⑤ 屠国元、朱献珑：《译者主体性：阐释学的阐释》，第 11 页。
⑥ 同上，第 13 页。

"误读"便是译者对文本阐释的多元化的结果,是译者在自己的文化语境中对原文的一次意义重构。毫无疑问,阐释学为译者主体性研究提供了有力的理论借镜,提供了一个思考翻译主体与客体的新视角,也使我们从一个新的维度认识了翻译的本质、译者的地位与译者的主体性①。然而,在阐释学的视域中,译者和文本皆是历史性存在,而且这种历史性是一种"预先占有",是一种既定的先在性。

分析哲学家蒯因的不确定性原则也为译者的主体地位确立了可靠的理论基础。陈琳、张春柏借用奎因的指称不确定性(indeterminability of reference)和翻译不确定性论题(the thesis of translational indeterminancy)以及整体主义认识论,立足于分析哲学的学科基础,阐明了译者的主体地位②。"指称的不确定性"指不同语言对"刺激"的反应在意义和指称上不可能相同,由此产生"翻译不确定性论题"。蒯因的不确定性原则,不是主张指称在一般意义上是不可能确定的,而是要通过指称不确定性表明通常的意义概念是可疑的,因为指称有多变性、对象相对性和背景语言性等特征。意义的不确定性使文本成为一个矛盾性、模糊性的指号系统,当译者再现原文意义时,他(她)需要去挖掘、发现文本意义的可能性。于是,译者作为主体的身份地位彰显其中。

还有学者从语言哲学的角度对译者主体性进行了反思③。语言哲学强调从本体论意义上理解语言:语言不是交际工具,而是存在本身,语言建构了人的存在方式。在语言哲学的观照下,译者对原文意义的再创造便是人与语言的合而为一。译者的主体性体现在,译者作为主体在意义追寻中完成了语言与人的和谐共存。翻译与语言哲学似乎有着某种天然的联系,因为翻译展示了语言和意义的多样性,展示了语言之间和语言内部的差异关系。

再者,语言学理论也是译者主体性研究的重要理论依据。从当前译者主

---

① 参见吴萍:《现代阐释学视野下的文学文本翻译者的主体性问题》,《外国语言文学》2004年第4期;唐培:《从阐释学视角探讨译者的主体性——兼谈〈魔戒〉译者主体性发挥》,《解放军外国语学院学报》2003年第6期;黄龙胜:《阐释学与文学翻译中译者的主体性》,《东华大学学报(社会科学版)》2005年第2期;等等。

② 参见陈琳、张春柏:《译者主体地位:分析哲学的阐释》,《外语与外语教学》2006年第9期。

③ 参见柳晓辉:《译者主体性的语言哲学反思》,《外语学刊》2010年第1期。

体性研究的成果来看，关联理论、认知语言学、语境顺应论、语境论和图示理论等等，是研究者使用最多的理论视角。关联理论以"语言是一个交际推理过程"为出发点，进而引出翻译也是一个交际推理过程；但因为翻译涉及从原文到译文的转换，因此翻译过程是一个涉及两轮"明示—推理"的交际过程：在第一轮交际中，译者需要完成原文信息与语境的最佳关联，在第二轮交际中，译者要使译文读者以最小的推理努力获得最大的关联[1]。译者主体性的发挥就在于寻找"最佳关联"。

认知语言学则从语言体验与认知的角度提出，翻译是建立在体验互动基础上的认知行为，译者的主体性就表现在译者对现实世界的体验和参与的多重互动中[2]。在认知语言学的思维范式中，人类对语言的习得不是先天的，而是靠后天习得，语言也不是自治的，而是基于人的体验和认知形成的。显然，译者的主体地位则由译者对语言的体验和认知来确立。

另外，语用顺应论对译者主体性也具有有效的解释力。语用顺应论认为，语言是一个不断选择的过程，语言的变异性、商讨性和顺应性等特征决定了语言使用是以选择和动态顺应为前提。这样，译者在翻译过程中就必须选择不同的翻译方法，以顺应目的语的语言语境和文化语境[3]。这样，译者的主体性就体现在对目的语的选择和对目的语语境的顺应过程中。

译者主体性作为翻译研究的一个重要内容，不但可以借助文学理论、哲学、语言学等学科理论进行交叉学科的研究，还可从翻译学自身的理论出发来阐释。国内学界以目的论、改写理论等为理论框架，就译者主体性问题进行了广泛的探讨[4]。目的论（skopos theory）是德国功能学派翻译理论家汉斯·弗米尔（Hans Vermeer）提出的，他认为翻译是一种为了实现交际目的的行为，译者在翻译过程中必须依据特定的目的选取恰当的翻译策略去传递原文

---

[1] 参见林菲：《基于关联理论解读译者主体性与误译现象》，《合肥工业大学学报（社会科学版）》2013年第1期。

[2] 参见王平、杨蕴玉：《从认知语言学的翻译观看译者主体性的发挥》，《武汉工程大学学报》2009年第6期。

[3] 参见商旭辉：《译者的顺应与抉择——语用顺应论下译者主体性的彰显》，硕士学位论文，中南大学，2007。

[4] 相关成果多见于硕士学位论文和少量期刊文章，成果数量较多，但研究内容欠系统、深入。

的意义,以实现其特有的功能①。其他相关研究基本上是在这样一种论述框架中解释译者的主体性行为②。也有学者就目的论片面夸大译者主体性的倾向提出了批评③。改写理论则是借鉴勒菲弗尔提出的"改写"对译者主体性发挥的制约因素进行探讨④。此外,还有研究以翻译美学、生态翻译学、翻译适应选择论、变译理论、释意理论等为理论视角对译者的主体性进行分析与探讨,在此不作评述。

最后,我们还想就葛校琴的《后现代语境下的译者主体性研究》⑤和段峰的《文化视野下文学翻译主体性研究》⑥做简要的介绍与分析。前者运用后现代理论,尤其是后现代理论中的反主体性思想为理论依据,从文化批评的模式切入翻译主体性的研究。她主要结合后现代翻译理论,如解构主义、女性主义以及后殖民主义翻译理论,将译者主体及其主体性放在一个文化大背景中加以考察,凸显翻译与文化的互动,借此追述译者主体性思想的演进,解释主体性研究的哲学认识论基础,并提出主体性研究应该抛弃二元论的循环,倡导翻译主体性研究转向主体间性。后者则以翻译研究的"文化转向"为背景,将主体性置于文化的大视野中,以文化诗学的主体性、文化性与对话性作为贯穿全文的理论话语,将文化视野分为当代文化研究的文化视野和文化人类学的文化视野,从后现代和后殖民文化、跨文化交流、体验哲学的视角切入主体性研究之中。两位学者深入细致的系统性研究让我们看到了主体性的丰富内涵。可是,他们的研究视角都比较宽泛,"后现代语境"是一个

---

① See Hans Vermeer, "Skopos and Commission in Translational Action," Andrew Chesterman, trans., in Lawrence Venuti, ed., *The Translation Studies Reader*, Routledge, 2000, pp. 221-232.
② 参见樊桂芳、姚兴安:《目的论与译者的策略——兼谈应用型翻译平行语料库的建立》,《西安外国语大学学报》2007年第3期;陈亚杰、王新:《目的论视角下的少数民族特色词汇翻译》,《中国翻译》2011年第4期;文永超:《从目的论视角看林纾翻译〈黑奴吁天录〉的目的和方法》,《外国语文》2011年第4期;等等。
③ 参见陈大亮:《针对翻译目的论的一种批判性反思——兼论文学翻译主体性的困境》,《西安外国语大学学报》2007年第3期。
④ 参见万莉:《译者主体性论析——从奈达的"功能对等"理论到勒菲弗尔的改写理论》,《东北师范大学(哲学社会科学版)》2011年第3期;张青青:《改写理论之赞助人系统——武曌对〈大云经〉与〈华严经〉翻译的操纵》,《外国语文》2011年第6期;等等。
⑤ 参见葛校琴:《后现代语境下的译者主体性研究》,上海译文出版社,2006年。
⑥ 参见段峰:《文化视野下文学翻译主体性研究》,四川大学出版社,2008年。

多元化、动态化的语境，而"文化视野"也是一个无所不包的视野。如何避免这种大而化之的研究视角？我们认为，倘若能选取主体性当中的某个点，然后就这个点深入挖掘，或许更有利于深入理解译者主体及其主体性的内在本质。

总之，译者主体性问题是一个复杂的系统性问题，其中必然涉及语言、心理、认知、社会以及文化等诸多因素的介入，因此需要进行多学科、多角度、多层面的探索与剖析。显然，国内译者主体性研究的理论视角就体现了这样一种走向或趋势。

(4) 由译者主体性的讨论转向主体间性的剖析

国内译者主体性研究中一个不可忽视的现象是从主体性转向主体间性，由对单一主体的讨论转向对多元主体之间关系的剖析。较早把"主体间性"概念引入翻译研究的是杨恒达。他在"作为交往行为的翻译"一文中，以哈贝马斯的交往行为理论为指导，提出了翻译的主体间性问题，即翻译交往行为中译者、作者与读者三个主体之间的关系[①]。"主体间"的问题，本质上是主体与主体如何相互沟通与理解的问题。在此基础上，许钧从阐释学的角度，借用"视界融合"的概念，进一步论证了翻译的主体间性问题[②]。由主体性转向主体间性的讨论，前提思想是肯定译者在翻译中的主体地位不是孤立的，而是与作者、读者紧密关联。显然，主体间性是以承认译者、作者、读者三者皆为主体为基础的，它强调的是三者之间的和谐共存。在主体间性的观照下，翻译活动就成为主体之间的互动与对话。译者主体性研究有无必要引入主体间性的概念，陈大亮在《翻译研究：从主体性向主体间性转向》一文中就此问题陈述了他鲜明的立场[③]。以哲学上的主体间性转向为依据，他指出，单方面地凸显译者的主体性表现而不用主体间性理论指导主体性研究是片面的、狭隘的。不过，究竟是主体性概念本身有其片面性和狭隘性，不足以指导译者主体性研究，还是当前的译者主体性研究存在片面与狭隘，陈大亮并

---

① 参见杨恒达：《作为交往行为的翻译》，见谢天振主编：《翻译的理论建构与文化透视》，上海外语教育出版社，2000年。
② 参见许钧：《翻译的主体间性与视界融合》，《外语教学与研究》2003年第4期。
③ 陈大亮：《翻译研究：从主体性向主体间性转向》，《中国翻译》2005年第2期，第3页。

未给出具体而微的分析。他只是强调，主体性离不开主体间性，离开主体间性的主体性是一种虚无，并指出无论是作者中心、还是文本中心、译者中心，反映的都是狭隘的个体主体性，这样的主体性有很大的弊病——忽视了人作为主体的社会性的一面。陈大亮还指出，译者中心论过分强调主体的主观能动性，导致文本的过度诠释。是不是大力倡导译者发挥主体性，译者就可以对原文进行漫无边际的解读，就可以误读、误译了呢？显然，陈大亮对主体性概念的认识尚有偏颇，同时他对译者主体性研究的性质也存在认识上的误区①。不过，陈大亮的目的并不是要厘清主体性概念的流变及其与主体间性的本质联系，其更大的目标在于提出主体间性理论对翻译研究的建构意义。后续研究大体是遵循"忽略主体间性，译者主体性将无限张扬，主体间性可以建立主体之间的平等对话"这样的思路展开②。

由上所述可知，主体性研究转向主体间性的实质就是，由探讨单一主体转向探讨多个主体之间的关联与互动，由译者这一单一主体延伸开来，将读者、作者，以及与翻译过程相关的出版人、赞助人等都纳入到主体的范畴之中，探讨他们之间的共在性与对话性。可以说，"主体间性"的提出有一个潜在的目的，就是为了走出"作者中心"、"文本中心"和"译者中心"的困境——无论是以作者为中心，还是以文本为中心，抑或是以译者为中心所建构的主体与主体性，都不能反映主体存在的本真，从而使主体性陷入扭曲状态③。原因是：以作者为主体，读者和译者就成了作者原意的追寻者，主体就会被蒙蔽；以文本为中心，就毫无主体存在的可能，由此造成主客二分；以

---

① 刘小刚就陈大亮的观点提出了商榷，如对主体性概念的理解，对译者主体性研究作为描述性研究的强调，陈大亮用长文作了回应。参见刘小刚：《翻译研究真的要进行主体间性转向了吗？——兼与陈大亮先生商榷》，《外语研究》2006年第5期；陈大亮：《翻译主体间性转向的再思考——兼答刘小刚先生》，《外语研究》2007年第2期。

② 参见王建平：《从主体性到主体间性：翻译理论研究的新趋势》，《学术界》2006年第1期；孙宁宁：《翻译的主体性与主体间性》，《南京林业大学学报（人文社会科学版）》2006年第4期；宋晓春：《论翻译中的主体间性》，《外语学刊》2006年第1期；郑耀军：《翻译的主体研究范式的新转向：从单一主体性到翻译的主体间性》，《河海大学学报（哲学社会科学版）》2006年第4期；郭涛《翻译中的主体间性——交往理论对翻译的启示》，《长春理工大学学报（社会科学版）》2008年第3期；王湘玲、蒋坚松：《论从翻译的主体性到主体间性》，《外语学刊》2008年第6期；段成：《交往行为理论与翻译的主体间性》，《四川师范大学学报（社会科学版）》2009年第6期；等等。

③ 陈大亮：《翻译研究：从主体性向主体间性转向》，第7页。

译者为中心,就可能造成译者主体性的过分张扬。事实真是这样吗?如果我们理解主体时抽离主体的社会性,那么强调主体间性又有何意义呢?

应该承认,译者主体性研究的主体间性转向就是为了克服上述"中心论"的困境,从而使主体与主体之间能够相互制约、互相影响,达到一种和谐共存的状态。可是,这种共在与对话若没有客体的参与,主体与主体之间拿什么展开直接有效的对话?显然,主体间性的研究必然要以主体性研究为前提和基础①。只有把主体问题研究清楚了,才能把主体间的问题看得更明白、透彻。

此外,我们认为当前对"创造性叛逆"的研究也应归入主体性研究。借鉴埃斯卡皮(Robert Escarip)对翻译的定义——"翻译总是一种创造性的叛逆"②,谢天振引入了"创造性叛逆"这一概念,并对其作了较为全面、系统、深入的阐释③。谢天振认为:"创造性叛逆的更重要的方面还在于它对文学作品的接受与传播所起的作用。一部作品,即使不超越它的语言文化环境,它也不可能把它的作者意图完整无误地传达给它的读者,因为每个接受者都是从自身的经验出发,去理解、接受作品的。"④他鲜明地指出了接受主体的主体性表现,即从自身的经验出发去理解和接受作品。许钧在《创造性叛逆和翻译主体性的确立》⑤一文中对"创造性叛逆"的学术价值给予了充分肯定;然而,与此同时,他就"创造性叛逆在文学作品与传播中所起的作用"提出了质疑。就此观点,许钧一方面认为有合理性,一方面也表达了他的疑虑与担忧:读者的主体性对翻译本身到底会起到怎样的作用?过于强调主体性是否会造成原作意义的无限"播撒"而导致理解与阐释两个方面的极端对立,构成对原作的实质性背离呢?这里首先需要澄清的是"创造性叛逆"的本质,正如谢天振所说,它不是指导"怎么译"的方法与手段,而只是对客观现象

---

① 关于主体性与主体间性的探讨我们会在第一章展开。
② 埃斯卡皮:《文学社会学》,王美华、于沛译,安徽文艺出版社,1987年,第137页。
③ 参见谢天振的系列研究论文:《论文学翻译的创造性叛逆》,《外国语》1992年第1期;《误译:不同文化的误解与误释》,《中国比较文学》1994年第1期;《翻译:文化意象的失落与歪曲》,《上海文化》1994年第3期;《文学翻译:一种跨文化的创造性叛逆》,《上海文化》1996年第3期;《创造性叛逆:争论、实质与意义》,《中国比较文学》2012年第2期;《创造性叛逆——翻译中文化信息的失落与变形》,《世界文化》2016年第4期;等等。
④ 谢天振:《译介学》,第141页。
⑤ 参见许钧:《"创造性叛逆"和翻译主体的确立》,《中国翻译》2003年第1期。

的描述①。弄清了"创造性叛逆"的"描述性"特质,也就可以正视"对原作的实质性背离"了。不管我们是否提倡译者发挥主体性,译作或译者对原作的背离都是客观的,也是难以避免的,没有完全意义上的忠实,也没有完全意义上的叛逆,忠实与叛逆就像硬币的两面,始终联结在一起。另外,提倡主体性并不就意味着主体可以对原作的意义任意摆布,"意义既取决于文本自身的结构,但又不是文本的专利,既取决于读者的理解又不是他的随意拮取。"②从解构主义的视角看,意义并不是先于语言而存在,并不是供读者去发现的"实体",意义是一种"施为性事件",是一种意义的效能。既然如此,译者发挥主体性又怎会"构成对原作的实质性背离"呢?"创造性叛逆"体现了译者的主体意识,对"创造性叛逆"的解读必然关涉到翻译主体和主体性问题。刘小刚从释义学的角度对"创造性叛逆"做了较深入的理论解读与阐释,为创造性叛逆的主体作了明确的论述与定位③。

"创造性叛逆"揭示了译者在跨时代、跨语域、跨民族的境遇中理解与解读文本有所创造、有所背离、有所失落的特点。从本质上说,"创造性叛逆"就是译者主体性的介入与发挥的问题。

2. 国外研究现状

国外译学界对译者主体性的关注同样受到了翻译研究"文化转向"的影响。有学者指出,霍姆斯(James Stratton Holmes)的《翻译研究的名与实》④一文开启了翻译研究从文本为中心的语言视角到社会文化层面的多元视角的转向⑤。始于20世纪90年代,"文化转向"使以原语和原作为导向的翻译研究开始转移到以目标语和译作为导向,并以实际的翻译行为及其结果作为研究对象,也即是,从文本对等的静态分析转移到对文本生成、流通与接受及其语境的动态化考察。与此同时,翻译研究的跨学科性被不断强化,交际理

---

① 谢天振:《创造性叛逆:争论、实质与意义》,第36页。
② 陆扬:《德里达——解构之维》,华中师范大学出版社,1996年,第93-94页。
③ 参见刘小刚:《释义学视角下的创造性叛逆》,《中国比较文学》2006年第1期。
④ 霍姆斯于1972年在哥本哈根召开的"第三届国际应用语言学会议"上首次宣读《翻译研究的名与实》。
⑤ Eva Hung, ed., *Translation and Cultural Change: Studies in History, Norms and Image-Projection*, John Benjamins Publishing Company, 2005, viii.

论、比较文学、人类学、历史学、性别研究、文化研究等都参与到翻译理论的建构中，由此促成了翻译理论的深化与系统化。研究不再囿于翻译的语言层面，把翻译仅看作语言或语符的转换，而是注意到文本外的诸多现实性的社会历史与文化因素。译者的角色与翻译行为因此获得了新的定位。

可以说，译者独立身份的确立首先依存于翻译研究的独立学科地位的确立。始于 20 世纪 80 年代，针对翻译研究是否为一门独立学科的讨论引起了国外译学界的关注，其中比较文学学者、文化学派代表人物苏珊·巴斯奈特（Susan Bassnett）和安德烈·勒菲弗尔（André Lefevere）起了很大的推动作用。巴斯奈特在《翻译研究》（*Translation Studies*）[①] 一书中简要回顾了翻译研究从 20 世纪 70 年代到 90 年代的学科化进程，进而揭示了传统理念下的翻译和译者所处的从属与边缘地位。她认为，翻译是人类最基本的交际行为，翻译为理解这个日益分化的世界起了很大的作用，译者不是原作者或原作的仆人，而是"从原文抵达译文的旅行者"、"译文的作者"和"变革性的活动家"。巴斯奈特还认为，译者的翻译活动是一种创造性行为，译者在翻译中可以根据读者的期待找出翻译的最佳途径，根据不同的文本采用不同的翻译方法，翻译的目标是尽可能实现原语的文化信息在目标语系统的功能再现。显然，译者的独立地位和主体性行为得到凸显和确证。与巴斯奈特持相同看法的是勒菲弗尔。他在《翻译、改写以及对文学名声的控制》（*Translation, Rewriting and Manipulation of Literary Fame*）一书中引入了"改写"的概念，提出翻译不仅仅是语言层面上的转换，更是译者在文化层面上对原作的改写——翻译即改写，译者是改写者[②]。勒菲弗尔还强调，译者不能只是片面追求原文和译文的对等以及译文对原文的忠实，而更应注重译本的文化与文学功能，译者在翻译过程中要考虑译文的生长环境和读者的需求。此外，他从赞助人、诗学和意识形态三要素出发，充分有力地论证了译者的翻译行为所受到的影响与制约。勒菲弗尔在他的另一部著作《文学翻译：比较文学背景下的理论与实践》（*Translating Literature: Practice and Theory in a Comparative*

---

① 此书于 1980 年首次在 Methune & Co. Ltd 出版，分别于 1991 和 2002 年再版。参见 Susan Bassnett, *Translation Studies* (Third Edition), Shanghai Foreign Language Education Press, 2004.

② See André Lefevere, *Translation, Rewriting and Manipulation of Literary Fame*, Shanghai Foreign Language Education Press, 2004.

Literature Context）中也表达了类似的观点。他指出："翻译不是在真空中进行的，两种语言在两种不同的文学传统的情境中相遇。……译者为了实现心中某个特定的目标，会在这两种传统之间进行调解，而不是以一种客观、中立的方式去'再现原文'。"[1] 译者不是在真空下进行翻译，而是要受到两种文学传统的制约；同时，译者也不是价值中立者，而是会带着自己的目标与视野进入文本。

从巴斯奈特和勒菲弗尔的论述中可以看到，翻译不是一个价值无涉的行为，译者在翻译中无法做到中立与客观，而是要受到各种因素的制约与影响。应该说，政治文化因素对译者及其翻译活动的影响无时不在。有学者以1819年出版的华盛顿·欧文（Washington Irving）的小说《瑞普·凡·温克》（*Rip Van Winkle*）为例，通过原作和德译本的对比分析，揭示了政治审查制度对翻译的影响，从而确立了译者作为"合伙人"（a composite agent）的身份[2]。当传统翻译理念被重置时，译者和原作者、原文和译文的关系也得以重置。翻译活动不再是低于创作的二流行为，译者的任务也不只是要实现语言上的忠实，更要关注忠实背后的社会、历史、文化等多面的语境因素，从而使译本在目标语文化中实现民族身份重建、民族文化与文学发展以及译者个人改造等功能[3]。

此外，以翻译研究的"文化转向"或描述翻译学为研究理路来透视译者的角色和翻译行为以及翻译的本质，还可见于巴斯奈特与勒菲弗尔合编的论文集《翻译，历史与文化》（*Translation, History and Culture*）[4]、《文化构建——文学翻译论集》（*Constructing Cultures: Essays on Literary Translation*）[5]

---

[1] André Lefevere, *Translating Literature: Practice and Theory in a Comparative Literature Context*, Foreign Language Teaching and Research Press, 2006, p. 6.

[2] See Erika Hulpke, "Cultural Constrains: A Case of Political Censorship," in Harald Kittel & Armin Paul Frank, eds., *Interculturality and the Historical Study of Literary Translations*, Foreign Language Teaching and Research Press, 2007.

[3] See Susan Bassnett, ed., *Translating Literature*, D. S. Brewer, 1997. 此论集收录6篇论文，皆以"译者"为讨论中心，探讨译者的翻译行为所受到的各种影响以及译作所实现的改造功能。

[4] See Susan Bassnett & André Lefevere, eds., *Translation, History and Culture*, Pinter Publishers, 1990.

[5] See Susan Bassnett & André Lefevere, eds, *Constructing Cultures: Essays on Literary Translation*, Shanghai Foreign Language Education Press, 2001.

以及赫曼斯（Theo Hermans）编著的《文学的操纵——文学翻译研究》(*The Manipulation of Literature: Studies in Literary Translation*)①，这些成果皆打破传统的规定性研究范式，开始将视点转移到描述性研究，强调对翻译行为过程的描述，关注翻译活动发生的语境以及制约译者行为的现实因素。

从20世纪90年代后期开始，国外翻译研究在"文化转向"的推动下，研究视角呈现多元态势，不少学者借鉴解构主义、后殖民理论、女性主义等文学理论，重新思考翻译的本质和译者的角色与地位②。劳伦斯·韦努蒂（Lawrence Venuti）的《译者的隐身：一部翻译史》(*The Translator's Invisibility: A History of Translation*) 是以解构主义为解释框架的代表性著作。韦努蒂批判"通顺翻译"，倡导"抵抗式翻译"，认为"译者可采用与当前国内文本规则偏离的翻译策略，或选择翻译与目标语文学现行标准相违抗的文本来标记译本的异域性"③，从而凸显了译者作为主体的自主选择权。同样以解构主义为理论工具，韦努蒂在《翻译的窘境：通向差异的伦理学》(*The Scandals of Translation: Towards an Ethics of Difference*) 一书中提出："要致力于描述与评价译作的社会效果，拓展翻译研究的多维视角，确立翻译作为研究领域在学术界的扎实地位，同时为译者赢得更大的文化权威和更有利的合法地位"④。他认为，翻译应努力发掘译入语的"语言剩余"来瓦解译入语的语言结构，进而瓦解占主流的文化价值观念，使处于边缘地位的价值观念得以呈现，以促进新思想、新观念的发展，由此论证了"译者不再只是一只传声筒，而是推动社会文化发展的巨人，原创文学和哲学的代言人，大众文化的助产婆，甚至是反对全球霸权的斗士"⑤。译者的从属地位和被动形象被彻底颠覆。凯

---

① See Theo Hermans, ed., *The Manipulation of Literature: Studies in Literary Transaltion*, Croom Helm, 1985.
② 必须承认，国内的解构主义、女性主义和后殖民主义翻译研究是在国外研究的推动下展开的，国内研究现状述评中已经就相关理论的背景知识作了简要说明，此处不加赘述，仅就国外的代表性研究成果进行介评。
③ Lawrence Venuti, *The Translator's Invisibility: A History of Translation*, Shanghai Foreign Language Education Press, 2004, p. 148.
④ Lawrence Venuti, *The Scandals of Translation: Towards an Ethics of Difference*, Routledge, 1998, pp. 3 - 4.
⑤ 邓红风、王莉莉：《翻译的窘境还是文化的窘境——评韦努蒂〈翻译的窘境〉》，《中国翻译》2003年第4期，第39页。

瑟琳·戴维斯（Kathleen Davis）的《解构主义与翻译》(*Deconstruction and Translation*)[①] 从解构主义的视角探讨了解构与翻译的关联，书中就"意义先在性"所作的分析使我们认识到："意义不是语言的先在，而是语言效果，这从根本上消解了传统翻译的忠实观，改变了人们对原文和译文的传统看法，突出了译者的中心地位"[②]。

从后殖民主义解读译者的翻译行为是国外翻译研究的一个重要论题。后殖民主义的重要理论依据是以反叛、颠覆二元对立为旨归的解构主义，它致力于反抗霸权主义，使"边缘化"的人们获得重新书写自己历史的力量。翻译与后殖民主义的关系可以从后者的理论使命中寻找根基。立足于后殖民主义的思维逻辑，翻译被视为"解殖化"的工具。确切地说，"后殖民理论以权力关系差异理论为先导，借助新历史主义的历史描写的方式观察、研究和解释权力差异语境中译者自觉与不自觉的价值取向、翻译行为和策略选择"[③]。

后殖民主义翻译研究的主要代表人物有道格拉斯·罗宾逊（Douglas Robinson）、特佳斯维妮·尼南贾纳（Tejaswini Niranjana）、玛丽亚·提莫志科（Maria Tymoczko）等。罗宾逊以翻译与帝国的关系为论述的基点，揭示了翻译是帝国主义实现其征服与占领的一个不可或缺的途径，译者承担了沟通征服者与被征服者的重要使命[④]。尼南贾纳认为："在后殖民语境中，翻译问题已经成为反思再现、权力和历史性的重要场所。……殖民事业中所隐含的征服/主体化的惯例不仅通过帝国的强制机制来运行，而且通过哲学、史学、人类学、语文学、语言学和文学翻译等话语来实现。"[⑤] 翻译不再是从原语文化到目标语文化的单向流动，而是一种双向的跨文化事业，翻译扰乱了直线性

[①] See Kathleen Davis, *Deconstruction and Translation*, Shanghai Foreign Language Education Press, 2004.

[②] 陈浪：《德里达思想对翻译研究的影响——戴维斯〈解构主义与翻译〉评介》，《外语与外语教学》2007 年第 12 期，第 56 页。

[③] 王东风：《翻译研究的后殖民视角》，《中国翻译》2003 年第 4 期，第 4 页。

[④] See Douglas Robinson, *Translation and Empire: Postcolonial Theories Explained*, St. Jerome Publishing, 1997.

[⑤] Tejaswini Niranjana, *Sitting Translation: History, Post-Structuralism, and the Colonial Context*, University of California Press, 1992, p. 1.

的流动和权利的等级关系①。提莫志科以早期爱尔兰文学英译作品为例，揭示了译者在捍卫爱尔兰民族文学遗产时对英国殖民主义和文化压迫的反抗②。显然，后殖民主义翻译研究的初衷或落脚点并不是翻译本身，而是政治与权力相交织的关系链，但其研究对传统翻译观和隐藏于文本之后的译者进行了重新定位。在后殖民的视角中，翻译并不追求文本转换的忠实性，而是要追问"谁是翻译主体？""如何翻译？""为什么翻译？"等问题。翻译作为一种跨语际的转换，它成为建构殖民主体的一个话语场所，是"一种具有颠覆性的文化政治行为"③，无论是选择待译作品，还是选择翻译策略，译者都有明确的文化政治目的。

从女性主义视角解读译者尤其是女性译者的翻译行为是国外翻译研究的一个重要内容。在西方，女性主义写作与翻译的目标同一，那就是，在意义的生产中凸显女性的主体性。戈达尔德（Barbara Godard）认为，女性在翻译实践中应该让语言传达女性的心声，她主张女性通过"转换"的身份诗学，在写作中发挥主体的能动性④。雪莉·西蒙（Sherry Simon）通过对传统忠实观的解构，得出"忠实既不是针对原作者也不是针对读者，而是对写作方案而言"⑤，从而使原作者的权威地位受到质疑，使译者的主体性得到彰显。劳丽·钱伯伦（Lori Chamberlain）通过对翻译与性别同构关系的解构，强调翻译可被看作是原作者与译者的合作或共事⑥。弗洛托（Luise Von Flotow）认为，译者的"性别意识"可为其身份与地位提供确证，为了让女性发声，译

---

① See Else Ribeiro Pires Vieira, "Liberating Calibans: Readings of Antropofagia and Haroldo de Campos' Poetics of Transcreation," in Susan Bassnett and Harish Trivedi, eds., *Post-Colonial Translation: Theory and Practice*, Routledge, 1999.

② See Maria Tymoczko, *Translation in a Postcolonial Context: Early Irish Literature in English Translation*, Shanghai Foreign Language Education Press, 2004.

③ 王东风：《翻译研究的后殖民视角》，第5页。

④ See Barbara Godard, "Theorizing Feminist Discourse/Translation," in Susan Bassnett and André Lefevere, eds., *Translation, History and Culture*, Pinter Publishers, 1990.

⑤ Sherry Simon, *Gender in Translation: Cultural Identity and the Politics of Transmission*, Routledge, 1996, p. 2.

⑥ See Lori Chamberlain, "Gender and the Metaphorics of Translation," in Lawrence Venuti, ed., *The Translation Studies Reader*, Routledge, 2000.

者必定会凸显自我，在译文中融入他（她）个人的主观创造。① 在女性主义视角下，翻译是特定的社会历史与文化语境中彰显译者主体性的写作行为。

对译者主体性进行专门论述的是道格拉斯·罗宾逊，他在《谁在翻译？——超越理性的译者主体性》（Who Translates? Translator Subjectivities beyond Reason）一书中对译者主体性进行了多视角、多层次的分析与探讨，这是国外少见的以"译者主体性"为题的研究专著。在开篇引言中，罗宾逊不断追问："谁在翻译？翻译的主体是谁？译者能否成为主体？译者是否具有主体性？如果有，那么这个主体内哪些力量在起作用？在何种程度上这些力量从外部传到主体的内部？"② 罗宾逊指出，理性主义翻译思想使译者成为原作者的传声筒，译者在翻译行为中完全受制于理性的桎梏，译文必须忠实、准确。从这个意义上讲，译者就是原作者的忠实奴仆。"罗宾逊肯定了译者与原作者的亲密关系，也肯定了译者的独立性。更重要的是，他指出译者是根据自身的语言与所在的世界经验进行翻译。这就意味着不同的外在力量将不同程度地影响译者翻译的行为。"③ 显然，罗宾逊以外部力量的影响为切入点，凸显了它对译者主体性建构的强大力量。他认为："译者是决定翻译过程的唯一力量"。运用解构主义原理，罗宾逊还以翻译的"身体学"为理论依据，解构西方主流翻译理论所隐含的理性主义哲学思想，颠覆长期以来译者与作者、读者的关系，把研究焦点和出发点重新落实到"人"身上，关注译者在翻译过程中的主观能动性、所受的制约与影响④。罗宾逊在他的另一部著作中指出："译者是社会存在物，社会网络在很大程度上会操控、协调或影响译者的翻译活动。"⑤ 译者的翻译活动是在社会网络中展开，同时译者为了生存必须

---

① See Luise Von Flotow, *Translation and Gender: Translating in the 'Era of Feminism'*, Shanghai Foreign Language Education Press, 2004.

② Douglas Robinson, *Who Translates? Translator Subjectivities Beyond Reason*, State University of New York Press, 2001, p. 3.

③ 卢玉玲：《翻译的幽灵——评道格拉斯·罗宾逊的〈谁在翻译？——超越理性论译者的主体性〉》，《中国翻译》2004年第2期，第57页。

④ 谢天振、陈浪：《导读：在翻译中感受在场的身体》，见 Douglas Robinson, *The Translator's Turn*, Foreign language Teaching and Research Press, 2006, viii.

⑤ Douglas Robinson, *Becoming a Translator: An Introduction to the Theory and Practice of Translation*, Routledge, 2003, p. 161.

与其他社会群体确立社会联系；在这一社会网络中，译者还需与原作者、翻译发起人以及读者确立某种联系。在现实世界里，人们对翻译有不同的期待与需求或要求，"谁是翻译的发起人？""为谁翻译？""在什么历史语境下开展翻译？"，这些都是思考译者主体性的重要议题。

另外，必须提到的是巴兹尔·哈蒂姆（Basil Hatim）和伊恩·梅森（Ian Masion）合著的《语篇与译者》（Discourse and the Translator）和《译者作为交际者》（The Translator as Communicator），这两本著作的共同点是从语篇语言学或篇章语言学的角度探讨译者的翻译行为，解释了译者的自主性选择，并强调了译者在交际活动中的核心地位①。

应该承认，国外的译者主体性研究同国内研究相比较，主题不甚明确，专题性研究少，也即是，以"译者主体"或"主体性"为主题的专门研究不多，相关论述大多散见于翻译研究专著或论文集中。然而，尽管与国内研究相比较，国外大部分研究没有明确的"主体"或"主体性"的主题标记，但在研究内容和方法上是与国内研究互补相通的，那就是，把译者置于社会历史语境和文化网络之中去描述与分析他（她）在翻译过程中所扮演的角色。这里有必要提到的是，国内的女性主义、后殖民主义和解构主义翻译研究皆是在国外研究的推动下开展的，研究意义有相通之处。

或许可以说，国外的译者主体性研究大部分是主体与主体性话语的"隐喻式表达"，它们隐性地透视了译者的主体身份及其主体性行为；同时也呈现了多元化的研究视角，立足于社会、历史与文化的多元语境，深入分析了译者与译语文化的关系，探讨了译者所依附的译语文化中的各种影响因子及其与翻译行为的互动；同时，研究还从语言与文本的内、外部论述了译者的翻译行为，体现了多角度、多层次的研究特点。这不但有利于我们认清译者在翻译过程中的角色与身份地位，也让我们透彻理解了翻译与社会文化的深入互动。

---

① See Basil Hatim & Ian Mason, *Discourse and the Translator*, Shanghai Foreign Language Education Press, 2001; *The Translator as Communicator*, Routledge, 1997.

二、研究问题、目标与意义

由上所述可见，无论是国内还是国外，译者主体性研究已经成为翻译研究一个重要组成部分，而且取得了一定的成绩。可以说，国内外研究呈现了"百花齐放，百家争鸣"之势，为我们提供了思考主体性的多维理论视角，从不同维度对主体和主体性做出了不尽相同的诠释与描述，对"何为主体？""谁是主体？""什么是（译者）主体性？"等问题给出了相同或不同的解答。然而，我们也不能无视其中存在的问题，这些问题有的是出于对主体性概念的模糊认知，有的是因为译者主体性研究本身的理论还需要进一步建构与完善。

首先，当前研究对主体和主体性概念缺乏谱系性考察，对主体和主体性本身的界定还存有分歧。"谁是翻译主体？"的问题尚无定论。有的学者认为译者不是翻译的唯一主体，主体还应该包括作者、读者、接受环境等等。这样，我们就面临如何定位翻译主体的问题。同样，对于何为主体性或译者主体性也存有异议。有的学者在理解主体性时倾向于强调主体性就是主观能动性，将主体性理解为主体的主观自主与自为，从而有将主体性等同于"主观自由"的趋势。在这一认识基础上，不少学者提出，译者没有这种"主观自由"，便是主体性遭到削弱、压制与消解的表现。我们如何界定译者主体性以避免认识上的误区？

其次，对译者主体性研究的存在空间还有认识上的分歧。有学者认为，提倡译者诠释的主体性，难免会造成种种曲解、妄解现象的泛滥[1]。这种观点实际上是在传统翻译观念中，在"怎么译"的思维取向中来观照译者主体性。谢天振在《国内翻译界在翻译研究和翻译理论认识上的误区》一文中对"怎么译"的问题做了深刻剖析[2]。传统规定性的翻译研究认为，翻译就是寻求原文的对等语，使译文忠实于原文；因此，倡导译者主体性被视为是对误译、错译的鼓励，影响了翻译的"忠实"。然而，我们发现导致这一认识的重要原

---

[1] 刘全福：《当"信"与"化境"被消解时》，《中国翻译》2005年第4期，第17页。
[2] 参见谢天振：《国内翻译界在翻译研究和翻译理论认识上的误区》，《中国翻译》2001年第4期。

因是缘于对译者主体性内涵的理解存有偏颇，那就是将主体性等同于译者不受任何制约的纯主观自由。在译者主体性研究中，我们应采用什么样的研究范式和理论视角来进一步认识与理解主体性的内涵？

第三，通常认为，译者主体性主要体现在译者对原作的选取、策略的取舍、对读者的关照、译者的文化身份意识等方面。然而，在多数情况下，译者的主体性表现皆被理解为是译者的一种主观自主与自为。这样一来，我们应该怎样重新认识和界定译者作为主体的主体性表现？

第四，当前译者主体性研究的理论视角颇多，也存在重复性研究的现象。如何从新的理论视角对译者主体性加以界定与阐发，使之在概念体系上趋于完善？如何借鉴其他理论，如实践哲学、历史哲学、社会学，来观照译者主体性，从而进一步挖掘其学术内涵？

最后，无论是国内还是国外，多数研究都是把译者放置在一个观念性的文本世界中加以描写与剖析，强调译者主体的主观自主性。如何将译者主体性的探讨与译者所处的现实语境挂钩，走出观念性的文本世界？

针对以上问题，本书选择以"实践哲学视角下的译者主体性探索"为题，对译者主体与主体性做进一步的思考与探索。我们将以马克思实践哲学为主要理论依据，借鉴它的主体与主体性概念，对译者主体与主体性进行重新界定，建构译者作为唯一主体（即实践主体）的理论话语，并凸显译者作为实践主体的主体性，即社会性与历史性。以此为基点，本书把译者主体性置于社会历史的现实境遇中，考察译者在翻译过程中所体现的社会性与历史性，以此论证译者的翻译行为是译者的社会性与历史性参与意义建构的过程；同时也希望证明，译者在翻译中的主体性介入不仅体现为一种主观性的自主与自为，而且还体现译者的社会性与历史性。翻译不可能超越客观现实的时空局限，译者的主体性必然是主观性与客观性的内在的、必然的统一。

鉴于国内研究在理解主体性时，更多地凸显主体的主观能动性和创造性，强调主体性是主体的自我选择、自我决策与自我判断，本书则从主体的社会性与历史性出发，旨在凸显译者的主体性还体现为社会历史现实因素对主体的这种自我选择、自我决策与自我判断的影响与制约。国内研究对主体的主观能动性和创造性的强调，究其本质是对主体性的内在力量的强调，本书则是对主体性的外部力量的强调，这样，社会性与历史性就体现为一种社会制约性与历史制约性。从这种意义上说，社会性与历史性便是主体性的受动性表现。然而，与此同时，社会性与历史性也是作为社会性存在和历史性存在的主体的一种本质规定性，它体现了实践主体所具有的现实性和实践性。在理解译者的主体性时，国内学者不同程度地强调译者自觉的人格意识、创造意识和文化意识，本书从社会性与历史性的角度理解译者的主体性，无疑就必须关注译者的社会意识和历史意识，它们是译者能动地适应与响应社会历史的现实境遇，使翻译与社会历史语境相呼应的一种主体意识。必须指出，本研究是建基于前有成果的基础之上，旨在对译者主体及其主体性提供另一种理论解读或诠释视角，对译者主体性的内涵及其表现做出一点补充，以弥补已有研究中存在的缺失。我们也期望本书可以在理论视角上对译者主体性研究有所补充，从而丰富研究的理论话语，推动译学研究的发展。

三、研究方法与基本思路

本书以概念清理和理论建构为轴心，力图为译者主体的确立和主体性的界定找到合理且殷实的理论依据；以理论诠释和个案实证相结合，挖掘译者在翻译过程中所体现的主体性特质——实践主体性（即社会性与历史性），并对其进行分析与论证。本书"述""论"结合，描写与解释交替使用，以描述性研究为主，规定性研究为辅。首先我们会对译者主体与主体性的本质内涵进行规定，然后将其置于特定的社会历史语境中来考察。译者主体性研究不是脱离实践的玄思遐想，当然本书所关心的"实践"也不是从技术层面上去探讨如何翻译，而是将翻译放回到译者实践的特定时空语境中加以解释与描写，分析译者的社会性与历史性如何影响与制约了译者的翻译行为，强调翻译、译者主体性与意义生成三者之间的关联与互动，以重现译者在翻译时空"双桅船"上所作的文本旅行，由此彰显翻译与译者的社会真实性与历史真实性。

本书的基本思路：（1）以翻译研究的"文化转向"为时间坐标，回顾译者的身份流变，凸显译者的主体地位与主体性；（2）从翻译研究的理论哲学和实践哲学两条路径出发，对照两种不同路径的研究特点，由此提出（马克思）实践哲学视角下的译者主体性研究构想，凸显译者作为实践主体的主体性（即社会性与历史性）；（3）从理论诠释与个案实证出发，追踪译者的社会性与历史性在翻译过程中的具体体现，彰显翻译的过程就是译者的社会性与历史性参与意义建构的过程。

本书对译者主体性的考察以译者与社会历史语境的互动、关联为主轴，深入分析译者的社会性与历史性既是社会、历史现实对译者翻译行为的一种影响与制约，同时也是译者对自身所处的社会与历史现实的一种信守与依赖。

四、研究内容与研究的局限

本书除"绪论"和"结语"外，包括四章。"绪论"交代研究现状、研究问题、研究目标与意义、研究方法与基本思路、研究内容与研究的局限。第一章论述译者主体身份的确立和主体与主体性概念的流变。本章首先回顾译者在传统译论中的地位与形象，进而分析了"文化转向"对主体与主体性的解蔽，并对主体与主体性的哲学内涵进行了追溯，对主体性的消解和主体间性的转向问题进行了反思。第二章首先对实践哲学和马克思实践哲学做了概述，并就翻译研究的理论哲学与实践哲学路径的研究特点做了评析，进而揭示了马克思实践哲学对译者主体性研究的启发。第三章从理论诠释的角度出发，对译者在翻译过程中所体现的社会性与历史性进行阐释与论证，主要涉及：（1）从译者的"他者"身份论证译者的主体与主体性是社会与历史的建构；（2）从空间理论和"第三空间"阐释译者的翻译行为不是处于超然物外的真空地带，翻译发生在具有社会性与历史性的一个杂合空间——"第三空间"；（3）从译者面对"异"的态度取向论证译者的选择不可能是一种纯主观自为的行为，而是受到社会历史的现实境遇的制约与影响，由此体现了译者主体的社会性与历史性的介入；（4）从"第三生成物"的角度论证翻译不可能是对原作意义的简单复归，译者对文本的解读不可能超越自身所处的社会与历史的局限，从而使译作成为"第三生成物"，由此证明了翻译过程必定是一个译者的主体性，即社会性与历史性的介入过程。第四章利用个案研究法对译者的社会性与历史性在翻译中的介入进行论证。本章选取了《珍妮姑娘》的两个中译本和《飘》的两个中译本作为个案，分别从人物形象译介和文化图景译介的差异性追问译者的社会性与历史性在文本意义的生成与建构中的作用。最后是全书的结语，这一部分对整个研究做了回顾与总结，指出本书所开展的译者主体性研究旨在为当前研究补充一种观察和理解的视角，并提出倡导译者主体性的发挥就是要求译者在翻译过程中要有一种社会意识和历史意识；同时，结语部分还就翻译与翻译过程的本质进行了思考。

本书的理论视角是（马克思）实践哲学，研究过程中需要笔者具有扎实的哲学基础和丰富的背景知识，这无疑是本研究的一个难点，也是本研究必然存在的局限，由于笔者才疏学浅，难免存在对某些哲学思想或观点理解肤浅、不够深入透彻的现象。本书选取了典型个案来进行说理论证，一方面，它必然能够反映整体的特征；但另一方面，由于是以个案为研究对象，其研究的结果所具有的普适性也必然易遭怀疑，而且解释的效度还需要回归特定的语境去寻找支撑点。译者主体性研究是一项系统工程，除了找到一条合理的解释路径，还有更多的研究有待进一步开展，如不同历史时期同一译者的主体性研究、特定历史时期译者群体的主体性研究等等。这就警醒笔者还要付出更多、更大的努力使研究进一步深化、细化。

第一章 主体的反思
——译者的主体地位和无法消解的主体性

一般认为,翻译研究的"文化转向"是研究路线发生转变的一个标志性通道。"文化转向"之后,译界学人开始了新视角的寻思问道,此时译者主体性问题开始进入研究者的视野。有学者指出,翻译研究的文化转向"发现"了译者①。可见,译者主体性的研究主题是由翻译研究"文化转向"开启的。主体与主体性问题本原上是一个哲学问题,其本质是人的地位问题。当主体性概念被引入翻译研究之中来探讨译者主体性时,主体性问题自然地就成为译者的主体地位与身份问题。"文化转向"之前翻译研究更多地关注原作与原作者,强调对文本做静态分析,忽略了文本意义的多元性与动态性,这时译者处于派生性或从属性的"无声"地位;"文化转向"之后翻译研究开始跳脱出狭小的文本空间,进入更为广阔的文化世界,译者也从"无声"变为"有声"。

在哲学的视域中,人并非一开始就具有主体性,而在获得主体性之后,又遭到了消解的厄运。对于主体性能否被消解的问题,国内哲学界不少学者作了多层面的深度思考与探讨,但最后并未达成一致见解;为此,有学者提出了主体性向主体间性转向的构想。在译学界,不少学者受到哲学思想的启发,也发出了翻译主体性向主体间性转向的呼声。

第一节 翻译研究"文化转向"视野中的译者

"文化转向"对译学研究而言,意义不可小觑,它几乎成了一条"坐标

---

① 穆雷:《翻译主体的"发现"与研究》,第12页。

轴",标识了研究视角的切分与走向。通常认为,译学研究在"文化转向"之前关注的是静态的原作和原作者,强调对文本进行语言层面的分析,忽视了文本意义在文化视野中的多元性与动态性,这时译者与译作自然处于一个派生性或从属性的地位。"文化转向"之后翻译研究则将视点转向动态的行为主体——"人"。"只有在翻译研究经历了'文化转向'之后,翻译理论对译者问题的探讨才得到了较大的深入和拓展,译者的地位也从低于作者到被认为在翻译活动中起着决定性作用。"① 可见,"文化转向"使译者的地位获得了提升的机会。译学研究的范式转变给我们的启发是:不同的研究范式,不同的观察视角,不同的理论取向,最后必将引向相同问题的不同解答。从静态的文本考察到动态的主体探索,充分透视了译者的身份与地位的变化。"文化转向"之后的译学研究开始跳出单一、狭小的文本空间,进入多元、广阔的文化世界,并将注意力转移到译者的角色及其功能的分析,翻译被置于特定的社会历史背景之中加以考察。"广而言之,是把翻译放到政治、意识形态、经济、文化之中加以考察"②。因此,从某种意义上说,翻译研究的"文化转向"成为译学理论探索的分水岭,它是译学研究由静而达动、由一元而至多元、由文本而转文化的标志。"文化转向"所引发的是一个复杂而多义的译学研究路径,不同的视角与路径必然会对翻译本质有不同的认识与理解。然而,如何准确认识"文化转向"前后的译者地位与形象,对我们的主体性研究必定会有启发。下文对这一问题简要回顾与探讨。

一、传统译论中的译者地位与形象

这里首先需要对"传统译论"做一个界定。一般认为,"传统译论"就是"文化转向"之前的译学流派,特指语文学派和传统语言学派。可以说,这一时期译论思想中所涵摄的译者在中西方的遭遇是相同的,他(她)们都没有获得独立的主体身份与地位。我们可以通过中西方古代典籍翻译思想来考察译者主体地位的失落。

---

① 俞佳乐:《翻译的社会性研究》,上海译文出版社,2006 年,第 176 页。
② Maria Tymoczko, *Translation in a Postcolonial Context: Early Irish Literature in English Translation*, p. 25.

在西方的古代典籍翻译思想中，最具代表性的思想家有西塞罗（Marcus Tullius Cicero）、贺拉斯（Quintus Horatius Flaccus）、昆体良（Marcus Fabius Quintilianus）、哲罗姆（Eusebius Sophronius Hieronymus，英译 Jerome）、奥古斯丁（Saint Aurelius Augustius）、路德（Martin Luther）等，他们皆对翻译的本质与译者的翻译行为作了细致、深刻的思考。西塞罗认为，翻译必须保持语言的风格，要用符合原语语言习惯的方式翻译，翻译不应死译，而应该追求精神内质的对等；此外，翻译必须做到风格对等，认为"任何翻译狄摩西尼的人都必须自己也是狄摩西尼式的人物"[1]。西塞罗是"西方翻译史上的第一位理论家"，同时也有丰富的实践经验，他翻译过荷马的《奥德赛》、柏拉图的《蒂迈欧篇》、色诺芬的《经济学》等希腊名篇名作。贺拉斯受西塞罗思想的影响，也提出了相似的翻译观点。他认为，翻译必须活译，翻译可以成为丰富本族语、发展民族语言的有效途径[2]。同西塞罗和贺拉斯一样，昆体良也主张活译，认为翻译是创作，必须与原作媲美，力争胜过原作[3]。他说："翻译不仅仅是解释，而是致力于用相同的思想表达方式与原文竞争较量。"[4]哲罗姆认为，翻译必须灵活处理，文学翻译必须保证文本的可理解性，而《圣经》翻译必须采取直译，不可有半点改动；此外，译者在翻译中必须正确理解原文[5]。奥古斯丁对翻译的思考主要立足于《圣经》翻译，他认为：第一，译者必须拥有熟练运用双语的能力；第二，翻译必须根据读者的需要而变化译文的风格；第三，翻译必须考虑能指、所指和译者判断三者之间的关系，翻译对等就是寻找与原词所指相同的译词；第四，翻译的基本单位是词，翻译应该直译；第五，《圣经》翻译必须依靠上帝的感召[6]。《圣经》翻译家路德对翻译也有很深的见地，他的主要观点可以归纳为：第一，翻译必须采用人民的语言，必须关注翻译的历史背景；第二，翻译必须注重语法和意义

---

[1] 谭载喜：《西方翻译简史》（增订版），第 19－20 页。
[2] 同上，第 21 页。
[3] 同上，第 21－22 页。
[4] Douglas Robinson, *Western Translation Theory: from Herodotus to Nietzsche*, Foreign Language Teaching and Research Press, 2006, p. 20.
[5] 谭载喜：《西方翻译简史》（增订版），第 26－27 页。
[6] 同上，第 28－30 页。

的关联；第三，翻译必须采取可能的必要策略，比如增补、省略、转换、变异等，使读者接受译文①。

综合上述几位译家的翻译观点不难发现，其核心思想是把原文置于一个至高无上的权威地位，译者必须随从原作者，译文必须贴近原文，或风格上，或精神上，或语言上，或意义上，等等。有的提出翻译必须直译，如《圣经》翻译不能更改原文；有的提出《圣经》翻译必须得到上帝的感召，没有获得感召的译者是没有话语权的，翻译就是对神旨的再现。这充分表明：在这些翻译思想家的视域中，整体上他们都没有意识到译者主体性的客观存在，虽然其中也有人把翻译理解为创作与竞争，但只是对翻译功能的强调，并没有突显译者在创作和竞争中具有什么样的身份与地位，或在创作和竞争中译者如何介入主体性。有的译家虽然也偏向意译的翻译策略，然而在直译和意译的两极也同样看不到译者介入的身影。无论是"直译说"还是"意译说"，究其实质是在为翻译树立一块译作必须忠实于原作的"贞节牌坊"。因此，这种语境中的翻译本质上只是一种语言转换的形式，译者必须且只能活动在"超凡脱俗"的纯语言空间里，这样译者就成为语言转换的工具。这一情况在中国古代典籍翻译思想中也得到了充分体现。

中国古代典籍翻译思想主要体现在佛经翻译中，许多佛经译家从翻译实践中沉淀经验，体悟并总结翻译心得，使对实践的思考上升到了理论的思想高度，其中具有代表性的人物有支谦、道安、鸠摩罗什、彦琮、玄奘、赞宁等。支谦主张"重文轻质"，甚至"求文舍质"，"雅顺而不甚忠于原文"②。他堪称中国翻译史上"意译派"的始祖，译文加注的做法也是始于支谦③。道安主张"弃文存质"，他的"五失本，三不易"就是具体体现。"'五失本'……惟是止于外在形式被破坏而不容损及经义……；'三不易'则强调翻译欲忠实于原作乃大不易，然而，唯其难才更需译者如履薄冰、如临深渊，惶惶然，栗栗然，用笔之慎之又慎，丝毫放纵不得。"④ 鸠摩罗什是意译派的

---

① 谭载喜：《西方翻译简史》（增订版），第 64 - 67 页。
② 王铁钧：《中国佛典翻译史稿》，中央编译出版社，2006 年，第 31 页。
③ 马祖毅：《中国翻译简史》，第 29 页。
④ 王铁钧：《中国佛典翻译史稿》，第 105 页。

代表，但他主张在不失本旨的前提下保持文与质的共存，反对"弃文存质"与"重文轻质"①。彦琮提出了"八备说"，即一个优秀的或合格的佛经翻译者应当具备的八条要求或八项条件②；此外，他还提出了翻译的十条要例，简称为"十条"③。玄奘主张"五不翻"，即在五种情况下梵语词汇惟作音译处理为妥④，他的翻译思想对后世影响深刻，其译经活动处于我国佛经翻译的全盛时期。赞宁提出了翻译的"六例"，归纳了译经中的各种情况，提出了解决各类矛盾的方法⑤。

通过对中国古代译家思想的呈现可以发现，这些译家皆立足于自身的实践经验，解答"如何翻译？"或"怎样翻译？"的方法问题，如"五不翻""六例""十条""八备"等，没有越离翻译标准与翻译技法的轨道。无论"重文轻质"还是"弃文存质"，抑或"文""质"兼具，皆是为译者确定翻译实践的行动指南，满足于对译者提出静态的、条件性的规定。他们的翻译思想有一个固定的特点：没有把译者放在翻译活动中去做动态的描写⑥。因此，译者的主体地位无法得到确立，主体性自然也就被遮蔽。

作为传统译论范式的语文学派和语言学派（即"传统语言学路径下的翻译研究"⑦）也展现了译者地位遭遇压制的景况。一般认为，语文学派是20世纪80年代之前的译学理论，主要以修辞学、美学、古典文论为理论参照，注重"翻译家在实践中的体会与感悟，多为只言片语的散论，不成体系"⑧，在体会与感悟的空间里建构了一种主观随感式与印象式的理论思想。在此不妨以克罗齐的翻译思想为例来观照这一学派的特点。克罗齐以表现主义美学为

---

① 王铁钧：《中国佛典翻译史稿》，第133页。
② 王宏印：《中国传统译论经典诠释——从道安到傅雷》，湖北教育出版社，2003年，第33页。
③ 马祖毅：《中国翻译简史》，第29页。
④ 王铁钧：《中国佛典翻译史稿》，第242页。
⑤ 陈福康：《中国译学理论史稿》（修订本），上海外语教育出版社，2000年，第40-41页。
⑥ 王宏印：《中国传统译论经典诠释——从道安到傅雷》，第42页。
⑦ 本书所论及的语言学派专指研究路径限于语言层面的语言学研究，在此借用陈浪所界定的"传统语言学途径下的翻译研究"这一说法。根据陈浪的观点，当代语言学途径翻译研究的新进展已经跳出了纯粹的语言层面。参见陈浪：《当代语言学途径翻译研究的新发展》，南开大学出版社，2011年。
⑧ 吕俊、侯向群：《翻译学——一个建构主义的视角》，上海外语教育出版社，2006年，第54页。

理论基础，提出了翻译的不可译性、相对可译性和翻译作为艺术再创作的观点[1]。克罗齐认为，一切艺术品都有独特性，任何一个都不能改变成另外一个，因为用艺术技巧去改变，其本身就是创作一个新的艺术品。与此相关的就是翻译的不可译性，如果翻译冒充可以改造某一表现品为另一表现品，如移瓶注酒那样，那就是不可译的[2]。克罗齐又以不同表现品或艺术作品中存在类似点为依据提出了翻译的相对可译性观点：翻译能够做到的只是移植类似点，这种类似点的可移植性决定了翻译是相对可译的。以对自然的美的欣赏为出发点，克罗齐还提出了翻译作为艺术再创作的观点：自然的美只是对欣赏者的想象的一种刺激品，离不开欣赏者的审美直觉，美不在于客观的现实，而在于欣赏者内心想象的创造，由此译作不可能是原作的翻版，而是一种新的创作，是新创作的表现品，这种新创作的表现品与原作类似。显然，按照克罗齐的表现主义思想，翻译不可能是单纯机械的照搬、临摹，而是以原作为蓝本的创造性活动，其中融入了译者的创造力。从克罗齐的翻译思想可以窥见语文学派的两个重要特点：①翻译是一种艺术再创造，译者在翻译中需要借助自己的直觉或灵感；②以先验的主体哲学为基础，认为主体是先于本质而存在[3]。在这一范式的观照下，译者的形象被美化，甚至神化，翻译背后的现实语境被悬置；主体只是先验的主体，而不是处于对象性活动之中被建构的主体，主体性也成为创造性、灵感、悟性的代名词。

　　语言学派的理论特点主要是西方语言学在翻译研究中的应用，即以语言学的理论知识来建构翻译的理论体系。通常认为，该学派出现在20世纪80年代至90年代中期，它以结构主义语言学为理论基础，以语言分析为基本手段，以寻找意义的"对等"为目的，研究语际间符码转换的规律。它的一个显着特点：关注语言的内部结构与构成的规律，缺少对语言系统外部因素的分析。语言学派的主要代表人物有奈达（Eugene A. Nida）、卡特福德（J. C. Catford）、贝尔（Roger T. Bell）、贝克（Mona Baker）、哈蒂姆（Basil Hatim）、梅森（Ian Mason）、豪斯（Joulian House）、雅可布逊（Roman Jakob-

---

　　[1]　谭载喜：《西方翻译简史》（增订版），第176－177页。
　　[2]　克罗齐：《美学原理》，朱光潜译，外国文学出版社，1983年，第78页。
　　[3]　吕俊、侯向群：《翻译学——一个建构主义的视角》，第56－57页。

son）等。他（她）们在翻译研究中，特别是在早期的研究中，皆从语言学学科获得建构翻译理论的源头活水，但对作为主体的译者及其主体性大多未给予应有的关注。奈达主要借鉴语义学和转换生成语法来构建自己的翻译理论，卡特福德、贝尔和豪斯借鉴韩礼德的系统理论，哈蒂姆和梅森则从语篇语言学、批判语言学和语用学那里获得思想的启迪，而雅可布逊是受到语言符号学理论的指引。这些学者皆从特定的语言学视域对翻译进行理论性的研究与探讨，也正因此，翻译被冠之以"科学"的头衔，获得了不同以往的学科地位。

翻译研究的语言学派为译学理论的拓展开辟了一块新的"自由地"，从经验式、感悟式的思想点滴走向了一个更为系统、更为科学，也更为严谨的理论探索之途。然而，这种范式强调翻译活动必须以追求"对等"或"等值"为目标，研究兴趣主要在于考察一种语言输入的句子在用另一种语言输入时发生了什么样的变化，侧重于语言文字的转换、文本的风格和翻译标准等问题的探讨。应该说，该学派的研究是一种微观研究，即以文本为出发点并回归文本。因此，语言学派的研究又使理论的创见滑入了另一个思想的转角：译者作为主体的地位处于一种"失落"的状态。由于译者必须对原作与原作者俯首帖耳，亦步亦趋，这样，译者就成为原文和原作者的"随从"，"忠实"是其必须恪守的行动准则。

无论是语文学派还是语言学派，二者皆未对译者的主体地位与主体性给予应有的关注，尤其是在语言学派的语境中，翻译被认为是把一种语言转换成另一种语言，译者必须围绕原文字随句从。理论上的"等效""等值"之说从本质上都体现了把原文当作翻译的绝对标准，以是否忠实于原文为评价准则，忽视了客观存在的译者主体性的介入。甚至有人认为理想的翻译应该透明得像一块玻璃，让读者感觉不到译者的存在。我们可以从诸多隐喻性语言看到译者的地位与形象，如"传声筒""奴隶""舌人""摆渡者""仆人"等等。这种种不尽相同的形象背后都隐含了一个相同所指，即译者是一种工具或手段，扮演着"为他人做嫁衣"的服务者角色。"服务者"身份让我们看到的是一个处于失语状态的译者形象——不能言说自我，而是被人言说。在这样一种情况下，译者作为翻译行为主体的地位遭遇蒙蔽，译者的主体性被遮蔽、被压制,甚至被排斥。概而言之,"文化转向"前的译学研究整体而言都没有给译者一个主体的身份。语文学派的"天赋""灵感"之说将译者置于一个先验的主体地位,没有看到翻译的现实背景对译者行为的影响与制约作用。语言学派的译学范式坚守的是科学主义的翻译观,重在探寻文本的转换规律,并以两种语言转换的"等值""对等"为旨归,从而使整个翻译过程看似机械运转,貌似译者须听令行事。由此,翻译活动本身所具有的社会性、人文性和译者的主体性都处在盲视之中。

"不管人们如何高度评价语言学、文本语言学、文本对比学或语用学,以及它们解释翻译现象的能力,译者绝不能被简化为这些学科所界定的翻译话语的生产者。翻译活动应该被看作是一项具有文化意义的活动。"[1] 翻译不只是文本间的语言转换,而且是文本所承载的文化内核的移位。翻译具有文化意义,译者承担着"传递文化信息、解释文化差异、缓解文化冲突和推动文化融合的历史使命"[2]。翻译研究"文化转向"所包蕴的文化视点赋予了译者一个新的生命起点,使他(她)从幕后走向台前,从被忽略的边缘走到受众人关注的聚光灯下,从"失语"中发出自己的声音。"文化转向"从而也成为昭示译者主体性得以解蔽的一面旗帜。

二、"文化转向"及其现实意义

长期以来的语言学研究范式将讨论集中于语言内部,从"语音—语形—语义"到"语词—语句—语篇",致力于语言的转换模式与规律的探索,其实质是一种静态的、微观的、规范的形式主义研究模式,因此忽略了翻译活动在社会历史语境中的功能与意义。始于20世纪70年代,西方翻译研究中出现了一批学者,他(她)们将翻译置于文化语境之中,并对其进行描写与解释。翻译研究也因此进入一个新的范式,即"文化范式"或"文化学派"。在这一范式的观照下,翻译不是"文化传递活动的表层性单向迁移,它首先

---

[1] Gideon Toury, "The Nature and Role of Norms in Translation," in Lawrence Venuti, ed., *The Translation Studies Reader*, Routledge, 2000, p.198.

[2] 石琳:《文化全球化与翻译研究的文化转向——论翻译过程中的文化因素》,《广东外语外贸大学学报》2004年第3期,第36页。

必须根植于某一特定时空中、产生于某一种民族传统土壤的文化范式之中，每一个译者或者译学研究者都基于这种特定的文化范式从而延伸出相应的译学范式并在其中从事文化创造活动"①。文化学派打通了原语与目标语、原作者与译者之间的对立与阻隔，使翻译进入到一个双向、双边的意义生产链之中。文化学派的主要代表人有埃文-佐哈尔（Itamar Evan-Zohar）、图里（Gideon Toury）、勒菲弗尔（André Lefevere）、巴斯奈特（Susan Bassnett）、赫曼斯（Theo Hermans）等。他（她）们从"改写"与"操控"等角度重新思考翻译，认为翻译并非就是透明的，翻译成为某种意义上的"改写"，翻译过程中的译者会对原文进行操控。赫曼斯认为："译者从来就不会'公正翻译'……译者是在一定的翻译概念和翻译期待的语境中进行翻译的。"② "所有的译本中都存在着译者的声音，无论这种声音是多么模糊，或是被淹没。"③ 赫曼斯还说："说得略微夸张些，翻译告诉我们更多的是译者的情况而不是译作的情况。"④ 显然，译者从"隐形"状态中得到"显身"。

翻译研究的"文化转向"首次出现于巴斯奈特与勒弗维尔合编的论文集《翻译、历史与文化》的《序言：普鲁斯特的祖母与一千零一夜——翻译研究的"文化转向"》。巴斯奈特认为，该文是对她与勒菲弗尔所发现的翻译研究重心大转移的一种宣告⑤。也有学者认为，此文可被视为翻译研究学派倡导的"文化转向"的宣言书⑥。巴斯奈特和勒菲弗尔在文中指出："翻译绝不是在气闸室中进行，译文及其原文无法在最纯净的潜在词汇空间中用中间参照体⑦来加以检验，翻译不可能不受权利、时间或复杂多变的文化的影响。相反地，

---

① 傅勇林：《文化范式：译学研究与比较文学》，西南交通大学出版社，2000年，第14页。
② 西奥·赫曼斯：《翻译的再现》，田德蓓译，见谢天振主编：《翻译的理论建构与文化透视》，上海外语教育出版社，1999年，第13页。
③ 同上。
④ 同上。
⑤ See Susan Bassnett, "The Translation Turn in Cultural Studies," in Susan Bassnett & André Lefevere, eds., *Constructing Cultures: Essays on Literary Translation*, Shanghai Foreign Language Education Press, 2001.
⑥ 王洪涛：《翻译学的学科建设与文化转向》，第212页。
⑦ "中间参照体（tertium comparationis）"采用了冉诗洋的译文。参见冉诗洋：《tertium comparationis译名商榷》，《中国科技术语》2010年第1期。

翻译要适应文化的要求，适应该文化中不同群体的要求。"① 毫无疑问，翻译只能求得与原文的"近真"与"近似"，而无法"求同"，因为时空的阻隔、权力的介入使翻译难以进入一个绝对纯净的意义空间。

"文化转向"犹如解放的号角，开启了翻译研究紧闭的语言大门，翻译研究不再局限于语言层面上"怎么译"的文字转换问题，跳出了"单纯从语言转换层面看翻译问题的视角，让我们看到了翻译与译者所处的时代、文化语境之间的密切关系"②。"文化转向"后的翻译研究更加强调社会历史语境对翻译产生的影响，它将历史上发生的翻译现象和翻译活动置于当时的社会历史背景之下进行考察，分析译者在翻译实践中所受到的制约与影响，以及翻译作品在目标语文化与社会中所发挥的作用。"翻译从来就不是简单纯粹的。翻译总是有一个赖以发生的语境，总有一个由此而产生并且由此而定位的历史。"③ 社会与历史之维构筑了翻译研究新的思想经纬。佐哈尔也如是说："对于'翻译作品是什么'这个问题，不能将其放在一个非历史化且脱离语境的理想状态下通过推演来回答。"④ "不同时期的翻译活动发生于不同的历史背景之中，其表现也各有不同，而这并不是因为翻译质量的或优或劣，而是因为不同的翻译是为了满足不同的需要而产生。"⑤ 可见，"文化转向"的一个最大特征就是使翻译研究"语境化"，将翻译放到特定的社会历史背景中来加以描写，探讨"为什么这么译？"和"为什么译这些？"而不是简单地对译文做出价值判断。

作为一个范式转变的标志，"文化转向"使研究取向从原语文本转向译语文本，把聚焦点放到了文本的社会历史背景之上，考察文本与社会历史的关联，而不再把目光仅停留于文本的内部，这是从内部走向外部的批评研究。"翻译作为一种纯粹的目的性活动，在很大程度上是受它所要达到的目标影响

---

① Susan Bassnett and André Lefevere, eds., *Translation, History and Culture*, p. 7.
② 谢天振：《翻译研究文化转向之后——翻译研究文化转向的比较文学意义》，《中国比较文学》2006 年第 3 期，第 3 页。
③ Susan Bassnett and André Lefevere, eds., *Translation, History and Culture*, p. 11.
④ Itamar Even-Zohar, "The Position of Translated Literatu Within the Literary Polysystem," in Lawrence Venuti, ed., *The Translation Studies Reader*, p. 197.
⑤ Susan Bassnett and André Lefevere, eds., *Translation, History and Culture*, p. 5.

的，而这些目标又设定在接受系统之中，并由接受系统所设定。"① 接受系统或译语文化系统成为翻译研究的一个重要参数。

"文化转向"是从文本内转向文本外，从单语语境、语内语境转向双语或多语语境，从原作者转向译者的一次研究视角的转换。概而言之，它是从文本生产的非历史性探究转向历史性的分析与考察。它是研究视角的一次切换和转移，是翻译研究多元视角中的一个切入点，无疑也是翻译研究的一次深化过程②。加拿大女性主义学者西蒙认为，"文化转向"是翻译研究中最激动人心的进展，因为它意味着为翻译研究增添了一个重要维度，使我们了解到翻译与其他交流方式之间存在着有机的联系③。"文化转向"使翻译研究加强了对文本的社会性与文化性的挖掘，让我们看到了隐藏在文本背后的诸多力量，以及贯穿于整个翻译过程的种种张力。

对于"文化转向"，国内学者有着不尽相同的看法，有学者对其表示了担忧，认为"文化转向"远离了语言层面的研究，文化的触角无处不在，有脱离翻译研究正轨的危险④。譬如赵彦春指出："文化派的研究虽有合理的一面却是失之偏颇的，而其关于翻译是'改写''操纵'的结论是难以成立的，它们抛弃'忠实''对等'原则的努力是可以商榷的。"⑤ 吕俊认为："文化研究对翻译研究的剥夺，导致翻译研究的终结，使翻译研究消弭在历史研究、文化研究、人类学研究之中，从而丧失其作为独立学科的本体地位。"⑥ 曾文雄指出："面对文化转向，我们要持有正确的思想与开放平等、兼收并蓄的合理态度，力戒狭隘的民族主义。我们应以平等对话、辩证的态度对待'文化转向'，充分认识其为译学开创了新局面的积极意义，也要警惕文化翻译对翻译研究的

---

① Gideon Toury, "A Rationale for Descriptive Translation Studies," in Theo Hermans, ed., *The Manipulation of Literature: Studies in Literary Translation*, p. 19.
② 吕俊：《论翻译研究的本体回归——对翻译研究"文化转向"的反思》，《外国语》2004年第4期，第54页。
③ Sherry Simon, *Gender in Translation: Cultural Identity and the Politics of Transmission*, pp. 7-8.
④ 参见赵彦春：《翻译学归结论》，上海外语教育出版社，2005年；吕俊：《论翻译研究的本体回归——对翻译研究"文化转向"的反思》，《外国语》2004年第4期；曾文雄：《"文化转向"核心问题与出路》，《外语学刊》2006年第2期；等等。
⑤ 赵彦春：《翻译学归结论》，第9页。
⑥ 吕俊：《论翻译研究的本体回归——对翻译研究"文化转向"的反思》，第56页。

剥夺，使翻译研究丧失其独立学科的本体地位。"①

任何开放式、包容性的反思都是值得提倡的，但反思不该走进二元对立的死胡同里，这样的言说极可能流露个人主观化和情绪化的态度，甚至可能使言说变得偏执、极端。应该承认，上述几位学者对"文化转向"的否定或质疑有其客观、合理的一面。诚然，如果翻译研究转向文化之后，完全不关注语言和文本内部的意义生产，那么翻译研究就会陷入"泛文化现象"②。这种意义上的"转向"确实是对翻译本体研究的摧毁与扼杀。

从对"文化转向"的质疑或反思还可以看到，这份"忧虑"更多的是对翻译研究的学科边界的思考，是对翻译研究独立学科地位的忠诚守护。这里面其实就隐含了"翻译本体研究"和"翻译研究本体"的问题。为了澄清国内学界对"文化转向"的误解，谢天振撰文指出："如果说翻译本体只是指翻译过程中两种语言的转换过程本身，翻译本体研究也只是对这一过程本身所进行的研究的话，那么翻译研究本体就绝对不可能仅仅局限于语言文字转换过程本身。"③事实上，翻译研究"文化转向"只是研究的一次"方向性转移"，它并没有彻底否定或抛弃翻译研究中本应关注的本体。正如巴斯奈特所说："翻译本质上是对话的，它不只涉及一种声音。翻译研究也和文化研究一样需要多种声音。同样，文化研究也总是要考察构成翻译的编码和解码的过程。"④可见，即使是文化研究自身也没有忽视翻译本体的问题。

不可否认，20世纪90年代以来，翻译研究"文化转向"注重的是翻译（尤其是文学翻译）所赖以存活的社会文化语境，重在揭示文本的意识形态、文本所隐藏的文化—权力关系，而对翻译文本（狭义上的文本）很少做语义、语类和文体等层面上的言内分析。但这并不意味着"文化转向"后的翻译研究没有对文本给予关注。其实，我们可以从不少研究中看到翻译文本的个案

---

① 曾文雄：《"文化转向"核心问题与出路》，第95页。
② "泛文化现象"一词出自姚朝文的《文学研究泛文化现象批判》，用以指代文学研究中文化身份、权力话语、性别研究、殖民主义与后殖民主义、政治阐释学等理论言说。参见姚朝文：《文学研究泛文化现象批判》，上海三联书店，2008年。
③ 谢天振：《翻译本体研究与翻译研究本体》，《中国翻译》2008年第5期，第9页。
④ Susan Bassnett, "The Translation Turn in Cultural Studies," in Susan Bassnett & André Lefevere, eds., *Constructing Cultures: Essays on Literary Translation*, pp. 138-139.

分析，如韦努蒂在论证"抵抗式翻译"时以意大利作家兼翻译家塔尔凯蒂（I. U. Tarchetti）的创作与译作及意大利诗人德安吉利斯（Milo De Angelis）的创作和自己的翻译作品为例所做的个案研究，提莫志科对早期爱尔兰英译作品的广泛的案例研究，勒菲弗尔以典型的翻译文本为例来论证意识形态和诗学对文学翻译所产生的影响与制约[1]。相关的例子不胜枚举。显然，"文化转向"对社会文化语境的关注并不会脱离文本而自行其是。实际上，社会文化语境并不是一个事先给定的解释框架，它其实是需要在文本中加以检验的一种话语实践[2]。可见，"社会文化语境"是与文本密不可分的交织体，它是社会文化因素在文本生产、接受和流通中留下的印迹。

我们认为，断言翻译研究正在演变为一种文化研究，当代西方翻译研究中的文化转向已经成为一个趋势，这样的判断过于绝对，且有言过其实之嫌。伊恩·梅森有一番话切中肯綮。他认为，对译者的翻译行为、翻译过程所进行的语言学范式下的研究与翻译研究的文化范式是两条互补、兼容的研究路径，提倡翻译研究的文化范式并不意味着语言学范式现在就完全无用了，我们应该拓宽研究视角，把语用学、符号学等理论引入翻译研究，使之更好地为翻译研究服务[3]。显然，"文化转向"只是一种研究视角上的拓展，它与语言学范式并不是相互阻隔的，而是两者互相补充，"文化转向"不会也不可能会"釜底抽薪"式地将翻译本体丢弃。

"文化转向"毫无疑问扩展了定义与思考翻译的理论维度。鉴于此，我们还应该把翻译研究的"文化转向"理解为"一种批判的实践精神、一种开阔的理论视野，一种灵活的分析方法和一种权宜的介入策略"[4]。从本质上说，文化研究只是介入翻译研究的一种策略。如果这样来理解"文化转向"，它便

---

[1] See Lawrence Venuti, *The Translator's Invisibility: A History of Translation*, Shanghai Foreign Language Education Press, 2004; Maria Tymoczko, *Translation in a Postcolonial Context: Early Irish Literature in English Translation*, Shanghai Foreign Language Education Press, 2004; André Lefevere, *Translation, Rewriting and the Manipulation of Literary Fame*, Shanghai Foreign Language Education Press, 2004.

[2] 罗岗：《读出文本与读入文本——对现代文学研究和文化研究关系的思考》，《文学评论》2002年第2期，第85页。

[3] 参见任文：《文化转向后翻译研究语言学派和文化学派的互补性——伊恩·梅森访谈录》，《中国翻译》2007年第6期。

[4] 罗岗：《读出文本与读入文本——对现代文学研究和文化研究关系的思考》，第85页。

不可能摧毁翻译研究的原有根基,不会将翻译研究的本体丢弃,也就不可能动摇翻译研究本应有的独立学科地位。相反,它会给翻译研究带来新的生机和活力。我们从当前国内外"文化转向"之后取得的研究成果可以欣慰地看到这一点。进入"文化转向",我们应该努力做到"入乎其中,出乎其外"。

翻译研究作为一种跨学科研究,有其独特、鲜明的"跨学科性",其研究视角和研究方法会随着其他学科的演进而获得思想的资源和发展的动力。然而,"翻译研究的'跨学科性'并没有消解翻译研究的学科结构,而是从不同的学科领域为翻译研究提供了新的研究思路和研究模式"①。"文化转向"恰恰展现了翻译研究正处于这样一种动态的发展过程中,它可以丰富翻译研究的视角,拓展翻译研究的路径。不过,我们反对把翻译研究的"文化转向"变成"大而无当的虚飘空泛之论",它应该且必须立于翻译本体研究的基地上。

所以,看待"文化转向"应该持辩证的态度:一方面我们要看到翻译不能只是片面追求译文和原文的对等,以及译文对原文的忠实,而更应注重译本的文化与文学功能,应将译文放到其产生的特定社会历史背景中加以考察,分析其在特定历史时期所产生的影响;另一方面,我们认为翻译的根本问题应是语言和文化二者的交互性和关联性问题,即通过语言的再现通达文化的表征,偏向任何一方都是不可取的。所以,翻译研究应该立足于微观语言层和宏观文化层的双重维度。从文化的大语境来讨论翻译同样需要我们对原语和译语的能指与所指在语义层面上的转换过程进行描写,只看到语言或者只关注文化的翻译研究都是不可取的。因此,翻译研究的理想范式就应该是规定性和描写性相结合,着眼于微观的局部性考察和宏观的整体性把握。

三、"文化转向"视野中的译者身份与主体性

"翻译研究文化转向……让国内译界第一次认识到,'译者是一个积极的有思想的社会个体,而不是一部简单的语言解码机器或拥有一部好字典的苦

---

① 冉诗洋、李德凤:《翻译研究"文化转向"的再思考》,《中国科技翻译》2012年第3期,第41页。

力'。"① 翻译研究"文化转向"是对译者的"发现",它的一个显著特点就是加强了对译者及其翻译行为的研究。但实际上,译者从未被"掩埋",只是此前的研究对译者在翻译交际过程中的角色与主体地位未给予应有的关注与充分的重视。"文化转向"使译者的身份从"语言翻译者"过渡到"文化翻译者",译者成为"文化时空中的旅行者",站在不同文化的交织点上,扮演着"文化协调人"的角色,肩负着"传递文化信息、解释文化差异、缓解文化冲突和推动文化融合"等多项历史使命。在"文化转向"的视域中,翻译所指涉的内容不只是语言符号本身,还有语言所承载的文化信息。翻译不是独立于社会文化的纯语言行为,而是被赋予了文化意义。翻译被认为是一种文化的交际或交流活动。相应地,译者的任务是要努力跨越社会与文化交际的壁垒。

"文化转向"使翻译研究从随感式、点评式、印象式的主观性分析,从"怎么译?"的规定性探索转到"谁在翻译?""翻译什么?""为何这样翻译?"的描述性与解释性研究。翻译研究的"文化转向"深刻地揭示了翻译的跨文化本质,它不仅大大地拓展了翻译研究的主题和思想空间,而且将翻译主体研究(或译者研究)列入了翻译研究的重要日程,译者的文化地位与文化身份及其主体性成为翻译研究的重要课题。

应该承认,译者主体身份的突显本就是"文化转向"的题中应有之义。因为"文化"的一个基本特征就是属人的、人为的,它的本质就是人的生存方式。然而,文化所代表的生存方式总是特定时代、特定社会、特定空间地域中占主导地位的生存模式。可以毫不夸张地说,对文化的研究本质上就是对人的研究。因此,"文化转向"必定会将视线转移到译者身上。

"文化转向"之后,译学研究进入了一个更为广阔的文化空间,各种与文化有着密切关系的元素开始活跃起来,它们共同建构了译者作为翻译行为主体的理论话语。译者成为"文化中介者""调停者""译作的作者";同时,译者还是"创造者",是与原作者平等的"对话人""合作者""原作的解放者""操纵者",译者是"真正意义上的文化人",等等。译者由此具有了独

---

① 谢天振:《翻译研究"文化转向"之后——翻译研究文化转向的比较文学意义》,第9页。

立的地位，开始享有真正意义上的话语权，诸多对译者身份的界说让我们看到了一个被解放的、拥有自由的译者形象。

文化是人的行为方式和生存方式的一种历史积淀物，是人的生存和实践活动对象化的结果。文化不是先验性的存在物，而是一种活生生的历史性生成物。在人文世界中，人的外部生活世界和精神世界都无法脱离文化而成为纯粹的自在物。人的行为和思想都是文化的建构物，都体现了文化的渗透力与反作用力。译者作为一个"文化人"，他（她）的主体身份也同样是一种"文化建构"，这种建构不是"文化决定论"，不是文化决定译者的主体地位，因为译者作为主体的翻译行为有些与文化意识形态相一致，有些则与其相违背。文化对译者主体身份的建构，说明文化熔铸于译者的"内在规定性"之中，自发地左右译者的各种活动。

应该承认，译者身份的演变是研究视角发生转移的结果。胡庚申将译者身份的演变归结为：一般"比喻"—呼吁"正名"—主体"介入"三个阶段①。他认为，一般"比喻"是对译者地位、职业特质和形象的描写，如"应声虫""隐形人""媒婆""学舌鹦鹉"等；呼吁"正名"是要呼吁正视、重视译者主体和译者地位；主体"介入"则是以解构主义为代表的翻译理论对译者身份和地位的重视②。有学者认为，"文化转向"衍化了以"解构主义"为哲学基础的女性主义和后殖民主义翻译研究③。"文化转向"强调译者在解读文本和再现文本过程中的文化干预或文化参与，强调翻译的文化功能和译者在文化交流中所扮演的角色，从而使译者的主体地位得到确立。

"文化转向"也隐含了翻译观念的转变。译者的翻译行为是一种文化活动，它不仅反映文化，而且反映译者在文化中的地位；它代表的是一种文化解释，而不直指"语言事实"本身，它还代表一种历史性表述，而不只代表历史本身。译学研究的主题从翻译的语言事实转换到翻译的文化历史意义上，从原语到译语的单线运动切换到文化与文化之间的双线互动，且强调译者本人对文本意义"再生产"的影响。

---

① 胡庚申：《翻译适应选择论》，湖北教育出版社，2004年，第47页。
② 同上，第47–49页。
③ 王洪涛：《翻译学的学科建设与文化转向》，第217–218页。

应该说，任何一种语言都不可能成为不含文化因素的纯语言，任何一个"社会的人"都离不开他（她）根植于其中的文化土壤。翻译行为不是独立于特定的文化而存在，因为每一个译者的头脑中都深深地打着文化的烙印，译者在翻译过程中不可避免地要受到文化因素的制约与影响。文化视野中的翻译更加强调翻译的"造化"功能，突显作为主体的译者对文本的操控与干预，结果强化了译者的身份意识，同时译者的主体性也得以彰显。

"文化转向"视野中的译者主体性突显的是译者的文化身份与文化自觉，强调译者在原语文化与目标语文化"双重语境"制约下的文化选择与文化定位。"文化作为一种语言的深层结构的表述"①，既在译者的目的之中又在其目的之外限制、制约他（她）的翻译行为。在文化的视域中，译者总是带着预先获得的文化能力去理解和解释文本。可以说，译者主体性是探究意义生成的方式：既是译者创造或改造文化意义的一种话语实践，又是译者生产文本的一种政治实践。

概而言之，伴随"文化转向"大潮而来的翻译研究，与传统译学分道扬镳，展示了一种"离经叛道"的思想立场。基于这样一种立场，翻译与译者都被赋予了新的内涵：翻译不再是两种语言的转换，而是译者主体性介入的过程，译者也不再是原文的"忠实"守护者。然而，主体性的过分张扬却潜存着主体的身份危机：主体成为凌驾一切的操控者，文本的生存环境被忽视，因此这种主体性就有转向主观随意性的潜在危险。"文化转向"为译者带来了解放的福音，却为主体性研究造设了一个迷途的陷阱。这样，我们应该选择什么样的视角来观照译者主体及其主体性？针对"文化转向"，国内有学者对翻译学的哲学基础进行了深刻思考，指出"文化转向"后的翻译研究依据的是理论哲学，偏向理性思辨，而翻译是实践活动，要建立翻译学必须依据实践哲学②。只有实践哲学才可以把翻译带出观念性的文本之外③。这将为我们思考译者的主体与主体性问题提供思想的指引。要探讨译者主体性，就必须先考察主体与主体性概念的流变与思想内涵。

---

① 克里斯·巴克：《文化研究：理论与实践》，孔敏译，北京大学出版社，2013年，第17页。
② 曾文雄：《"文化转向"核心问题与出路》，第94页。
③ 孙宁宁：《实践哲学转向对翻译研究的影响》，《河海大学学报（哲社版）》2003年第3期，第78页。

第二节　主体、主体性问题探讨

主体、主体性首先是个哲学问题。主体是西方哲学的基本概念，主体性问题是西方哲学的核心问题之一。然而，主体与主体性皆为历史性概念，它们在不同的历史时期或哲学范式中具有不同的意义与所指。人作为主体的概念也只不过是在近代哲学里才出现。近代哲学视域中的主体由古代哲学的实体范畴转变为人的范畴，主体成为思辨性、观念性的理性主体或思想主体，主体性也由此成为理念、精神与自我意识的代名词。在现代哲学中，主体是感性的、现实的、具体的人，主体与主体性因此凌越了理念世界或自我意识的空间，由此获得了现实性的本质。主体性的命运是变幻的、不确定的。当主体性进入后现代语境时，它又遭到了消解的厄运，但后现代所消解的主体性只是那种片面的、狭隘的主体性。我们认为，主体性不可能、也不可以被消解，作为人的存在本质，否定主体性就是否定人的存在。主体性向主体间性的转向没有现实意义，主体间性并不能以独立的生命孤立存在，因为主体间性本身就孕育于主体性之中。面对译学界提出的主体性向主体间性的转向，我们认为这是值得商榷的。

一、作为哲学问题的主体与主体性

主体是西方哲学的基本概念，主体性问题是西方哲学的核心问题之一。从主体与主体性思想的发展脉络来看，主体与主体性研究是贯穿西方哲学思想的一条主线。在人的主体性中，最重要的当然是在现实的实践中的主体性。自从活动的人作为主体与活动的对象即客体分化开来之日起，实际上就有了人的某种主体性，但人们起初并未意识到自己是什么主体，因而也想不到这种主体所具有的主体性。"从某种意义上说，现代西方哲学是传统主体与主体性概念不断被消解和解构的过程。"[①] 主体和主体性的含义在不同的历史时期，

---

① 张汝伦：《德国哲学十论》，复旦大学出版社，2004 年，第 42 页。

其所指是不同的,这恰恰说明了,古往今来人们对主体与主体性的思考从未停止过。

主体性概念发端于古希腊哲学。普罗泰戈拉(Protagoras)提出了"人是万物的尺度,是存在的事物存在的尺度,也是不存在的事物不存在的尺度"①。普遍认为,这一有名的普罗泰戈拉命题标志着主体性的萌芽。古希腊时期,主体与主体性概念是与人分离的。主体"意味着构成存在者的基础的东西,这东西在偶然的附带的东西的一切变化中坚持到底,并把事物实际上作为事物来构成。因此,'是主体'适用于任何存在者,不管桌子、植物、鸟或人"②。可见,主体这一概念最初并没有突出地显示出与人的关系,尤其是,没有任何与自我的关系③。古希腊人具有某种意义上的"自我意识",但绝没有近代哲学意义上的"主体意识",没有"主体性"的概念。最早使用"主体"这一概念的哲学家是亚里士多德(Aristotle)。他将主体等同于实体,认为主体是性质、状态和变化的承担者。这种承担者也是在非人的意义上使用的,不具有主体本身的含义,它无外乎表达的是实体作为中心、基础和主项的地位。

古希腊哲学作为本体论哲学,追求的是终极意义上的造物主式的主体。主体被赋予自然物或外在力量的内涵,就必然与人无涉。这种对主体的非人的理解根源于人对自然的依赖关系。在农业文明社会,"靠天吃饭"是人与自然二者关系的生动写照,人被自然性所支配,自然是神秘与力量的代称,使人对其充满敬畏与恐惧。在无情肆虐的自然力面前,在人对人的剥削、统治乃至杀戮面前,更多的人切身感受到的不是主体性,而是客体性。"古希腊文化的特点就是人和自然的较为彻底的分化,正是这种分化使人不但以自然为对象,发展科学和理性去探索自然的奥秘,而且自觉地把自然作为自己的无机身体,作为他生存的无条件的前提。"④ 人与自然结为一体,作为主体为何

---

① 北京大学哲学系外国哲学史教研室编译:《古希腊罗马哲学》,生活·读书·新知三联书店,1957年,第138页。
② 冈特·绍伊博尔德:《海德格尔分析新时代的技术》,宋祖良译,中国社会科学出版社,1993年,第44页。
③ 海德格尔:《林中路》,孙周兴译,上海译文出版社,1997年,第84页。
④ 李楠明:《价值主体性——主体性研究的新视域》,社会科学文献出版社,2005年,第7页。

必然是自然物或某种外在力量，原因也就不证自明了。正如马克思所说："个人把劳动的客观条件简单地看作是自己的东西，看作是自己的主体得到自我实现的无机自然。劳动的主要客观条件并不是劳动的产物，而是自然……这种客观的存在方式是他的活动的前提，并不是他的活动的简单结果，就是说，这和他的皮肤、他的感官一样是他的活动的前提"[1]。

真正意义上与人发生关联的主体、主体性概念是在近代哲学中才得以显现。从17世纪的近代哲学开始，主体、主体性逐渐成为西方思想界的关键词与中心话语。近代哲学发生了一次重大转向，即认识论转向，正是这一转向使主体性问题得以凸显。科学技术的发展为人提供了确实、可靠的知识，在知识面前人们开始反思诸如"科学知识的基础在哪里？""获得知识是否可能？"等相关问题。对这一类问题的解答也就成为哲学家们的首要任务。认识论是近代哲学研究的核心主题。从认识论的角度展开的主体性研究，体现了将自我意识、思维或理性定义为主体或主体性的趋势。

笛卡儿（Rene Descartes）的经典命题——"我思故我在"就是从认识论的角度界定主体、主体性的一个典型实例。"我"是主体，"思维"或"理性"是主体的根本特性。他说："我是一个实体，这个实体的全部本质或本性只是思想，它并不需要任何地点以便存在，也不依赖任何物质性的东西。"[2]"我"的本性是"思"，从而"思"决定了"我"作为"思"之主体的"我"不是一个肉体的存在，"我"即是"思"，"思"即是"我"[3]。"严格说来，我只是一个在思维的东西，也就是说，一个精神、一个理智，或者一个理性。"[4] 在笛卡儿那里，主体（自我）和主体性（思维、理性、精神）等同。"'我思故我在'的意义在于，它第一次明确地将确然性诉诸自我，从而，自

---

[1] 马克思、恩格斯：《马克思恩格斯选集》（第46卷，上册），中共中央马克思恩格斯列宁斯大林著作编译局编译，人民出版社，1979年，第483页。
[2] 笛卡儿：《方法谈》，见北京大学哲学系外国哲学史教研室编译：《十六—十八世纪西欧各国哲学》，商务印书馆，1975年，第148页。
[3] 铁省林：《西方哲学中主体性问题的历史嬗变》，《齐鲁学刊》第2期，第73页。
[4] 笛卡儿：《第一哲学沉思集》，庞景仁译，商务印书馆，1986年，第26页。

我成为主体,成为支撑所有存在者的'阿基米德点'。"[①] 它标志了由古代实体哲学向近代主体哲学的转向。从主体性出发,在主客体对立的前提下把握思想和存在的关系,是西方近代哲学的一个根本特点。

继笛卡儿之后,近代哲学无论是唯理论还是经验论,皆将思维、理性或意识界定为主体的唯一特性,把思维的主体和主体的思维同一化。以康德(Immanuel Kant)、费希特(Johann Gottlieb Fichte)、谢林(Friedrich Wilhelm Joseph von Schelling)、黑格尔(Georg Wilhelm Friedrich Hegel)、费尔巴哈(Ludwig Andreas Feuerbach)等为代表的德国古典哲学开拓了哲学研究的新思维、新局面,特别是在他们强调人的主体性时别开生面。

康德在总结、批判近代西方哲学的主体概念的基础上,第一次明确引出了"主体性"问题。他提出"人为自然立法",主张从主体的角度去理解世界,并以"三大批判"确立了以"理性"为根据的主体性,从而形成了较为完整的主体性理论。康德的"先验理性"把理性自我提到先验自我的地位,突出强调主体的理性认识功能,论证了主体的认识能动性。在康德看来,主体等同于主体性,自我等同于自我意识,自我意识是行使认识功能的主体,也是主体的认识功能。康德认为,在主客体互相作用的矛盾运动中,主体总是从自身的角度积极地创设客体和改造客体;主体的主动性和创造性贯穿于人类认识活动的始终,从而把人的主体性提高到了前所未有的高度。然而,康德的主体概念却是一种先验主体或逻辑思辨意义上的思想主体,它是绝对的、先验的"我思",而不是实际存在的在者。可以说,"到康德为止,主体概念基本上是一个认识论的概念,它的主要内容是意识与自我意识"[②]。从笛卡儿和康德的思想观点中可以发现,"主体概念基本上是一个认识论的概念,它的主要内容是意识与自我意识,所以主体概念决不能简单地与人或个人画等号"[③]。

费希特肯定了康德将人的理性与精神并置所体现的哲学意义,也拓展了

---

① 王南湜、谢永康:《后主体性哲学的视域——马克思唯物主义的当代阐释》,中国人民大学出版社,2004年,第11页。
② 张汝伦:《德国哲学十论》,第42页。
③ 同上,第44页。

康德的"自我"概念。他认为"自我"不仅是认识主体，也是实践主体，世间根本没有客观事物（即客体），认为客体是主体构造出来的。同时，他将"自我"界定为"独立、自存、自觉的纯粹精神和意识实体"，是一种完全离开了客观基础的意志。费希特所界定的主体仍然没有走出抽象的概念性范畴。费希特强调人的主观能动性，但却完全否认主观能动性的客观基础，认为一切都是主观的产物，主体与客体统一于自我意识之中。

谢林在费希特的思想基础之上，从主观唯心走向了客观唯心。他肯定人的自主能动性，且从精神出发论证主体与客体、主观与客观的统一，认为主客同一、物我同一，也即是从主体引出客体，从精神引出物质，将事物理解为人的主观的状态，取消了事物存在的客观基础。同时，他也否认了人的认识是客观事物的反映，否认人们只有在实践中才能认识世界。

黑格尔是高扬人的主体性、重视人的地位与作用的杰出代表。他以"绝对理念"的抽象形式表达了主体与主体性的思想内涵，认为主体表现为精神，是独立自存的、能动性的，主体性就是主体的能动创造性；他同时强调人的思维、精神和意识在认识活动与实践活动中所起的关键性的能动、改造作用。黑格尔的"绝对理念"如同康德的"自我意识"，它们是"绝对精神"的外化或外在表现，是先于自然界和人类社会存在的。这就等于说，主体是先于人存在的，而客体只是主体的外在表现，是主体的派生物。不难发现，黑格尔的主体与主体性概念同样具有抽象性、神秘性的理性色彩。"他［黑格尔］的主体不是作为历史主体的'我们'，……而是一个最终超越历史过程的主体，一个'纯粹的概念神话'。"①"黑格尔哲学的实质是将人类的主观精神畸变为一种客观化的绝对本体，从而突出社会生活的精神主体性。"②

费尔巴哈，德国古典哲学的最后一位代表，使主体与主体性内涵发生了革命性的转变。他站在唯物主义的立场上，首次将活生生的人界定为主体，但他眼中的人只局限于纯粹自然的人和生物学意义上的人，而没有把人理解为社会和历史的人。费尔巴哈对主体的界定超越了理性的抽象，将其归结为

---

① 张汝伦：《德国哲学十论》，第 47 页。
② 孙伯鍨、张一兵主编：《走进马克思》，江苏人民出版社，2001 年，第 4 页。

有血有肉的人，这是极其难能可贵的。然而，他对主体性的界定却只强调主体的直观感性。他认为："自然界中存在的都是物质的东西，通过我们的感官可以感知它们，因此感官不能感知到的什么'自在之物'，实际上是根本没有的"①。显然，费尔巴哈承认"自然之物"的客观实在性，但他认为"真理、本质、实在仅仅在感性之中"②。

从哲学的角度看，主体、主体性问题实质就是人的地位与作用的问题。从古代哲学的物我同源同性的无主体、无主体性时代，到近代的意识主体、精神主体与理性主体等抽象性、概念性主体和先验的主体性，到主体向人的转变，以及直观感性的主体性，这无疑都是人的地位得到不断提升的体现。近代哲学把主体和人的意识统一起来，克服了古代哲学的物我同源同性论，是一次由"客体指向"到"主体指向"的转变，但由于对主体的界定更强调主体的功能，将主体的内涵等同于主体性，从而使主体成为抽象性、概念性的主体，而不是实际的、具体的人。此外，主体与客体的关系仍处于对立而不是相互联系与统一之中。主体的本质性突变是主体向人的转变的实现，这是一次质的飞跃；然而，此时的人却是纯自然和生物学意义上的人。可见，主体的面貌始终没有摆脱片面性、孤立性和机械性。

现代哲学的"语言学转向"，从本体论和语言哲学的角度探讨主体间性，以主体间性代替和建构主体性，走出了近代哲学方法论上的唯我论框框。然而，我们发现，无论是近代哲学的认识论，还是现代哲学的语言哲学，它们对主体性问题的研究，本质上都是在主客二元对立的认识论范式中进行的，而且将主体与主体性置于一种超时空的语境中；因而，这种研究不能从根本上摆脱主体性的困境，也不能准确系统地建构主体性理论。

谈到主体性，就无可回避地要说说主体间性。主体间性是现代哲学的产物。主体间性是对主体性的否定，还是仍属于主体性的范畴？这一问题我们将在下文探讨。

---

① 全增嘏主编：《西方哲学史》（下册），上海人民出版社，1985 年，第 372 页。
② 同上，第 373 页。

二、主体间性与主体性

主体间性（intersubjectivity，又译为交互主体性、主体际性），是20世纪西方哲学中凸现的一个哲学概念，在内涵上与主体性关系密切。它是胡塞尔（Edmund Husserl）在《笛卡儿的沉思》一书中首次提出。从概念的演化来看，主体间性源自主体性，但它表达了有别于主体性的关系模式。主体性展现的是"主体—客体"关系模式，而主体间性展现的是"主体—主体"关系模式。然而，主体间性不是对主体性的绝对否定，而是对主体性的新的诠释与注解，它在新的基础上为主体性提供了进一步确证。要弄清一个概念的本质与内涵，从而达到对其较为深刻的理解，就有必要先了解概念产生的背景。

首先，从哲学自身的发展逻辑来看，主体间性萌芽于近代主体性哲学的深刻危机之中。由于近代哲学对主体理性的倡导走向极端，最终导致唯我论、怀疑论和工具理性的出现，人的精神世界和主体意义遭到漠视、压抑。由此，从单个主体转向多个主体，主体间的对话与交流便被提了出来。胡塞尔以其先验哲学为基点，借理性力量来挽回人的主体地位，力图给人的主体地位找到最稳固的支点。胡塞尔的努力无疑是卓越的，他把主体间性作为一个明确的哲学问题提出来，并且做了具体、充分的论证。可以说，在主体间性问题上，胡塞尔已经走到了一个极为深刻的层面。然而，问题的关键不在于他是否最终解决了问题，而在于他艰苦卓绝的研究开启了广泛、深入探讨主体间性的先河。自胡塞尔对主体间性做了深刻而富有启发性的讨论之后，海德格尔（Martin Heidegger）、伽达默尔（Hans-Georg Gadamer）、哈贝马斯（Jürgen Habermas）、马丁·布伯（Martin Buber）、舍勒（Carl Wilhelm Scheele）等人都相继对主体间性进行了卓有成效的阐发与探索，从而使主体间性这一哲学概念在不同领域里得到发展，使主体间性的内涵得到深化与拓展。

其次，从社会历史背景来看，主体间性问题的凸显也是现代社会发展遭遇困境的一种折射与反映。严重的经济危机、社会危机和生态危机使人们处于一种消极、苦闷、压抑的异化状态。主体间性理论的提出，有助于人们走出这种主体迷失的困境，如"先验自我"的理论提升了个体的主体地位，给个体主体找到了支撑自我的稳固的"阿基米德点"；而由"先验自我"到他我主体，其用意是试图把主体范围扩大，实现多个主体的沟通与对话，这便有利于缓解现代社会中存在的尖锐的矛盾对立，这对人类和谐、环境危机、精神价值危机等一系列问题都有一定的启发意义。

然而，人们对主体间性这一概念还存在一些误解与曲解，认为主体间性的提出是为了避免主体性陷入内涵上的孤立状态，避免其变为一种割裂一切关系的存在物，从而促发了强调共同存在与普遍联系的主体间性概念的出场。在大多数时候，当胡塞尔和哈贝马斯等哲学家讨论主体性问题时，他们实际上并没有把主体性理解为主体与客体间没有任何关系、彼此割裂的存在物，而是看到了不同的主体性之间的互动与关联。由此可知，现当代哲学家在讨论主体性问题时，他们并未将其置于孤立状态，而是把它放在普遍联系之中。显然，现代意义上的"主体性"概念已经蕴含了胡塞尔、哈贝马斯等人使用的"主体间性"的含义。

那么，胡塞尔是如何界定主体间性的呢？在胡塞尔那里，主体间性并不具有本体论的意义，而只具有认识论的含义。"主体间性"有两层含义，即"世间的"与"先验的"。胡塞尔在1925年至1928年为《大不列颠百科全书》所撰写的"现象学"条目中，曾把"主体间性"分为"纯粹—心灵的交互主体性"和"先验的交互主体性"。"只要纯粹—心灵的交互主体性服从先验的悬搁，它就会导向与它平行的先验的交互主体性"，"先验的交互主体性是具体、独立的绝对存在基础，所有超越之物都从这个基础中获取存在意义"[1]。

总体上说，胡塞尔的"主体间性"大概是指一种在各个主体之间存在的互识性与共同性（或共通性）。具体来说，它的含义可分为两层：第一层是"我"与"他人"的互识；第二层是"我们"之间的共识[2]。"我"与"他人"的互识关涉作为主体的我如何认识另一个主体的问题；而"我们"之间的共识则涉及主体与主体之间的共同性或共通性问题。这里需要特别指出的是，主体间性的第一层含义是第二层含义的基础，因为第一层含义解决的是

---

[1] 倪梁康：《现象学及其效应：胡塞尔与当代哲学阐释》，生活·读书·新知三联书店，1994年，第125页。

[2] 侯江陵：《胡塞尔先验意识理论下的主体间性问题》，硕士学位论文，黑龙江大学，2007年，第7页。

如何通达他人的问题，即作为主体的我如何实现的问题，如果没有稳固地建立另一个他我主体的存在，没有主体与他人之间的"互识"，那么主体与主体之间的"共识"也就无法实现。然而，胡塞尔的主体间性含义存在一种矛盾性逻辑：一方面，胡塞尔坚持"先验自我"的绝对内在性地位，也就是，坚持另一个主体只能在自我意识的意向性中被构成、被给与；但同时，胡塞尔又似乎许可另一个他我主体的实存地位①。很显然，如果坚持前者的话，那么他我主体的地位瞬间就会荡然无存，从而另一个主体也就形同虚设、有名无实。这样，从胡塞尔所坚持的立场来看，另一个同等地位的主体的实现是很成问题的，即主体间性本身尚缺乏明证。如果肯定主体间性的存在，即多个主体的存在，那么客体会在何方？毫无疑问，客体是被消解了，失落在主体之间。然而，如果没有客体，又何来主体与主体间性呢？显然这其中充满矛盾。主体间性的存在似乎并无可能。如果主体间性不可能，那么是在何种意义上的不可能？我们又该如何理解它的不可能性呢？

从上文对胡塞尔的"主体间性"概念的考辩可以发现，主体间性本身包含了一种内在的矛盾性与模糊性。从本质上说，主体间性实际上还是没有跳出传统意义上的主客二分的尴尬之境，尽管主体间性的理论动机是期望跃出主客二分的藩篱。如果从胡塞尔的视域出发去理解"主体"，那么主体就是"先验自我"，这种先验主体在根本上是"优越于"世界的，是绝对无疑的，它是意义的中心，是先于一切的终极根据。"先验自我带有几分上帝的色彩自不待言"②，"其他的自我实际上只是唯一的自我的投影"③。其实，胡塞尔只承认一个自我或主体。这样的一种至大无外的主体是不能走出自身的，它压根不能非法侵入非我的超验领域而要求超验的客观必然性。越是强调自我主体的先验性与绝对性，则越是偏离"他我"的客观性。由这种意义的主体所引发的主体间性问题，从表面上看是很难想象的，因为自我主体难以逾越自我而到达另一个他我主体。然而，主体间性则是以另一个实际主体的现实存

---

① 侯江陵：《胡塞尔先验意识理论下的主体间性问题》，第 7 页。
② 陈立胜：《自我与世界：以问题为中心的现象学运动研究》，广东人民出版社，1999 年，第 225 页。
③ 赫伯特·施皮格伯格：《现象学运动》，王炳文、张金言译，商务印书馆，1995 年，第 209 页。

在为前提，而从意识内在性来看，另一个主体只能在自我意识的意向性中被构成、被给予，从而也就无法到达他我主体的位置。有学者指出：

> 从对主体意识的可能性分析出发，中经对主体间互识的可能性分析，最后到交互共识的可能性分析，整个思路的进展都是循着他［胡塞尔］称之为"先验演绎"的道路，并自始至终都给予"先验自我"的直观明证性，因而理性的意向性、构成性与超越性，不仅在实质上并未能够帮助主体跨越唯我论的孤岛，反而使之与他人的互识与共识变成了一种主体我思的膨胀。①

正是这种自我的中心性与他我的自主性之间的不兼容，以及二者之间的无法打通，才导致主体间性本身很难圆满自持，纯粹意义上的主体间性几乎变得不可能。

上文针对胡塞尔对"主体间性"的界定，分析了"主体间性"内部的矛盾性与模糊性。胡塞尔的"主体间性"实质上是一个不能跨越自我主体的主体与主体关系，而他我主体实质上只能是与自我主体无法达成共识或实现共在的存在。这样，主体间性的关系模式就变成了二者之间无法实现跨越的"主体……主体"关系，有别于"主体—主体"关系模式。

国内哲学界不少学者对主体间性进行了理论反思。俞吾金认为，从时间在先上看，没有主体性，就没有主体间性；从逻辑在先上看，主体间性是主体性的前提，因为在人类社会中，没有一个孤立的、与社会完全绝缘的主体②。他还指出，"主体间性"是一个似是而非的概念，它既没有增加任何新的知识，也没有超越任何传统的、旧的知识；它不但没有使复杂的问题简单化，反而是将简单的问题复杂化③。主体间性理论的最大弱点就是忽视了主体

---

① 王振林：《"主体间性"是一个应该给予消解的无意义的概念吗？》，《华东师范大学学报（哲学社会科学版）》2002年第4期，第6页。
② 俞吾金：《实践诠释学》，云南人民出版社，2001年，第197页。
③ 俞吾金：《"主体间性"是一个似是而非的概念》，《华东师范大学学报（哲学社会科学版）》，2003年第4期，第5页。

间的实践基础,如果主体间的交往没有以客体为中介,那么主体只能"自说自话",共识与共在也就成了虚言。"主体间性实际上是人的主体性在主体间的延伸,它在本质上仍然是一种主体性。"① 所以,主体性与主体间性是相互关联的,主体间性的"主—主"关系必须是以"主—客"关系为前提与基础,而且主体间性就处在主体性的"主—客"关系之中,我们也许可以将这一关系模式表示为"主体—客体—主体"。

我们对"主体间性"概念做了简单的回顾与清理,这有助于深入地认识主体间性概念的思想背景与哲学内涵。回归到翻译研究当中,"主体间性"又代表了怎样一种理论趋向呢？近几年国内译学界有不少学者从主体间性的角度探讨翻译,也有不少学者提出翻译研究应该从主体性转向主体间性②。对此问题,有学者给予了反击,提出了一些值得认同的观点③。翻译研究真的可以实现从主体性转向主体间性吗？还是它只能作为一种理想而存在呢？要回答这一问题,首先要对主体性和主体间性在翻译研究中的本质内涵及其所适用的范围加以澄清。

通常认为,翻译主体性除了可以理解为译者主体性,还可以理解为作者主体性和读者主体性。这样,主体间性就是作为主体的译者、作者和读者三者之间的主体与主体的关系。我们认为,在翻译过程中,原作者和读者并没有直接参与,其主体身份只是观念性的,而非现实性的。在这种观念性主体的观照下,译文就不是译者与原作者对话的产物,而是译者与文本对话的产物,因为只有译者是真正的在场者,作者和读者都是缺席的、不在场的。因此,译者、原作和读者并不能结成真正意义上的主体间性关系。从"主体—主体"模式可知,自我主体与他我主体的关系不是直接的,他我主体实质上是一个隐性主体或潜在主体,它并没有实现与自我主体的共现与共在。译者、作者和读者的关系也是如此,我们可以用"译者(主体)⋯⋯作者(主体)⋯⋯

---

① 郭湛:《主体性哲学:人的存在及其意义》,云南人民出版社,2002年,第250页。
② 参见陈大亮:《翻译研究:从主体性向主体间性转向》,《中国翻译》2005年第2期;王建平:《从主体性到主体间性——翻译理论研究的新趋向》,《学术界》2006年第1期;孙宁宁:《主体间性理论与翻译研究的嬗变》,《江苏教育学院学报(社会科学版)》2006年第5期;等等。
③ 参见刘小刚:《翻译研究真的要进行主体间性转向了吗？——兼与陈大亮先生商榷》,《外语研究》2006年第5期。

读者（主体）"来表达，虚线连接表明作者和读者并不是真正意义上的现实的主体，不是"译者（主体）—作者（主体）—读者（主体）"这样的主体与主体之间可以跨越的关系。事实上，在每一个当下的现实发生的关系中，只能有一个主体和一个客体，主体和主体之间如果没有客体的介入，他们就无法完成真正意义上的实践行为。然而，我们总是习惯于在想象中把作者和读者"视作"主体，但"视作"主体与真正的、现实的主体是不同的。也即是，在每个现实的关系中，客体具有主体的潜在可能，但这仅仅是一种可能而已。这样也就不难推断：只要主体发生关系行为，则必然让对方处于客体的位置之上，它们不是共在主体，而是主客关系，只不过是不同的主客体在超验的理想化的主客关系中整体换位。交互主体没有摆脱、也不能摆脱"主体—客体"的框架，它只是双重"主体—客体"的易位和重叠；主体，仍未面对另一主体①。因此，译者与作者、读者的真正关系模式应该是"［主体1（译者）—客体1（作者）］——［主体1（译者）—客体2（读者）］"。这是译者作为当下的"我"与作者和读者的关系。因此，译者与作者和读者的本真关系即是"主体—客体"关系。

综上所述可见，译者主体性研究不能、也不可能跳离主体性的框架，主体间性本身就包含在主体性之中。本质上，主体间性就是主体性的一种表现形式。因此，我们认为，国内学者提出的"翻译研究从主体性向主体间性转向"值得商榷。翻译的主体性研究应该有其独立的地位，主体间性研究不可能替代主体性研究，它仍然需以主体性研究为前提与基础。由于主体性含义的复杂性与多面性，哲学界曾一度陷入主体性困惑之中，对此，有学者得出了主体性被消解的结论。主体性能否被消解？如何走出主体性困惑？要解答这一问题，就必须对主体性有更深层的认识。

三、主体性困惑与无法消解的主体性

自启蒙运动开始，人的主体性问题就备受西方哲学家们的关注，而且它被赋予了极高的哲学地位。可以说，西方哲学是循着一条主体性的主线一路

---

① 任平：《交往实践与主体际》，苏州大学出版社，1990年，第11–12页。

走来的，主体性从被发现到得到高扬，在这一过程中，人的身份、地位也得到了不断的彰显与提升。然而，我们却发现，在这其中的主体性远没有通达自由的王国，它总是陷于或深或浅的困境之中。

我们知道，近代哲学是建基于思维与理性之上的纯思辨哲学，它主张从理性、精神等思辨性概念出发，对主体与主体性进行规定与描写。笛卡儿的"我思故我在"被看作是近代主体性思想诞生的最初宣言。由此，人成为理性的化身，哲学家们从不同角度出发，以理性为灵魂来构造人的主体性。所以，近代哲学高扬的主体性实质就是精神、理念的主体性。人虽然被看成是纯粹的理性存在物，但必定是绝对精神实现自身的工具与中介，这样，人就成了一个逻辑符号，其实质是完全被动的，是没有主体性的精神奴隶①。尽管近代哲学高扬人的主体性，也把人从宗教的桎梏中解救出来，然而由于它致力于要树立起绝对精神与理念的权威，由此又使人的主体性陷入另一个困境。

现代哲学强调人的存在是在实践中显现，而不是被意识确立，从而摧毁了人的主体意识所具有的无穷力量的神话面具，也动摇了理性的绝对权威，人成为真正意义上的实践主体。由此，人的主体性也从曾经跌落的理念与意识的深渊中跃身而出。可是到了当代，现代主体性又遭到后现代的质疑与批判。主体性困惑有其深刻的社会原因，主要体现为：首先，现代工业社会和市场经济的发展与繁荣强化了人们的物欲，以追求物质享乐为生活目标，精神上却极度空虚，最终人成为物化、异化的人；其次，工业化时代崇尚理性，科技的飞速发展重塑了人的思维方式与生活方式，使人对自己的估价与认识发生了严重的心理扭曲；再次，个人的现实处境与理想追求出现严重脱节。这些都是人之为人的主体性困境的体现，人由此成了"单向度"的人。

面对上述困境，不少哲学家认为，主体性只是形而上学的虚构，真正意义上的主体性并不存在。当人们在阐释"后现代主义"这一思潮时，就有人指出："我们常用主体—客体的辩证关系，但在主体与客体均被消解的情况

---

① 李长成、陈立新：《走出近代主体性的困境》，《上饶师范学院学报》2003 年第 1 期，第 31 页。

下……我们已不再有主体和客体了。"① 处于后现代语境中的"主体和客体之间已不存在区别"②,"所谓的主体性只是形而上学的一种虚构而已","事实上真正的主体性并不存在"③。针对这样一些断言,我们不得不反问,事实上真正的主体性不存在吗? 究竟是已有的特定历史阶段的那种人的主体性被消解了,还是任何意义上的主体性被消解了呢?

我们可以肯定或否定特定的人在特定的条件下的主体性,但不能说人的主体性的问题不存在④。弗莱德·多尔迈 (Fred Dallmayr) 在他的《主体性的黄昏》一书中讲述了主体性的衰落与隐退。然而,多尔迈所说的"主体性"是有其特定内涵的,它实质上是指片面的、狭隘的、走极端的主体性,如以自我为中心的"占有性个体主义"⑤、以统治自然为中心的"人类中心论"⑥。我们不能不加分析地对主体性全盘否定,就是多尔迈本人也明确表示不赞成全盘否定主体性。正如他所说:"事实上,依我之见,再也没有什么比全盘否定主体性的设想更为糟糕了。"⑦

后现代主义的代表人物对主体性的意见并非完全一致,他们虽持批判或否定的立场,但其所指与程度是有差异的。在后现代哲学家看来:

> 存在着两种主体,一种是"真正的主体",一种是"虚假的主体"。真正的主体并不存在于……反思的思辨游戏之中,因为,反思的主体已经是一种"异化了的主体"。……在后现代哲学家眼里,真正的主体,即本我 (Id) 或本能的欲望冲动或无意识,是戴着荆冠的受苦受难的基督。但同时,它又是真正意义上的叛逆者,在本质上是桀骜不驯的、颠覆的、反秩序的。⑧

---

① 安·史蒂芬森:《关于后现代主义——与弗雷德里可·詹姆逊德一次谈话》,见让-弗·利奥塔等:《后现代主义》,赵一凡等译,社会科学文献出版社,1999年,第87页。
② 维·库利岑:《后现代主义:一种新的原始文化》,见让-弗·利奥塔等:《后现代主义》,赵一凡等译,第199页。
③ 曼·弗兰克:《正在到来的上帝》,见让-弗·利奥塔等:《后现代主义》,赵一凡等译,第38页。
④ 郭湛:《主体性哲学:人的存在及其意义》,第209页。
⑤ 弗莱德·R. 多尔迈:《主体性的黄昏》,万俊人等译,上海人民出版社,1992年,第27页。
⑥ 同上,第29页。
⑦ 同上,第1页。
⑧ 曼·弗兰克:《正在到来的上帝》,见让-弗·利奥塔等:《后现代主义》,赵一凡等译,第38-39页。

由此可见，后现代主义并非完全否定主体，当然也就不是完全否定主体性了。换言之，"主体性黄昏并不消解个人主体性的存在，它只是为新的个人主体性的开辟提供了契机"①。

主体性是人的存在本质，否定主体性就是否定人的存在。我们对主体性的关注本身就是一种主体性的体现。所以，即使是那些试图消解或否定主体性的人，他们也在极力彰显自己独特的主体性。这种矛盾让我们看到，主体性无法消解，也不能消解，"我们只能对它进行'必要的限制'，而绝不是'消解'"②。"后现代性作为现代性的自我否定或扬弃，事实上是现代性自我完善的趋向。经过这一系列变化，主体和主体性并没有完全消失，而只是改变了存在的方式和其中所包含的意义。"③

从对近现代哲学中主体性概念的本质的描述与分析，我们看到主体性是一个历史性概念，在不同的时代有其不同的内涵，也即不同的时代背景构建了它不同的意义所指与思想本质。主体性不会消解，也不能消解，我们可从马克思对主体性的理解得到确证。马克思是如何理解人的主体性的呢？马克思说："我们不是从人们所说的、所设想的、所想象的东西出发，也不是从口头说的、思考出来的、设想出来的、想象出来的人出发，去理解有血有肉的人。我们的出发点是从事实际活动的人。"④ "从事实际活动的人"不仅意味着人不是先于本质而存在，更不是观念性存在，而是自己造就自己、创生自己，在实际的活动中展示自己的存在；同时也意味着人在自身之外还有自己的对象，这一对象是活动的对象，它是人的存在的前提和基础。由此可见，马克思对主体性的理解远远超越了主体的理性与精神性的匡囿。在马克思看来，主体性只有人在实际活动中才得以显现。人的主体性只能从感性活动或实践方面去领会，此种意义上的主体性不可能被终结，更不可能被消解，而必然作为人安身立命之基本能力，以合乎人的方式促进人的全面发展。马克

---

① 龙柏林：《主体性黄昏：特指还是泛指？》，《湖南行政学院学报》2001年第2期，第37页。
② 俞吾金：《实践诠释学》，第197页。
③ 郭湛：《主体性哲学：人的存在及其意义》，第223页。
④ 马克思、恩格斯：《马克思恩格斯选集》（第3卷），中共中央马克思恩格斯列宁斯大林著作编译局编译，人民出版社，1960年，第30页。

思对主体性的界定可谓是主体性的一次"历史性变革"。

主体性在不同的哲学范式中有不同的本质含义,那么何种理论范式下的主体性适合译者主体性研究呢?或者说,何种理论视域中的主体性研究能逼近现实,走出观念的围城?在此不妨先来回顾马克思的一段论述。马克思从实践哲学的角度指出:

> 现实的、有形体的、站在稳固的地球上呼出和吸入一切自然力的人通过自己的外化把自己现实的、对象性的本质力量设定为异己的对象时,这种设定并不是主体;它是对象性的本质力量的主体性,因而这些本质力量的活动也必须是对象性的活动。对象性的存在物进行对象性活动,如果它的本质规定中不包含对象性的东西,它就不进行对象性活动。它所以只创造或设定对象,因为它是被对象设定的,因为它本来就是自然界。因此,并不是它在设定这一行动中从自己的"纯粹的活动"转而创造对象,而是它的对象性的产物仅仅证实了它的对象性活动,证实了它的活动是对象性的自然存在物的活动。①

从这段论述可知:首先,人之所以成为主体,是因为他首先是对象性的存在物,即客体的存在是人作为主体存在的条件;其次,主体不是某种已然的、神秘的规定性的现成之物,而是通过确证的自我生成的对象性存在物;最后,人的主体性不是理性和精神的设定,而是在对象性活动中的创造与生成。概而言之,马克思的洞见在于:人的主体性赖以存在的根基乃是人的对象性活动,人是在自己的对象性活动中建构自己的主体性。"对象性的活动"让主体回到了现实的实践家园。

毫无疑问,马克思对主体与主体性的理解是切中要害的,它使我们越过一道道理性的门槛,走到现实的实践之中,从中体悟了人之为主体的最佳凭证。翻译作为一项现实的实践活动,译者也是"现实的、有形体的、站在稳

---

① 马克思:《1844年经济学哲学手稿》,中共中央马克思恩格斯列宁斯大林著作编译局编译,人民出版社,2000年,第105页。

固的地球上呼出和吸入一切自然力的人",因此译者主体性的探讨必须以实践为出发点与归宿。本书认为,从马克思实践哲学的角度来理解与探索译者主体及其主体性是切实可行的。那么,马克思实践哲学从何种意义层面上可以为译者主体性提供理论的确证呢?下一章将对此问题做进一步的分析与阐述。

第三节　本章小结

译者主体性的解蔽告诉我们这样一个真理:"横看成岭侧成峰,远近高低各不同。""文化转向"恰恰是因为转向了文化,跳出了纯语言的藩篱,才使主体与主体性话题进入译学研究者的视野。然而,这也是一个必然趋势,因为文化世界与自然世界相对,它本身就是一个属人的世界。因此在某种意义上,"文化转向"也就成为一种"主体转向"或"主体性转向"。主体性的萌发、消解与主体间性转向的步步足迹,让我们深刻认识到了"思维范式"的力量。

国内译学界对主体与主体性的认识还存在分歧,如对"谁为主体?""什么是主体性?"等问题尚未达成一致见解,但正是这"百家争鸣"的局势丰富了我们对主体与主体性的认识与理解。当前译者主体性研究对主体性的界定大多从理论哲学中寻找支撑点,理论哲学的主体与主体性概念无疑为我们提供了很好的借镜,但若是可以超越理性主体与精神主体,超越主体的主观性与自主性去理解译者及其主体性,我们将能重新认识译者的身份地位和翻译的本质。从主体性哲学的发展可以看到,马克思实践哲学对主体与主体性的思考却是另辟蹊径。

第二章 理论的透镜
——译者主体与主体性的理论框架

马克思实践哲学建构了以实践为核心的哲学思想，主张从人出发，从人的实践出发思考主体及其主体性。马克思认为，人不是、也不可能是天生地或自然地成为主体，现实的主体是社会的、历史的存在；主体活动和主体关系总是处于特定的社会历史条件中，社会历史条件构成了主体存在的现实基础，也建构了主体性的本质内涵——社会性与历史性。与实践哲学相对的思维模式是理论哲学，二者之间的本质区别在于如何认识理论与实践的关系。理论哲学展示了一个观念性、思辨性的抽象存在。理论哲学路径下的翻译研究，其终极目的是要追求翻译之"道"或"逻各斯"，找到统摄翻译行为的规律或最高法则，反映在主体性研究中则是突出主体与主体性的先验性与主观性。我们倡导从实践哲学的角度去思考作为实践的翻译和作为实践主体的译者。这不但可以从新的视角理解翻译的本质，同时也能解答当前国内主体与主体性研究中存在的概念认识上的分歧。

第一节 马克思实践哲学概述

实践是一个历史的、发展的概念，在不同的历史时期它的所指有所不同。苏格拉底和柏拉图曾从不同角度思考实践，但那时候的实践概念还不能归入哲学的范畴。实践作为一个具有哲学含义的概念是在亚里士多德的哲学思想中才开始显现。以亚里士多德为出发的原点，在哲学的发展历程中，实践哲学走过了一条逐渐深化、系统化的路线。但这一路走来的实践哲学在不同程度上却偏离了实践的本真意蕴，从而使实践哲学披上了"理论哲学"的思想外衣。譬如康德的实践哲学并不关心人的具体的实践行为及其客观条件,而只是批判性地考察理性的全部实践功能,这就决定了康德的实践哲学实质上仍是一种理论哲学,因为它没有真正解决"实践问题"。黑格尔与康德极为相似,他把"实践活动"看成是趋向意志、趋向善的活动,认为理论与实践活动都是理念性的活动。理论哲学向实践哲学的转向是在马克思哲学中才真正实现。马克思哲学关注人的具体的实践活动,从实践的角度回答人的本质与存在问题,并把实践主体及其主体性置于特定的社会历史条件中加以考察,从而建构了主体的社会性与历史性的本质内涵。

一、关于实践哲学

本书所论及的"实践哲学",泛指那些以实践问题为对象或以实践为主题词的哲学思想。可以说,"实践哲学并不是一般意义上的哲学派别,毋宁说是以'实践'作为理论原则和态度的一种理论群体"[1]。要介绍实践哲学,首先必须解答"什么是实践哲学"的问题。然而,在回答这一问题的同时,也有必要对实践哲学的核心概念——实践进行一番溯源与考察。

最早使用"实践"概念的是古希腊哲学家苏格拉底(Socrates)——"只要一息尚存,我永远不停止哲学的实践"[2]。然而,这里的"实践"还不是一个特定的哲学名词,但在苏格拉底的哲学思想中却表达了相关的实践意识与观点。譬如苏格拉底第一次提出了"认识你自己"的古老命题;此外,他还不懈努力地宣传自己的社会政治主张,甚至以死亡去践行自己的人格信仰和道德理想,也正因此他为后世留下了一曲悲壮的千古绝唱。苏格拉底的贡献在于引发了后人对现实生活世界的重视与深度思考,用西塞罗的话说是引导了一种方向性的改变,即"把哲学从天上拉回人间"[3]。同苏格拉底一样,柏拉图(Plato)也以自己的独特方式思考了实践的问题。柏拉图是一个彻底的唯心主义者,他毕生

---

[1] 谢永康:《论实践哲学的理论方式及其合理性》,《学海》2002年第3期,第118页。
[2] 北京大学哲学系外国哲学史教研室编译:《西方哲学原著选读》(上卷),商务印书馆,1981年,第68页。
[3] 欧阳康:《实践哲学思想溯源——从苏格拉底到亚里士多德》,《华中科技大学学报(社会科学版)》2006年第1期,第18页。

追求"理想国"和理想人格,在西方哲学史与文化史上产生了深远的影响。怀特海(Alfred North Whitehead)曾说过,"两千五百年的西方哲学只不过是柏拉图哲学的一系列脚注而已"①。"柏拉图以后,西方哲学的一切论题、问题,乃至许多术语,在很大程度上都萌发于他的作品里。"②

柏拉图的最具实践特征的思想主要体现在他的国家学说中,他在对治理国家、保卫国家的方法策略的阐释中表达了他的实践思想。此外,他在对人性的追问和对教育理念的思考中也体现了他的实践思想。他提出,人的德性是先天的,但人出生后德性便被遗忘,因此要通过后天的教育来唤起记忆或重新习得,而且人的阶层是可以通过教育发生转化的,具有铜质和铁质的人可以通过教育成为金质和银质的人③。他主张男女教育机会平等,强调因材施教,把教育看作是随着人的生理发展而不断发展的渐进过程;主张按照不同的年龄,采用不同的方法,从不同的方面进行施教;主张通过选拔、淘汰和提升使人不断认识和实践善、实践社会的正义。他还将苏格拉底的问答法演绎为自己的理智助产法,并将它运用于教学实践,积极开展启发式教学,在教育和教学史上留下了自己的瑰丽篇章。显然,柏拉图的社会理想和教育思想充分体现了他的实践思想。无论是苏格拉底还是柏拉图,虽然他们的实践论还不能上升到哲学的高度,但是他们确实为后来实践哲学的创立提供了思想养料与指导方向。

实践,只是到了亚里士多德(Aristotle),才成为一个重要的、反思人类行为的概念④。张汝伦认为:

> 在亚里士多德哲学中,"实践"概念还是多义的,它并不专指人的行为。实践,或行为可用于一切有生命的东西:上帝、众神、宇宙、星星、植物、动物和人,甚至有生命的东西的部分和器官及政治共同体。在有

---

① 威廉·巴雷特:《非理性的人——存在主义哲学研究》,段德智译,上海译文出版社,1992年,第82页。
② 同上。
③ 柏拉图:《理想国》,郭斌和、张竹明译,商务印书馆,1986年,第128-129页。
④ 张汝伦:《历史与实践》,上海人民出版社,1995年,第95页。

关宇宙学的语境中，实践指运动和运动的引起。在有关生物学的语境中，实践与"生命"的意思相近。只是在亚里士多德伦理学中，实践才不再有宇宙学和生物学的意义，而成为一个特殊的人类学范畴。[①]

通常认为，亚里士多德是实践哲学的奠基者和创始人。亚里士多德对实践哲学的突出贡献在于他把实践问题提升为一个哲学问题，并对其做了系统论述。亚里士多德把人类的所有行为和活动都称之为实践，实践成为人类活动的全部形式的总称。在亚里士多德的哲学思辨中，他常用"energeia"（通常译为"实现"或"现实"）来表达"实践"。亚里士多德习惯在不同场合对"实践"作出不尽相同的解释，透过他的各种解释，可大致了解"实践"内涵的基本面貌。譬如亚里士多德对人的活动模式作了两种不同的分类：一类是在人的理性知识支配下进行的生产和技术等方面的活动；一类则是在人的非理性因素支配下追求善良、美好等美德的政治和伦理等方面的活动。后一类就是亚里士多德所要探索的"实践"[②]。此外，亚里士多德还对知识进行了分类，以知识的目的为依据，他将知识分成三类：第一类是理论（思辨）知识，包括物理学、数学和第一哲学；第二类是实践知识，包括伦理、家政学、政治学等；第三类是技艺或创制知识，包括诗学、修辞学和辩证法[③]。可见，亚里士多德的实践思想重点指向的是伦理与政治。

亚里士多德的《尼各马科伦理学》《政治学》等著作既是影响西方哲学两千多年的哲学伦理学和政治学的经典文献，也是实践哲学方面的经典著作。巴恩斯在他的《亚里士多德》一书中专门设计了一章"实践哲学"用以探讨亚里士多德的实践思想。他明确指出：

> 亚氏的《政治学》和《尼各马科伦理学》都是实践哲学的作品。这些著作之所以是实践的，并非因为它们是像手册、指南之类的东西。相反的，它们之中充满了分析与论证，并以丰富的历史研究与科学研究为

---

① 张汝伦：《历史与实践》，第95页。
② 曹小荣：《实践论哲学导引》，浙江大学出版社，2006年，第11页。
③ 同上。

第二章　理论的透镜　| 71

基础。它们乃是实践［哲学］的著作，说它们是实践的，是指它们的宗旨或目的并不止在提供真理，而且也在影响行为。①

亚里士多德的实践思想是西方实践哲学的滥觞，亚里士多德关于实践的具有开创性和兼容性的诸多阐释奠定了西方实践哲学的基础。西方后来的各种实践哲学大多直接或间接地受过亚里士多德的影响②。

继亚里士多德之后，康德对"实践"进行了系统研究，他是第一个正式建构"实践哲学"理论体系的哲学家。在《判断力批判》的导言中，康德明确将哲学分为两大类，即理论哲学和实践哲学③。康德还提出了"两种实践"的观点，即"技术上的实践"和"道德上的实践"④。康德提出这两种不同的实践观是为了维护真正意义上的实践概念，澄清人们的普遍误解：把现象领域内的活动和物自体领域内的活动通通理解为实践活动。他认为只有后一种才是真正的实践活动，由此提出了"遵循自然概念的实践"和"遵循自由概念的实践"的观点。在此基础上他进一步指出："假如规定因果性的概念是一个自然概念，那么这些原理就是技术地实践的；但如果它是一个自由的概念，那么这些原理就是道德地实践的。"⑤康德认为，"技术上的实践"并非真正意义上的实践，它属于理论的范畴，而"道德上的实践"才是真正意义上的实践。在康德那里，真正的实践概念乃是"道德地实践"，是遵循自由概念的实践⑥。

"道德上的实践"具有优先地位，也即是实践理性、实践哲学具有优先地位。这就意味着只能以实践理性、实践哲学为基础去统摄理论理性、理论哲学，而不能相反。恰如康德所言："我们却不能颠倒次序，而要求纯粹实践理

---

① 巴恩斯：《亚里士多德》，李日章译，联经出版事业公司，1984年，第119页。
② 欧阳康：《实践哲学思想溯源——从苏格拉底到亚里士多德》，《华中科技大学学报（社会科学版）》2006年第1期，第18页。
③ 康德：《判断力批判》（上），邓晓芒译，人民出版社，2002年，第5页。
④ 同上，第6页。
⑤ 俞吾金：《一个被遮蔽的"康德"问题——康德对"两种实践"的区分及其当代意义》，《复旦学报》2003年第1期，第17-18页。
⑥ 同上，第18页。

性隶属于思辨理性之下，因为一切要务终归属于实践范围，甚至思辨理性的要务也只是受制约的，并且只有在实践运用中才能圆满完成。"①"康德的实践哲学并不关心人的具体实践行为及其客观条件，而只是批判地考察理性的全部实践功能，以表明'有纯粹实践理性'。而只有这个'纯粹实践理性'才是人的伦理行为的真正基础。实践的规范规则和道德律始终是理性的产物，与经验无涉"②。可见，康德的实践只是一种纯理性的实践，他是以理论在先来解答实践问题。正如下文所言：

> 从根本上说，纯粹理性不是实实在在的存在，而是一种思想性、观念性的存在，这也就是说，康德实践哲学的阿基米德点不在"实存"之中，而在思想、观念之中，这就决定了康德的实践哲学实质上乃是一种理论哲学……是一种理论哲学范式内的实践哲学。在这样的实践哲学中，"实践问题"被转换为"理论问题"并以"理论的方式"予以解决，而这从根本上看，并没有真正解决"实践问题"，而是取消了"实践问题"。③

康德的实践概念是一个表示理性的意志活动、没有具体的感性内容的抽象概念，他的实践哲学也只是用逻辑思辨方法建立起的关于人类道德的"至善"原则和人类道德学原理的知识论哲学④。所以，康德的实践哲学实际上远离了人的基本的、具体的和历史的实践行为，而只是盘旋在高于尘世的理性王国，以理性的产物为唯一的反思对象，以理性及其自主性为最高原则。

费希特的实践哲学也是把"实践问题"转换为"理论问题"，并通过"理论的方式"予以解决，因此仍然是一种理论哲学范式中的实践哲学⑤。费希特通过"自我"的能动的"本原行动"实现了"实践理性"与"理论理性"的统一。然而，费希特的"本原行动"本身就是一种"纯粹的意识活

---

① 康德：《实践理性批判》，关文运译，广西师范大学出版社，2002年，第117页。
② 张汝伦：《历史与实践》，第147页。
③ 崔唯航：《马克思哲学革命的存在论阐释》，中国社会科学出版社，2005年，第97页。
④ 曹小荣：《实践论哲学导引》，第24页。
⑤ 崔唯航：《马克思哲学革命的存在论阐释》，第100页。

动",所以,这种统一仅是"意识"之中的统一,就其实质而言,乃是通过使"一切事物都成为逻辑范畴"的方式而实现的统一,这一方式无疑是理论哲学的方式①。此外,费希特还强调实践的自主性、能动性和创造性,但他把这些功能、特征无限夸大和绝对化,完全否定了主观能动性的客观基础。所以,他探讨的实践并不可能是现实的人的感性的实践,而只能是一种纯粹观念形态的"自我"活动。他的实践论实际上还停留在纯粹的精神领域。就此可言,费希特的实践哲学依然行走在康德的实践哲学的道路上。

同康德、费希特一样,黑格尔突出了道德的实践理性在理论与实践问题中的地位。与康德相似的是,黑格尔也把"实践活动"看成是与理论活动相对应的一个概念,理论活动是认识活动,而实践活动是趋向意志、趋向善的活动。与康德不同的是,他的理论与实践活动都是理念的活动,是在理性范围内进行的两重活动,即同一认识过程中被设定的两个不同的运动;而实践能够按照理念的完善性来规定和改造外在的客观世界②。换句话说,实践理念与理论理念都是理念运动过程中的一个环节、一个组成部分。绝对理念就是理论理念与实践理念的同一③。"黑格尔的实践,就其实质而言,仍然是一个概念,一个范畴,就此而言,黑格尔无疑延续了康德的路线,并将其彻底化,这一彻底化的过程实质上也是理论哲学彻底化的过程"④。因此,黑格尔的实践活动只是绝对理念在思想领域中的活动,是唯心的实践论⑤。

费尔巴哈是一个过渡性人物,他的哲学思想建构在对黑格尔哲学的批判基础之上,同时为马克思实践哲学的创立提供了思想的借鉴。费尔巴哈把实践理解为吃喝和享用对象的活动,是人们比较低层次的生理欲望的满足⑥。可见,费尔巴哈真正意义上的实践只是直觉感性的实践。费尔巴哈的感性是以人为核心的,人是费尔巴哈哲学的支点。费尔巴哈把人的本质规定为"类",这个"类"本质,正是马克思所说的"一种内在的、无声的、把许多个人纯

---

① 崔唯航:《马克思哲学革命的存在论阐释》,第 100 页。
② 曹小荣:《实践论哲学导引》,第 28 页。
③ 黑格尔:《逻辑学》(下),杨一之译,商务印书馆,1976 年,第 529 页。
④ 崔唯航:《马克思哲学革命的存在论阐释》,第 103 页。
⑤ 曹小荣:《实践论哲学导引》,第 29 页。
⑥ 同上,第 29 – 30 页。

粹自然地联系起来的普遍性"①。然而这一普遍性,实质就是"普遍的、抽象的、适合任何内容的,从而既超越任何内容同时又正是对任何内容都通用的,脱离现实的精神和现实的自然界的抽象形式、思维形式、逻辑范畴"②。显然,费尔巴哈最终又回到了理论哲学的轨道上。他对对象、现实、感性,只是从客体的或直观的形式去理解③。费尔巴哈只是诉诸感性的直观,而不是把感性看作实践的、人的感性活动④。显然,费尔巴哈并不理解真正意义上的感性,即人的感性活动,因此实践的本真含义在他那里依然被遮蔽。

上文简要回顾了实践概念的流变与实践哲学的发展,我们可以发现,西方哲学史上的实践论大致走的是两条不同的道路:一条是亚里士多德开创的实践哲学的道路,另一条是理论哲学的道路。然而,对实践的解答总体上走的是理论哲学的路线,虽然亚里士多德开辟了实践哲学的路线,但最后还是归于沉寂。理论哲学把握问题的基本范式在于:"一切问题,要能够给以回答,就必须把它们从正常的人类理智的形式变为思辨的形式,并把现实的问题变为思辨的问题。"⑤ 简而言之,就是把实践理论化、概念化、范畴化。无论是康德的"纯粹理性",还是黑格尔的"绝对理念",抑或是费尔巴哈的"类",都不是实存层面上的"实实在在"的存在,而是仅在思想中才得以存在的概念化、范畴化的"超时空"存在⑥。

总体而论,马克思之前的实践哲学本质上因循的是理论哲学之理路,尽管从古代的亚里士多德到近代的康德、黑格尔等哲学家,他们都探讨了与实践相关的哲学概念或命题,但实践哲学仍然依附于理论哲学,很多哲学家都认为理性活动高于实践活动,因此那时的哲学仍然是理论哲学。

---

① 马克思、恩格斯:《马克思恩格斯选集》(第3卷),中共中央马克思恩格斯列宁斯大林著作编译局编译,第5页。
② 马克思、恩格斯:《马克思恩格斯选集》(第42卷),中共中央马克思恩格斯列宁斯大林著作编译局编译,人民出版社,1979年,第176页。
③ 马克思、恩格斯:《马克思恩格斯选集》(第3卷),中共中央马克思恩格斯列宁斯大林著作编译局编译,第3页。
④ 同上,第4-5页。
⑤ 马克思、恩格斯:《马克思恩格斯选集》(第2卷),中共中央马克思恩格斯列宁斯大林著作编译局编译,人民出版社,1957年,第115页。
⑥ 崔唯航:《马克思哲学革命的存在论阐释》,第107-108页。

理论哲学向实践哲学的转向是在马克思哲学中才得以完成。恰如王南湜所言：西方哲学转向实践哲学的倾向要追溯其源头，则非马克思莫属，换言之，马克思哲学就是实践哲学，马克思是西方现代实践哲学的奠基者①。马克思终结了传统形而上学对"是什么"的追问，从而转向了"怎么是"和"如何是"的诉求②。"马克思把实践引入自己的哲学，并非只是为哲学增添了一个新的范畴，而是从根本上改变了哲学的基础。"③ 马克思对实践的思考不是传统形而上学那种基于理性思辨的"玄思遐想"，而是立足于现实的人、现实的生活世界来展开，从人的社会联系入手探索实存的世界。可见，只有在马克思实践哲学的范畴里，实践哲学才是真正意义上的实践哲学。正是马克思实践哲学使哲学从纯粹理性思辨的观念世界进入现实世界，从而掀起了哲学领域的一场深刻变革。继马克思之后，西方哲学界对实践哲学进行了有益的探讨，不少哲学家以"实践论"为核心思想建构哲学的话语体系，相关的哲学流派有实用主义哲学、科学哲学、哲学解释学、法兰克福学派及存在主义哲学，它们秉持"实践"的态度与立场，从不同角度分析、解答与实践相关的哲学问题。

实践哲学作为一种思维范式，它把理论思维看作生活实践的一个构成部分，认为理论理性从属于实践理性，且从不同理论视角的对话和权衡中消除各自的片面性，以形成关于事物的开放性的总体把握④。在实践哲学的思维范式中，人的生存方式就是现实的个人的生存方式，即在一定生活历史条件下的人的生存方式和存在方式的内在同一⑤。毫无疑问，实践是解答人的存在方式的起点与终点，因为马克思实践哲学的逻辑特点是：实践，实践基础上的抽象思辨，再回到实践⑥。

---

① 王南湜：《进入现代实践哲学的理路》，《开放时代》2001 年第 3 期，第 24 页。
② 陆杰荣：《理论哲学的范式与马克思关于"实践"的有限规定》，《学习与探索》2008 年第 6 期，第 49 页。
③ 崔唯航：《马克思哲学革命的存在论阐释》，第 115 页。
④ 王南湜：《进入现代实践哲学的理路》，第 24 页。
⑤ 王书道：《人的生存方式的实践哲学意蕴》，《湛江海洋大学学报》2002 年第 2 期，第 36 页。
⑥ 王玉樑：《论理论哲学和实践哲学》，《清华大学学报（哲学社会科学版）》2012 年第 4 期，第 109 页。

二、马克思实践哲学的内涵及其理论意义

本书所论及的马克思实践哲学,指的是马克思以实践为核心观点建立起来的哲学。马克思哲学之所以能实现变革,正因为它立足于新的根基——实践之上。马克思继承了包括18世纪法国唯物主义和19世纪德国古典哲学在内的传统哲学思想的优秀成果,同时又超越了传统哲学的抽象本体论,建立了崭新的哲学形态——实践哲学。马克思坚持从人出发,从人的主体性出发,把世界看成是人的实践活动的产物,是人化的世界。实践的观点是马克思实践哲学的基本观点,也是与旧哲学相区别的重要标志。

马克思实践哲学脱离了传统道德哲学的苑囿,以改造世界为旨归。在《关于费尔巴哈的提纲》(以下简称《提纲》)中,马克思指出:"哲学家们只是用不同的方式解释世界,而问题在于改变世界。"[①] 改变世界不只是"干"和"做",不要理论,而是要改变那种传统上对理论与实践二者关系的理解,改变对世界的静态的认识与观察,不去把理论当作灵魂出窍式的沉思默想,而是将理论视为与生活实践相互关联的理论实践[②]。总之,是从实践的角度去理解我们所在的世界,以实践的方式去理解理论,而不是流于思辨意义上的抽象化与概念化的思考。要改变世界,就必须从具体的、感性的实践活动出发,正确认识和理解世界的本质,从而真正改变现有的世界,这是实践哲学的根本目标。

全部社会生活在本质上是实践的,实践不仅是理解人与世界的关系,理解社会生活的基础,同时也是理解人的本质的依据。在马克思看来,"实践是人之本质的存在方式"[③]。脱离实践的纯粹自然的人,是一种想象的、抽象的人。在《提纲》中,马克思指出:

> 从前的一切唯物主义——包括费尔巴哈的唯物主义——的主要缺点

[①] 马克思、恩格斯:《马克思恩格斯选集》(第3卷),中共中央马克思恩格斯列宁斯大林著作编译局编译,第6页。
[②] 王南湜:《进入现代实践哲学的理路》,第24页。
[③] 丁立群:《论人类学实践哲学——马克思实践哲学的性质》,《学术交流》2005年第7期,第3页。

是：对对象、现实、感性，只是从客体的或者直观的形式去理解，而不是把它们当作人的感性活动，当作实践去理解，不是从主观方面去理解。所以，结果竟是这样，和唯物主义相反，唯心主义却发展了能动的方面，但只是抽象地发展了，因为唯物主义当然不知道真正现实的、感性的活动本身的。①

这段经典名言充分展示了马克思哲学是实践主体的哲学——主体是实践主体，实践是主体的实践。这条"提纲"通常被视为马克思主体性思想的有力论据。其中，马克思所说的感性活动"决不是指人作为一个自然生物的生命活动，而是指人的历史性活动，即在活生生的历史过程中的具体活动"②，"是在一定的历史语境、一定的生产关系和交往形式中发生的现实的实践活动"③。费尔巴哈把主体理解为人，但他讲的人仅仅是一种自然的或生物学意义上的感性实体，认识不到人是在社会实践中形成并通过社会实践得到表现和确证的实践主体。与费尔巴哈不同的是，马克思强调主体不只是一个单纯一般的自然存在者，而是一个处于一定社会关系中的社会存在者。马克思的主体概念不是像我们今天许多论者所认为的那样，主要指人的自主性、能动性，而是主要指人的历史性，即历史过程本身④。可见，马克思的主体是一个社会、历史的存在物，它具有社会性与历史性，明显有别于近代哲学的主体与主体性概念，即那种把主体确定为人的精神和意识能力的精神主体，把主体性归结为精神实体所指向的抽象能动性。

在德国古典唯心主义哲学中，康德以人的理性为核心建构批评哲学体系，主张人的理性是世界的主体，外部世界都是人的思维的表象。康德关注人的主体性，却夸大了人的主体作用，从其著名论断"人的理性为自然立法"就可见一斑。黑格尔以极端理性主义的形式建构了庞大的唯心主义体系。他认

---

① 马克思、恩格斯：《马克思恩格斯选集》（第 3 卷），中共中央马克思恩格斯列宁斯大林著作编译局编译，第 3 页。
② 张汝伦：《德国哲学十论》，第 51 页。
③ 同上，第 56 页。
④ 同上，第 48 页。

为，世界本体的绝对观念是世界的主体，具有能动创造性和目的性特征，自然界、社会和人的思维是绝对理念在其发展过程中的外化。在黑格尔的绝对理念的主体论中，他引进了劳动实践的概念，构造了主体的实践对象，使主体的能动作用达到了一个新的高度。然而，黑格尔的劳动实践却湮没在主体自我发展的概念体系之中。由此可见，唯心主义对主体与主体性的理解虽各不相同，但其共同点都是在精神或概念的领域中确立主体与主体性，从而抹煞了主体与主体性的客观基础或现实性。

唯心主义把主体归结为精神实体，旧唯物主义把主体归结为机械的物质实体，因此都未能准确说明和解决人的主体性问题。马克思主张从实践的角度去理解主体与主体性：人不是一个被动存在的物质实体，而是一个能动性的存在，这种能动性的存在就是人通过实践活动这一本质力量表现出来的实践主体性。马克思把主体——人——置于一定的社会关系和社会结构中进行考察，赋予主体以社会实践的本质。因为"社会生活在本质上是实践。凡是把理论导致神秘主义的神秘东西，都能在人的实践中以及对这个实践的理解中得到合理的解决"[①]。

在马克思看来，我们直面现实生活世界的方式并不是直接的"感性直观"，也不是自然的实体方式，现实是一种建构性存在，是人的实践活动建构起来的社会历史性与文化性的存在——"属人的存在"[②]。这样，人成为对象性活动中被建构的主体。我们必须从属人的、人本身的社会历史条件等方面出发，也即是从实践出发去考察人的问题。应该说，马克思的实践主体观是一种生成论，主体不是自然性的给定或逻辑上的假设，即人并不是天生地、先验地、自然地或直接地就是主体，而是在实践活动中社会地、历史地生成，主体和客体都是在实践中社会地、历史地生成。在实践中，主体以自己的需要作为目的确立能动活动的起点、归宿、根据和尺度，力图使对象按照人的目的同客体发生"为我"关系，从而形成实践中的主客关系。"实践活动不但

[①] 马克思、恩格斯：《马克思恩格斯选集》（第3卷），中共中央马克思恩格斯列宁斯大林著作编译局编译，第5页。

[②] 吴育林：《实践主体与马克思哲学的生存维度》，《现代哲学》2006年第4期，第18页。

第二章 理论的透镜 | 79

使人在对自然的关系上成为主体，而且使人在对社会关系上也成为主体。"①这首先是因为社会是人的存在形式，是实践活动进行的方式；其次是因社会形式本身是实践活动的结构，是实践活动的能动的生成。马克思强调人是"社会存在物"，人的生存不能脱离与他人的联系，不能脱离社会而孤独地前行，人只有在社会中才能确证自己的本质力量。人从来都是现实地处于一定社会关系中的人，不是抽象的、机械的人。

根据马克思实践哲学，实践是人成为主体的根据。人只有在实践过程中才能拥有自己的对象世界，从而实现主客体的分化和统一，由此确立人作为主体的自我规定性，确证人的主体身份与地位。换句话说，主体和客体及其相互关系都是实践的产物，离开实践，就无主体可言。实践也是主体性生成的现实依据。"主体性不是主体单纯的自我规定性"②，主体性只能在实践中确立与实现。那种把主体性等同于主观性的做法，实质上是没有看到实践的、现实的物质力量在观念形态的主体性向现实的感性物质形态的主体性转化过程中所起的作用。主体性由主观状态向客观状态转化，还需要将主体整合到一定的社会关系体系中，只有在社会关系体系中，人才能成为现实的主体，才能具有主体性功能③。

可见，马克思实践哲学所理解的主体是处于一定的社会关系中、从事实践活动的人，不从事实际活动的人不能成为主体，也就无主体性可言。马克思实践哲学所理解的主体性，决不是单纯主观化的主体性，而是包含着主观因素的客观物质力量的主体性。应该承认，人的主体与主体性只有通过实践才能得到全面的理解。

主体性是实践的一个重要特征，实践是人的主体性的最直接现实的体现。作为人的感性活动，实践是有目的、有意识地改造世界的能动过程。实践的主体性不仅表现为主体的能动性、自觉性、选择性、创造性，还表现为主体的社会性和历史性④。因为人的实践的主体性的生成和发展不仅取决于人拥有

---

① 吴育林：《实践主体与马克思哲学的生存维度》，第 20 页。
② 雷咏雪：《主体性是一种实践系统质》，《人文杂志》1992 年第 3 期，第 53 页。
③ 同上，第 55 页。
④ 李为善等：《主体性和哲学基本问题》，中央文献出版社，2007 年，第 120 页。

从事对象性活动的本质力量，也取决于社会历史条件，取决于社会历史条件提供给人的实践活动的时间和空间。所以，人的实践的主体性的生成和发展是具有社会历史性的①。

在《1844年经济学哲学手稿》中，马克思十分明确地指出，实践不仅仅是一种以自然存在为前提的对象性活动，它还是社会性活动。实践总是社会的实践，人所从事的各种实践活动，都不是在社会之外进行的，而总是处在一定的社会关系中，所有的实践必须以人的社会性为前提。"人的本质是人的真正的社会联系，所以人在积极地实现自己本质的过程中创造、生产人的社会联系、社会本质。"②实践所形成的社会联系、社会关系之所以标明了现实的人的本质，是因为社会关系不仅规定了人是活动的主体，而且规定了人是什么样的主体，正是人在社会交往和社会关系中的作用和地位制约着主体的活动方式，决定着主体的社会性。另外，实践总是表现为对社会规范的遵从和对目标的追求。社会规范制约着人能做什么、该做什么、怎样去做，由此产生人所特有的自觉的社会责任和权利，并促使了人的理想目标的形成。理想目标强化了主体的社会责任，从而内在地强化了主体的社会性。社会性体现了主体的社会指向，是主体性的物质所在。同时，主体的社会性本质决定了他（她）的社会价值的自我选择。

实践活动的主体性还表现在它的历史性上。根据马克思的观点，现实的人是具体的历史的存在，是社会的人、实践的人。主体是一切历史活动的承担者，主体是社会、历史的主体。任何实践形式都是在一定的历史条件下发生的，随着历史条件的变化而发生变化。"主体活动和主体关系总是处在一定社会、历史条件中，这些条件制约并决定特定的主体性的发挥、实现和发展的程度，这些条件包括在主体关系中影响和作用于主体的各种因素，它们构成了主体性实现的外在条件。"③历史条件构成了主体性的外在条件，也建构

---

① 高岸起：《论实践的主体性的宏观机制》，《廊坊师范学院学报（社会科学版）》2008年第3期，第64页。

② 马克思：《1844年经济学哲学手稿》，中共中央马克思恩格斯列宁斯大林著作编译局编译，第58页。

③ 张登巧、赵润林：《交往实践观与马克思主体性哲学》，《社会科学》2001年第3期，第40页。

了主体的本质内涵——主体是历史性的存在。实践是人的历史性的现实展现，是实现历史的手段。主体是历史性存在，历史性是主体的基本存在方式。

在马克思看来，"历史并不是由某个外在的、超人的力量支配的自在和自律的自然过程，而是实践活动的展开、丰富和发展的过程"①。然而，"历史并不仅仅是实践在时间中展开的过程，更是展开实践的基础，而实践是实现历史的手段，是人的历史性的现实展现或实现了的人的历史性"②。社会与历史就如同设在主体的存在与活动之间的坐标系，标示了主体与主体性的时空性变化与发展。"'历史'并不是把人当作达到自己的目的的工具而利用某种特殊的人格。历史不过是追求着自己目的的人的活动而已。"③ 历史体现了主体的实践活动是具有目的性的。

我们必须从社会、历史的双重维度来理解实践活动中的主体与主体性。超越社会、超越历史的实践形式是不存在的，人的实践活动总是随着社会历史的发展而不断发展，没有任何一种实践形式是永恒的。主体性首先是作为具体的、历史的社会实践的人的主体性。主体的存在是历史的、具体的存在。抽取掉社会历史本质的主体，便只是生物学意义上的、纯生理的个体。

坚持实践的观点，就必须坚持历史的观点。离开历史谈实践，这种实践只能是抽象的、概念性的实践。马克思认为，实践主体不是精神、观念，也不是纯粹自然的个人或抽象的人，而是现实的、历史的人，是社会历史的存在物。他深刻地揭示了人的存在的社会性与历史性，也有力地诠释了主体的社会性与历史性的主体性表现。必须指出，马克思强调人的社会性和历时性，并没有将个人的主体性湮没在社会和历史之中，而是着眼于人的主体性在现实的历史过程中的最终实现④。

---

① 张长明、刘清华：《立足实践理解马克思主义哲学本体论》，《湖湘论坛》2004 年第 2 期，第 13 页。

② 吴友军、黄志刚：《实践作为历史性范畴的哲学内涵》，《贵州师范大学学报（社会科学版）》2004 年 1 期，第 13 页。

③ 马克思、恩格斯：《马克思恩格斯选集》（第 1 卷），中共中央马克思恩格斯列宁斯大林著作编译局编译，人民出版社，1972 年，第 31 页。

④ 贾英健：《马克思现代性批判的理论旨趣及其变革实质》，《哲学研究》2005 年第 9 期，第 16 页。

在西方哲学史上，对于主体与主体性，尽管有许多哲学家提出了一些富有创见的思想观点，但是由于社会历史的匡囿、阶级地位的局限以及个人思想的内在矛盾，他们总是弱化甚至抽空主体的社会历史基础，未能真正做到从主体的社会性、历史性来界定主体的实践活动，不能科学地把握和认识主体的地位与作用以及主体性的本质，从而使主体成为抽象的主体、先验与思辨的主体或纯生物学意义上的人，也使主体性成了主观性、精神性的东西。马克思实践哲学肯定了人的实践主体性，并科学地论证了主体应该是、也只能是社会主体、历史主体①。马克思强调人的社会性与历史性，而正是这种社会性与历史性的主体概念使得马克思的思想不是任何一种形而上学，而是特色鲜明的实践理论、实践哲学②。从马克思实践哲学对实践及其主体性的论述我们可以看到，它"真正完成了由柏拉图到黑格尔的理论静观的对'是什么'的追问转而向'如何是'和'怎样是'的关怀"③。它使哲学思维的出发点由虚无理念的构建走向对现实生活世界中的实践的人的关怀。

第二节 实践哲学对翻译研究的启示

从翻译理论范式的变迁可以发现，翻译研究与哲学似乎总有某种不远不近的天然联系。从某种意义上说，翻译的话题也是一个哲学的话题。作为哲学的两种不同思维范式——理论哲学和实践哲学皆为翻译研究提供了思想的指引，展示了翻译研究中理论建构的不同理路。理论哲学从概念与范畴出发，试图探寻普遍性的本体或本原，以抽象化、概念化的理论方式看待人与世界。理论哲学的根本目标就是试图寻求现实生活之外的"超感性"实体④。理论哲学观照下的翻译研究，体现为对涵摄翻译的"道"或"逻各斯"的追寻，即为翻译确立普遍性的最高准则，从而使翻译进入到一个观念性、思辨性的

---

① 谢龙主编：《现代哲学观念》，北京大学出版社，1990年，第73-74页。
② 张汝伦：《德国哲学十论》，第61页。
③ 陆杰荣：《理论哲学的范式与马克思关于"实践"的有限规定》，《学习与探索》2008年第6期，第50页。
④ 张宏：《从"理论哲学"到"实践哲学"——现代哲学转向及其现实意义》，《理论界》2008年第6期，第101页。

世界；而实践哲学视角下的翻译研究主张从社会实践的维度审视翻译活动与译者的翻译行为，力图把翻译带出观念性文本，更加关注翻译的现实性或客观基础。同时，它也把探寻翻译作为交往实践的一切规律性、合理性和可能性的内在与外在条件作为自己的目标。翻译毕竟是人的活动，它同其他实践活动一样，都与人所赖以生存的社会历史现实密切关联。在实践哲学的观照下，翻译不再是对本质意义的简单回归，而是体现为文本意义的一种时空性重构。

一、理论哲学路径下的翻译研究

理论与实践的关系是哲学必须解答的核心问题，在这个问题上所持的立场决定了哲学的基本理论路向。一般认为，解答理论与实践二者的关系有两种立场：一种认为理论高于实践，可以独立于人的生活实践而存在；另一种认为理论无法脱离实践，理论不具有独立性与自足性，理论只是生活实践的一个组成部分。与这两种立场相对应的便是两种不同的哲学理路：前者为理论哲学，后者为实践哲学。

西方哲学中强大的理论哲学传统源于古希腊哲学，这一传统又被称为"传统形而上学"。形而上学的主要目标就是，追寻世界的本原，探寻万事万物的"始基"，再通过"本原"和"始基"来解释整个世界。"一个东西，如果一切存在物都由它构成，最初都是从其中产生，最后又都复归于它"，这个东西就是"始基"[①]。无论万物的始基是泰勒斯（Thales）的"水"还是阿那克西美尼（Anaximenes，又译为阿那克西米尼）的"气"，抑或是赫拉克利特（Herakleitos）的"火"、毕达格拉斯（Pythagoras）的"数"，本质上皆是对世界本原问题的解答。古希腊的理论哲学发展到亚里士多德才得以成形，由此建构了一个完整的形而上学体系。亚里士多德把哲学分为理论哲学和实践哲学。有学者认为，亚里士多德的实践哲学是具有伦理学意义上的生活规范的哲学，不过是实践的智慧和技巧[②]。亚里士多德对理论知识和实践知识（或

[①] 亚里士多德：《形而上学》，见北京大学哲学系外国哲学史教研室编译：《古希腊罗马哲学》，商务印书馆，1961 年，第 4 页。

[②] 王南湜：《从理论哲学到实践哲学——50 多年来中国马克思主义的发展》，《河南大学学报（社会科学版）》2005 年第 4 期，第 5 页。

理论智慧和实践智慧）作了区分，指出实践知识（或智慧）需要更高的、普遍的理论知识（或智慧）来指导①。在亚里士多德那里，理论哲学是哲学的最高形式，"沉思的理论生活是最高的、最自由的实践"②。可见，亚里士多德仍未超越传统哲学的"形而上"精神，最终他又将哲学拉回到了理念的王国。

近代哲学是理论哲学的发展与鼎盛阶段。笛卡儿的"我思故我在"这一经典命题开启了理论哲学主体性转向的大门。黑格尔对其给出了高度评价，他认为，笛卡儿为哲学找到了一个完全不同的基地，这个基地就是主体。理论哲学的主体性哲学范式在近代得到极大发展，并最终在黑格尔那儿走向辉煌。可以说，整个传统形而上学的历史就是一个压抑实存、高扬概念与范畴的历史，它惯于将存在理解为有别于实存的抽象性、观念性存在。简而言之，形而上学的"这种哲学形态力图从一种永恒不变的'终极存在'或'初始本原'出发理解和把握事物的本性以及人们的本性和行为。……形而上学所追求的是一切存在对象背后的那种终极的存在，并把这种存在看作是事物的具体和特殊的存在及其各种特性的基础即本体，然后据此推论出其他一切"③。"从柏拉图、亚里士多德一直到黑格尔，形而上学的存在日益脱离现实的事物和现实的人及其活动，成为一种抽象的存在、抽象化的本体，甚至成为一种君临人与世界之上的神秘的主宰力量。"④

从哲学的发展与流变可以发现，马克思之前的哲学，本质上而论基本上都属于理论哲学的范畴。这种哲学"把普遍的、同一性的概念当作脱离具体的、个别的东西而独立存在的本体，并认为这本体是最根本的、第一性的东西"⑤，且以这一本体作为解释世界的"阿基米德点"。不可否认，理论哲学总是从概念范畴出发，通过抽象化的方式来把握世界，将理论活动看作是真正的人的活动。也就是说，理论哲学试图将一切现实问题转变为观念问题，

---

① 亚里士多德：《尼各马可伦理学》，廖申白译注，商务印书馆，2003 年，第 177 页。
② 丁立群：《理论哲学与实践哲学：孰为第一哲学?》，《哲学研究》2012 年第 1 期，第 79 页。
③ 杨耕：《马克思如何成为现代西方哲学的开创者》，《学术月刊》2001 年第 10 期，第 17 页。
④ 同上。
⑤ 张世英：《哲学导论》，北京大学出版社，2002 年，第 32 页。

以抽象化、概念化、范畴化的理论方式来理解人与世界。由此，理论哲学只能实现对世界的各种解释与说明，而无法真正地达到改造世界的目的。在理论哲学的视域中，世界被划分为感性的、具体的实存世界与抽象的、永恒的观念世界，"实体"有着决定一切的作用，它是万事万物的依据，一切存在都受惠于"实体"。然而，这一"实体"却是"抽象的东西"，它脱离现实的人，是时空之外的一种"先验的存在"，具有一个预先确定的固定本质。

"任何科学研究都不可能摆脱哲学思维方式来进行，哲学是一切科学活动澄明的思想前提和价值前提。"[1] 同样，翻译研究也需要从哲学中寻找思想资源。事实证明，翻译理论思潮都有其哲学基础[2]。理论哲学路径下的翻译研究展示了译学模式建构的另一道风景线。那么，理论哲学为翻译研究提供了怎样的思想借镜呢？有学者认为：

> 理论哲学进入翻译研究的领域，就是把翻译带出现实的文本世界，逾越翻译实践的维度，模糊翻译理论与现实文本之间的鸿沟；同时，还将把翻译具体过程中的技术问题排斥于视野之外，追问"使一切翻译成为可能或不可能的必要条件是什么"，把探索那些逻辑地先在于一切翻译行为同时又为任何翻译行为所分享的基本要素作为自己的目标。[3]

可以说，理论哲学路径下的翻译研究就是"寻找涵摄于翻译中那个'逻各斯'或'翻译之道'"[4]。有学者从三个方面对翻译研究的理论哲学路径进行了归纳，即翻译的本体论研究、翻译的主体性研究和翻译存在论研究[5]。

首先是理论哲学下的翻译的本体论研究。翻译本体论研究关注翻译之"是"，使"是"成为统摄、包容一切"所是"的最高、最普遍的概念[6]。本

---

[1] 吕俊、侯向群：《翻译学——一个建构主义的视角》，第114页。
[2] 同上。
[3] 冯文坤：《由实践哲学转向理论哲学的翻译研究》，《四川师范大学学报（社会科学版）》2007年第2期，第100页。
[4] 同上。
[5] 同上，第100-102页。
[6] 同上，第100页。

体论是形而上学的同义词①。可见，翻译的本体论就是为翻译确立一个形而上的最高的普遍性准则，提供一个概念化、范畴化的逻辑起点。国内外译学界对翻译本体论的思考视角颇多。譬如本雅明从"纯语言"的角度来诠释翻译②，就是一种翻译的本体论思考。"纯语言"究其实质就是一种终极性存在，一种抽象化、概念化与范畴化的存在。本雅明认为，通过翻译的途径可以使现存的语言最终迈向"纯语言"的理想境界。由于受德国浪漫主义、犹太神学的影响，本雅明的哲学思想带有神秘主义的色彩，在语言哲学这一点上，他并不关注语言的语义、语形和语用问题，而是语言哲学研究的"形而上"之维，他认为语言的意义来源于上帝并回归上帝，认为"纯语言"就是伊甸园中的语言。此外，德里达也从哲学的角度对翻译进行了本体论思考，如德里达提出的"何谓确当的翻译"。德里达认为：

> 确当的翻译就是"好的"翻译，也就是人们所期待的那种翻译。总之，它是一种履行了其职责、为己受益而增光，完成了己之任务或义务的译文。同时在译入语中刻下原语的最佳对等词，所使用的语言是最恰当的、最合适的、最中肯的，最充分的、最适宜的、最到位的、最地道的，等等。③

"何谓确当的翻译"解答了翻译之"是"的问题，为翻译确定了一个最高准则。德里达的"延异"思想无非也是对一种抽象化、范畴化与概念化存在的拷问，他把"延异"理解为事物存在的根据，指出"翻译对一般的解构来说就不是各种问题中的一个：它就是问题本身"④。国内辜正坤提出了"玄

---

① 俞宣孟：《现代西方的超越思考——海德格尔的哲学》，上海人民出版社，1989年，第3–4页。
② See Walter Benjamin, "The Task of the Translator," Harry Zohn, trans., in Lawrence Venuti, ed., *The Translation Studies Reader*, pp.15-25.
③ Jacques Derrida, "What is a 'Relevant' Translation?" Lawrence Venuti, trans., in Lawrence Venuti, ed., *The Translation Studies Reader* (2nd Edition), Routledge, 2004, p.426.
④ 德里达：《书写与差异》，张宁译，生活·读书·新知三联书店，2001年，第22页。

第二章　理论的透镜 | 87

翻译学"（metatranslatology）的概念①。"玄翻译学"就是翻译的形而上学，旨在为翻译提供一条形而上的思考路径。另外，蔡新乐提出了建构翻译学的"第三条道路"的本体论设想②。他提出，"第三条道路"旨在为人与翻译的关系问题的形而上理论进行反思，以及人在"翻译"之中的存在表现等问题进行理论上的探讨。总之，翻译本体论研究就是要为翻译提供一个超越时空限制的、纯粹的、具有普遍有效的终极性解释。

其次是理论哲学下的翻译主体性研究。理论哲学下的翻译主体性研究是一种根柢于主体、自我、自我意识等主观理性的翻译研究③。主体陷入观念世界与理性世界。这样，译者在翻译行为上的主体性"只能在原语—原文本与译语—译语文化—译语读者等多元限度的关系内活动，他的主体性只能是有限的'自为'"④。理论哲学视野中的主体与主体性只是一种观念性的先在，是纯粹的主观理性的产物，是一种理性关系的事先建构，而不是现实实践中的自我生成。由此可见，理论哲学路径下的主体性研究是对主观理性的回归与复现。当前国内的译者主体和主体性研究就存在这样一种理论倾向，最显见的是将主体和客体的实践基础抽离。

最后是理论哲学下的翻译的存在论研究。存在论是对事物存在方式的一种考察与探问。无疑，翻译的存在论研究也就是将翻译理解为文本存在的基本方式，就是把"更变、改易、化生、变异、变化、差异、陌生化等看成是源语—源文化—源文本的本质属性，看成原文内部生命力的活力"⑤。这样，翻译与外部环境的关联就被完全割裂。翻译"适用于普遍存在的改变、更改、革新等文化状况或发展"⑥，究其实质是为翻译提供一种普遍有效的阐释。

我们还可从译学研究的几种主要范式来看理论哲学指导下的翻译研究的概貌。无论是语文学范式的翻译艺术论，还是结构主义范式的翻译科学论，

---

① 辜正坤：《中西诗比较鉴赏与翻译理论》，清华大学出版社，2003年，第308－311页。
② 参见蔡新乐：《翻译的本体论研究》，上海译文出版社，2005年。
③ 冯文坤：《由实践哲学转向理论哲学的翻译研究》，第101页。
④ 同上。
⑤ 同上。
⑥ 蔡新乐：《翻译还是它本身吗？——"通化翻译"辨析》，《外语与外语教学》2001年第10期，第52页。

抑或是解构主义范式的翻译解构论,它们都是从理论哲学的角度对翻译发出理性追问。譬如翻译的艺术论,它受到哲学的先验论的影响,具有强烈的主观主义色彩,"总是让人沉浸在一片空蒙的想象之中,去寻求逃避与轻灵,而无法关注现实与实存"①。翻译的科学论,"这种科学化或科学的'普遍性'倾向,大大削弱了翻译理论应有的人文主义思维中的对人本身的呵护与关照"②。这一范式下的"忠实"和"等值"究其实质就是假定一个先在的、不变的本质。翻译就是对这种本质的追寻,翻译过程也就变成一种对原文意义的还原过程,而不是生成过程。此外是翻译的解构论。尽管解构主义倡导对本原的消解,然而它却并不是对本原的破坏与摧毁,而是企图在消解某种本原的基础上又建立另一个本原。因此,翻译的解构主义思想也并没有走出形而上学的围城,而只是在这城内改变了行走的路线与方向。

概而言之,理论哲学路径下的翻译研究就是为解答翻译问题找到一个普遍有效的原则,旨在为翻译提供一个形而上的理性反思。与此同时,在理论哲学的视角下,"翻译研究也总是在不顾及时代差别的情况下试图寻找统一的规律,比如可以普遍运作的规律,将思想与言说本身也规划或同化到当下的规范和流行风格之中"③。必须承认,理论哲学为我们思考翻译的本质、原文与译文的关系、译者的角色与地位等问题提供了一个理性思辨的空间与视角,展现了翻译理论建构的另一面向。

二、实践哲学对翻译研究的启示

无论是语文学范式,还是结构主义范式,抑或是"文化转向"后的解构主义范式下的翻译研究,它们都无法逾越翻译作为一种本质回归的思想围城。

语文学范式下的翻译研究注重翻译过程中译者的灵感与感悟,它执意于追求原作的意义,强调翻译的忠实;在结构主义范式中,翻译成为两种语言或语符的转换,翻译仿佛进入了一个真空地带,不沾染一丝社会、历史与文化的"尘埃"。然而,解构主义范式下的翻译研究尽管跳出了传统的忠实观与

---

① 蔡新乐:《翻译的本体论研究》,第28页。
② 同上,第38页。
③ 同上,第23页。

等值观，但翻译的宗旨与目的仍是在找寻一种原生、原创的意义，尽管这一意义被解读为原作的"来世"，但它毕竟是原作的生命延续，因此解构主义在消解"忠实"的基础上又再造了另一个维度上的"忠实"。

由此可见，上述三种范式流变的辉光对翻译的烛照并没有使翻译的本质发生真正意义上的内核聚变，至多只是改变了翻译的表象而已。有学者指出："解构主义翻译观只是把语境、主体、文化等因素考虑了进去，模糊了现实文本与观念文本，但是却并没有把翻译活动带出观念文本世界。"① 确实，解构主义并没有真正进入现实的生活世界，它只是希望通过一个非在场的位置，即逻各斯中心主义之外的他者性来反思西方传统哲学，以期改变它的思维方式。从本质上说，解构主义只是对形而上学的另类思考。

我们要理解和解释我们的世界就必须从具体的实践出发。实践哲学关注人的现实世界，突显从实践的角度理解人的本质属性，强调人是作为实践主体的一种社会性与历史性存在，指出实践就是人之本质的存在方式。马克思哲学认为："不是从观念出发来解释实践，而是从物质实践出发来解释观念的东西。"② 如果从实践的角度去理解和解释观念，那么主观性的理解和解释便会获得客观性的现实基础。确实，"实践活动是全部理解和解释活动的基础，而且一切理解和解释的内容也应指向实践活动，服务于社会实践活动"③。马克思实践哲学反对理论上的纯理性思辨，主张以人的社会实践为基础去探讨哲学问题，引领我们走出了一个抽象的概念化、范畴化的观念世界，走进了一个具体的、历史的现实世界，为我们提供了一个思考人的本质和人的实践行为的新的理论与思想空间。

实践哲学为翻译研究提供了一套有别于理论哲学的认识论与方法论，翻译标准、原文与译文的关系、译者的地位与角色在实践哲学的观照下获得了新的阐释。翻译不再是从原文到译文的文本转换，而是译者参与的社会实践的一部分，是译者的社会化与历史化的生存状态或存在方式。

---

① 孙宁宁：《实践哲学转向对翻译研究的影响》，第78页。
② 马克思、恩格斯：《马克思恩格斯选集》（第3卷），中共中央马克思恩格斯列宁斯大林著作编译局编译，第43页。
③ 吕俊、侯向群：《翻译学——一个建构主义的视角》，第120页。

就目前国内译学研究的现状来看，立足于实践哲学来探讨翻译的成果并不多见①。吕俊较早地论述了实践哲学对翻译研究的指导意义，提出了以交往理论为指导的建构性翻译学②。与此同时，他还就翻译研究"从理论哲学向实践哲学的转向"做了较为深入的探讨，指出理论哲学指导下的翻译研究囿于观念性文本，没有把它置于社会交往的现实生活世界中，研究的中心往往放在语言的转换规律或对作者原意的追寻上，而不是寻找跨文化的社会交往的规律性、合理性和可能性条件③。此外，孙宁宁在《实践哲学转向对翻译研究的影响》一文中对实践哲学下的翻译研究做出了思考，指出从理论哲学向实践哲学转向的翻译研究就是"将翻译活动带出了观念文本世界，走向了现实文本世界，从人类社会实践的维度重新审视翻译活动"④。从实践哲学的角度研究翻译可以把我们带出观念性文本，引领我们走进现实的生活世界，让我们从实践的角度来思考翻译与翻译行为。从理论哲学转向实践哲学的翻译研究可以引发一系列重大观念的变化，如翻译观、语言观以及翻译的评价标准等⑤。可见，实践哲学下的翻译研究就是要走出理论哲学的那种观念与理性的"围城"，不再寻找翻译的"逻各斯"，不再将翻译置于语言王国的孤立境地，而是探寻翻译作为交往实践的一切规律性、合理性和可能性的条件，是对翻译的外部环境的探索。

翻译活动，作为人类的一项重要的社会实践活动，它既是社会性的，也是历史性的，这是因为翻译活动总是在特定的社会历史语境中发生与进行。也正因此，翻译才跳出了传统的纯语言转换的视域。应该说，翻译不只是对原作意义的简单追寻与复归，翻译具有了"改写""改造""再造"或"重构"的意蕴与功能。在此意义上，翻译面对的就不是一个"原文—译文"的两极世界，翻译进入了一个"原文—原语语境—译者—译语语境—译文"的多极世界。作为联系原语语境和译语语境的"中间环节"，译者不再充当"摆

---

① 我们专指论题中以"实践哲学"为理论视角的研究成果，不含其他隐含了实践哲学思想的翻译研究。
② 参见吕俊：《理论哲学向实践哲学的转向对翻译研究的指导意义》，《外国语》2003 年第 5 期。
③ 吕俊、侯向群：《翻译学——一个建构主义的视角》，第 122 页。
④ 孙宁宁：《实践哲学转向对翻译研究的影响》，第 78 页。
⑤ 吕俊、侯向群：《翻译学——一个建构主义的视角》，第 122 页。

渡人"和"传声筒"的角色，而必然会积极地参与到文本意义与话语的重建之中。

简言之，实践哲学下的翻译研究就是要跳出观念性文本，去关注翻译的现实性或客观基础，跳出翻译之"道"与"逻各斯"。在实践哲学的观照下，翻译过程中文本意义的传递不再是脱离实践的单向度的回归与复现，而是主客体在实践中实现的双向互动的对话。毫无疑问，从实践哲学的角度考察翻译实践的特定语境，窥探在这一语境中意义生成的具体的、现实的背景，可以突显翻译的社会真实性与历史真实性。

从实践哲学的视角来观照译者的主体与主体性，就是要从译者主体的主观理性转向去探索译者作为翻译实践主体的现实的社会性与历史性；同时，对翻译的主体与客体在意义互动生成中的实际作用与影响进行思考，从而为意义的生成论而不是还原论确立理论阐释的基础。

我们知道，任何个体的存在都无法脱离社会历史的客观性，他（她）的所言所行必然受到社会历史规范、社会历史主题和社会历史条件的制约，这些规范、主题和条件将共同塑造个体成为一种社会性和历史性的存在物。我们倡导译者作为实践主体的主体性，就是要为译者确立翻译实践中应该具有的社会意识和历史意识，换句话说，就是要求译者在翻译过程中必须关注自身所处的现实的社会历史条件，使译作成为社会历史现实的镜像，进而使译作成功地接受社会历史的检验。

译者主体性的发挥绝不是观念主体的主观性参与，而是主体在实践的对象化活动中能动的、现实的介入过程。因此，对译者主体性的探讨，不能只停留于理论上的理性思辨或形而上的总结，而应把文本放到具体的社会历史语境之中，考察译者在具体的、现实的社会历史语境中是怎样翻译的，关注是什么因素导致了译者在实践中做出或此或彼的选择与取舍。只有这样，译者主体性研究才能落到实处。

译者主体性研究需要实践哲学的观照来开辟新的理论通道。实践哲学不仅可以为我们理解翻译活动的本质，以及翻译活动中的译者主体与主体性提供很好的理论依据，同时可为译者主体性研究提供有益的方法论指导和研究路径的补充。从实践哲学的角度去思考译者的主体性，就是要走出理论哲学下主体性的主观性、观念性的主观理性的概念围城，回避主体和主体性的先验性和主观理性，确立和突显译者作为翻译主体的现实性或实践性，强调主体与主体性的建构性。因此，实践哲学可为译者主体性研究提供一个新的思维空间和思想起点。那么，我们如何从实践哲学的角度去认识译者作为实践主体及其主体性的本质内涵呢？下文就此问题做进一步的分析与阐述。

第三节　译者作为实践主体及其主体性内涵

实践是主体的对象性活动，主体是实践主体，离开实践的主体只能是一种观念主体。作为对象性活动中的主体和主体性都是在实践过程中被建构的，而不是事先给定的。译者作为实践主体，是在场的、现实的社会存在与历史存在。这有别于将原作者和读者视为主体的界定方式，因为译者是真正参与到实际的翻译实践过程中的人。同样，译者的主体性也是翻译实践过程中的建构物，作为实践的根本特性，主体性有社会性、历史性等特征。实践的社会性与历史性是主体之为主体的本质属性。社会、历史是主体存在的空间与时间，社会性与历史性是主体性在社会的空间维度与历史的时间序列中的展现。我们强调译者作为翻译主体的社会性与历史性，目的在于突显主体的现实性或客观性，以此建构有别于强调主体的主观能动性的理论话语。译者的社会性与历史性不但反映在译者对原作的理解与阐释之中，而且也体现为译者在实践活动中对社会历史现实的关注，体现为译者的自觉的社会意识与历史意识。从某种意义上说，恰恰是作为客体的原作的社会性与历史性和作为主体的译者的社会性与历史性共同建构了意义的再生。

一、译者作为翻译实践的主体

马克思从主客体的关系出发对实践做了科学的界定，提出实践是主体的对象性活动[①]。因此，并不是一切活动都是对象性的活动，都是实践，比如动

[①] 叶汝贤、李惠斌：《马克思主义实践哲学的现代解读》，社会科学文献出版社，2006年，第1页。

物就没有实践，实践专属于人；而且，只有那些能够创造"感性客体"（主体对象性活动所创造的物质财富）和"思想客体"（主体对象性活动所创造的精神财富）的具有创造性的活动才是对象性的活动①。所以，我们要立足于现实的实践来理解主体，离开实践谈主体，主体只能是一种抽象的、观念的主体。

翻译活动也是一种实践活动，它归属"实践"的范畴。译者是实践主体，译作是译者创造的"思想客体"。应该说，将翻译界定为实践是探讨译者作为实践主体的前提与基础。译者的实践主体地位表明了译者不同于以往的主体身份。实践哲学的主体不同于理论哲学意义上的主体概念，它总要解释实践过程，经受实践过程的考问、质疑和体验。实践哲学作为理论所建构的主体及其主体性总要在实践过程中经受考验②。翻译是实际生活中的一种交际行为，我们必须回归到实践的层面来寻找其本体，并对译者的身份做出界定③。实践主体体现了主体的现实性，它是具体的社会性与历史性存在，不是观念中的、逻辑意义上的主体。从实践的角度界定译者的主体身份，无疑可为我们认识译者提供一种视角上的补充。那么我们应该如何理解译者作为实践主体的主体身份呢？

首先，必须区别翻译的主体与翻译的实践主体之间的本质性差异。翻译有两层不同的含义：它可以指观念层面上的翻译过程和翻译产品，也可以指现实意义上的翻译实践行为和翻译实践的作品④。然而，我们在此有意突显了"实践"二字，旨在强调译者作为主体是处于行动中的、现实的个人。译者对原文的解读以及译文的产出，都是发生于译者"译有所为"的实践活动之中。译者并不是以静观的、封闭的方式来理解并表达原作，译者的实践是开放性的，始终处于动态发展之中。"实践"的意义表明，翻译处于观念性文本之外。此外，"实践"突显了译者只能从翻译实践的过程去理解原作，理解和解

---

① 叶汝贤、李惠斌：《马克思主义实践哲学的现代解读》，第 8 页。
② 同上，第 96 页。
③ 杨镇源：《哲学实践转向的启示：后解构主义时代的译学反思》，《贵州社会科学》2007 年第 9 期，第 59 页。
④ Roger T. Bell, *Translation and Translating: Theory and Practice*, Foreign Language Teaching and Research Press, 2001, p. 13.

释活动都是在实践的基础上才得以展开。可以说，实践是一切理解和解释的前提。因此，理解和实践二者之间的内在联系是不能被割裂的。马克思指出，一切理解和解释活动都起源于实践①。把实践活动作为全部理解活动的基础和前提也是实践哲学思想的一个突出表现。这就有别于把文本视为一个独立的世界，并力图以这个世界为基础与出发点去解释人类的唯心主义观照下的实践活动。实践哲学启示我们，唯有走出观念的文本，才能真正地理解文本。"意识在任何时候都只能是被意识到了的存在，而人们的存在就是他们的实际生活过程。"② 意义是现时的、实践的结果，是经由主体在实践过程中的再生产。因此，从实践的角度来界定主体，旨在强调文本的意义是在实践中得到建构，离开实践，一切观念和文本都无从索解。

其次，必须认清译者作为主体这一角色的内在规定性。我们认为，译者是翻译实践的主体，而且是唯一的主体。在实践哲学的视域中，主体内涵有其自身的特殊性，主体是在实践的对象性活动中才得以确立、形成，而不是事先给定的、先在的。根据马克思的观点，"主体既不是先验的自我，也不是绝对精神，而是有躯体的、能劳动的主体"③。主体是"从事实际活动的人"④和"一定历史条件和关系中的个人"⑤。人是主体，但并非任何人都是主体。主体是从事实践活动的人，不参与实践的人不能称为主体，所以人的主体身份不是天生的，而是在人的实践和认识活动中生成的。

我们强调译者是唯一主体，旨在提供另一种理解和认识主体的视角。译者作为实践的唯一主体，主要是因为他（她）直接参与了翻译实践的全过程——理解原文并构建译文。然而，作者和读者不具有主体身份，是因为作者和读者都不在翻译实践过程中显身，没有直接参与到翻译的对象性活动中，他们活动在翻译实践之外，是缺席、不在场的。因此，根据实践哲学对主体

---

① 俞吾金：《实践诠释学》，第83页。
② 马克思、恩格斯：《马克思恩格斯全集》（第3卷），中共中央马克思恩格斯列宁大林著作编译局编译，第29页。
③ 哈贝马斯：《认识与兴趣》，郭官义、李黎译，学林出版社，1999年，第10页。
④ 马克思、恩格斯：《马克思恩格斯全集》（第3卷），中共中央马克思恩格斯列宁大林著作编译局编译，第30页。
⑤ 同上，第86页。

的界定，作者和读者不能成为主体。同理，接受环境也不能成为主体。据实践哲学对主体的界定——主体必须是"属人的存在"，而接受环境是作为物的一种自然性存在，而不是作为人的社会性与历史性存在。因此，在实践哲学的视域中，作者、读者和接受环境皆属于客体。另外，翻译作为主体的对象性活动，主体与客体是一对一的关系，从而内在地规定了它的主体必定是唯一性的单一主体。在这一实践过程中，译者与原作结成了主客关系，原作成为译者的对象，并处在与译者的联系之中，译作成为译者主体的客体化成果。

最后，我们必须澄清实践与主客体以及主体性的关系。只有实践才能体现实践主体的规定性，也只有实践才能使人成为实践活动的主体①。实践主体的实质体现在主客体的辩证关系中。主体的一切规定性，都生成于主体变革客体的实践活动之中。因此主体的主体性来源于实践，是在实践的过程中被建构的主体性。客体是主体的实践指向的对象。主客体的关系在实践中产生，离开实践就无所谓主体与客体，更不用说主体性。因此，译者的主体性必须体现在翻译实践中，处于翻译实践之外的译者无主体性可言。

由此可知，实践论意义上的主体性实质上是主体的自我塑造、自我实现、自我完善与自我超越、自我发展的生命过程。主体性有自觉能动性、选择性、创造性、客观性和社会历史性等特征。从实践的角度来界定译者的主体角色，使其成为实践主体，这充分展示了实践与主体的密切关系。主体的身份是在实践中形成，不是事先给定的，离开实践谈主体只是抽象的主体，离开主体谈实践是观念的、虚空的实践。另外，主体性也是实践的根本特征，主体性只有在实践中才得以生成、确证和增强。

作为有实践能力的主体和客体又有什么样的关系呢？主体和客体是既相对立又相联系的。主体与客体的关系建基于实践。客体也同主体一样，具有社会性与历史性②。显然，实践中的主体不能无视客体的客观性存在，主体必须尊重客体的客观性。客体的客观性规定了主体性发挥的基础、原则和方向，是衡量主体性发挥正确与否及其程度的标志。在翻译过程中，译者必须考虑

---

① 贺善侃：《实践主体论》，学林出版社，2001年，第16页。
② 谢龙主编：《现代哲学观念》，第86页。

原作、原作者和读者的客观性存在，它们是译者在翻译实践中的方向。不管译者如何发挥自身的主体性，原作始终是翻译的基础和出发点，无视原作的存在，必然造成各种曲解、误译，这样也无疑会使翻译陷入混乱、虚无之中。同时，译者在充分再现原作的基础上，必须考虑读者的接受。无视读者的接受，翻译也就失去了现实意义。总之，如果译者在翻译实践中无视客体，那么译者的主体性也就成为主观随意性，最终必将走向主观唯心主义的深渊。

我们在此强调客体的客观性存在，不光是对客体本身的强调，我们更加关注客体作为客观性存在的时空性，即社会性和历史性。翻译实践中作为客体的原作和原作者都是处于一定历史时期、处于特定社会环境中的客体。它们必然蕴含本身所处的社会与历史的特征。作为客体的读者，其视野与期待也必定是与时代历史和社会主题相呼应的。因此，译者在发挥其主体性的时候，就必然要参考客体的时空维度。这样，主体性也就自然而然地与客体的时空性相互融合。所以，我们在强调主体在实践中的重要作用的同时，也要关注处于一定的社会环境与历史时期中的客体。

实践作为主体的特殊的社会存在方式，具有社会性。可以说，实践是社会性的来源。人之所以成为主体，首先在于他（她）是一种特殊的自然的、社会的存在物[①]。主体不单是自然的一部分，他（她）还是一种社会存在，具有社会性。社会性是主体之为主体的质的规定性。主体作为社会存在物，也是主体参与的社会历史活动的产物。然而，作为实践主体的人，其本质不仅仅是社会的，他（她）也是历史的。主体的社会性与历史性和实践活动所具有的社会性与历史性是同一的。在社会性与历史性的实践活动中，主体获得了自身的社会性与历史性。下面就对译者作为实践主体的社会性与历史性作进一步的阐释。

二、译者作为实践主体的社会性与历史性

如前文所述，主体是在实践的对象性活动中生成，主体的主体性源于实

[①] 马克思、恩格斯：《马克思恩格斯选集》（第3卷），中共中央马克思恩格斯列宁斯大林著作编译局编译，第18页。

第二章　理论的透镜 | 97

践的主体性。实践是在特定历史时期和社会语境下进行的有意识、有目的的活动，具有社会性和历史性。"社会历史性是实践的真正本性。"① "只有在真实的、动态的社会历史中才是具体的实践，不存在脱离社会历史的实践。"② 同样，主体与主体性的存在不仅需要空间维度，也需要时间向量。社会历史是主体存在的时空经纬，从而使主体成为一种社会主体、历史主体，并由此获得社会性与历时性。社会性与历史性是主体之为主体的本质属性。离开了社会性，主体与主体性便无处依存。"离开了历史性，就没有人的主体性；只有在历史中，我们才能生成为主体。"③ 实践创造了历史，而历史的意义联系又确证了实践不是先验的活动，而是现实性的、具体的过程。实践的社会性与历史性决定了主体必定是社会性与历史性的存在，是社会主体与历史主体。

翻译作为一种实践活动，其社会性与历史性的时空之维不容我们忽视。正如许钧所言："翻译作为人类重要的一项跨文化交流活动，人们固然可以对这一活动的目的、方法和各种相关因素进行这样或那样的思考，但翻译作为一项具体的实践活动，决不能忽视其时间和空间的定位。"④ 翻译实践具有时空性，恰是因为它处在特定的社会历史语境之中。译者作为实践主体的社会性与历史性表现为，译者是一定地域、一定时期和一定社会关系中的具体个人。要理解译者的社会性与历史性，首先要理解翻译作为实践活动的社会性与历史性。

翻译的社会性与历史性首先表现为译者对原文理解与解释的社会性与历史性。任何理解与解释活动的社会性源于文本生产的社会性，没有以社会性为根基的文本解读或理解，文本意义便无处依存。同理，历史性也是一切理解和解释活动的基本特征⑤。在马克思看来，任何实践活动都是现实的人在既定的历史条件下所从事的活动，这种实践活动的历史性必将赋予理解与解释

---

① 吴友军、黄志刚：《实践作为历史性范畴的哲学内涵》，第 12 页。
② 同上，第 13 页。
③ 韩震、孟鸣岐：《历史哲学——关于历史性概念的哲学阐释》，云南人民出版社，2002 年，第 149 页。
④ 许钧：《三十年实践与思索——香港刘靖之先生论翻译》，《出版广角》1996 年第 6 期，第 70 页。
⑤ 俞吾金：《实践诠释学》，第 86 页。

活动以历史性的特点。真正的理解方式,并不像古典诠释学学者所强调的那样,通过对理解者的历史性的消除(实际上是永远消除不了的),以达到对文本的客观的理解,相反,只有在理解者对自己置身于其中的生活世界的本质达到批评的理解的基础上,他才能真正地客观地理解文本①。理解者能否正确地理解对象,首先取决于理解者对自己的社会性与历史性,即理解者对置身于其中的生活世界的本质的认识。我们强调译者的社会性与历史性,旨在使译者在解读原作时要立足于自己的社会历史语境,返回到文本所处的社会历史情景之中。作为主体,译者不是"某种处在幻想的、与世隔绝、离群索居状态的人,而是处在一定的历史条件下进行的、现实的、可通过经验观察到的发展过程中的人"②。不澄明主体的社会性与历史性,全部理解和解释活动将会处于飘摇无根的状态之中。

"在不同的时代,阅读和翻译都带有不同的历史烙印,即文本存在着历史性……除了文本之外,作者本身也是时代的产物,作家的作品体现的不是作者自己,而是他所处的时代,不是作者在说明文本,而是文本在说明作者。"③这就启示我们,不要去询问"译者能理解(或翻译)什么",而是"译者所具有的社会性与历史性允许他(她)去理解(或翻译)什么"。译者必定会在其所处的特定的社会历史语境中去理解自己的社会性与历史性,因此他(她)对原作的理解必定会植入自己的社会性与历史性。

在翻译实践过程中,因为原作者在当下是缺席的,所以译者只能与原作而不是原作者建立直接的对象性关系。面对同一个符号世界,不同的译者因其处在不同的社会历史情境之中,必然会体现不同的社会历史联系,所以主体的的理解活动必然渗透主体的社会性与历史性。时代的变迁,社会的发展,都使主体从新的角度认识客体。"翻译是在一定社会背景下发生的交往行为,它不仅受到当时社会文化状况的制约,同时又能对后者产生积极的影响。"④

---

① 俞吾今:《实践诠释学》,第91页。
② 马克思、恩格斯:《马克思恩格斯选集》(第3卷),中共中央马克思恩格斯列宁斯大林著作编译局编译,第30页。
③ 廖七一:《当代西方翻译理论探索》,译林出版社,2000年,第74页。
④ 许钧:《生命之轻与翻译之重》,文化艺术出版社,2007年,第190页。

社会性是人作为主体在社会活动中得以存在、发展和在其中起作用的根据和内容①。因此，社会性是译者作为社会存在物的一种本质规定性。处在不同时期、不同社会关系中的主体，必然掌握着不同的社会文化经验，从事不同的活动和交往，并获得不同的社会特征，从而成为不同类型的社会历史主体。主体作为社会性与历史性存在也表现为主体的文化性存在。物质文化、制度文化、科学、艺术、宗教等精神文化构成了主体存在的外部环境。主体的实践活动不能摆脱文化的制约，它总是受制于文化过程和各种社会结构。翻译被认为是一种"文化建构"，道理也许就在其中。文本与社会政治、意识形态、权力关系等非语言因素相纠缠，这就启发我们：在解读原作时不能只停留在文本字句的表面，而要善于发现刻在文本上的社会的、历史的文化印记。

翻译活动是受社会历史条件限制的，不受社会历史条件限制的活动只是某种创世神话的幻想。主体的社会性与历史性也体现了对实践的限制性。从这种意义上说，社会性与历史性则是一种社会制约性与历史制约性，是主体性的受动性表现。主体的社会关系，主要表现为主体与特定时代的政治、经济和文化等的关系，主体的实践活动会受到这些关系的制约与影响。"在现实社会中，[主体]是在社会[或历史]条件制约这个前提下发挥、表现和实现自己的主体性的，也正由于此，他的主体性才成为现实的、具体的主体性。"② 同样，主体的价值评判也是以一定的社会历史条件为前提和基础的。

我们知道，文本的"原意"不可企及，它的意义被处在特定社会历史语境中的理解者不断重构着。社会历史是理解的必要条件。理解不可能从零开始，不可能从没有前理解的状态开始，"这种状态之所以存在则由于理解主体即现实的人的社会性和历史性"③。任何人都不可能如实再现或复制客观存在的文本意义，不同社会历史中的人对文本的理解甚至有着天壤之别。前人有前人的"视野"，我们有我们的"视野"，因为前人与我们的理解都处在不同

---

① 韩庆祥：《马克思主义人学思想发微》，中国社会科学出版社，1992年，第98页。
② 同上，第87页。
③ 王义军：《从主体性原则到实践哲学》，中国社会科学出版社，2002年，第7页。

的历史、文化、社会环境等背景下，不可能彻底摆脱自己的"视野"①。因此，复制文本的原意是不可能的，当然我们对文本的理解也不应只着眼于复制与再现，而应转向一种创造性阐释。但"创造性"并不是译者随意地理解原文，而是旨在强调译者对文本的理解要立足自身的社会历史语境，使意义与语境相呼应。不同的译者有不同的社会历史文化背景，原文能够得以流传，在于不同时代的译者对其进行不断的阐释，从而延伸了它的生命。

"实践是社会性的历史活动。人的实践力量是历史地形成和发展的。每一时代的人都只能在继承前人实践成果的基础上开始自己的活动。"② 翻译实践就处在历史之中，在实践中译者无法摆脱自己的历史。此外，译者主体作为存在于一定历史条件和社会环境中的个人，他（她）的世界观、政治理念、道德因素都将影响与制约他（她）的实践活动。社会历史条件规定并制约了主体的存在与发展。"正是在这种规定和制约中，个人逐渐取得自己的能力、自由、独立自主性和积极创造性，即获其真正的主体性。"③ 这样，实践活动既体现着对象对人的制约性，又表现着人对对象的自主性和能动性。

处于一定社会历史关系中的实践主体，受社会物质条件、政治、经济等社会制度的影响，其知识结构和思维方式都反映了他所处社会的时代特征、时代需要。因此，社会经济、政治、文化的方针政策与主体密切联系，并在其实践活动中得到具体再现。此外，主体的实践活动还受动机观念支配，而动机观念中除了主体的个人期待之外，还有社会文化心态，即心理状态和意识观念。因此，任何主体都不能超越自身所处的社会历史语境来认识客体。主体的世界观、价值观、人生观、历史观都会影响主体的实践活动，甚至其气质、性格、爱好、偏见与情绪都将渗透其中。因此，任何译者都不可能超越自身所处的社会历史语境来从事翻译，从某种意义上说，翻译是译者的个性特点与社会历史特点（即社会性与历史性）的双重投射。

---

① 王义军：《从主体性原则到实践哲学》，第 3 页。
② 叶汝贤、李惠斌：《马克思主义实践哲学的现代解读》，第 46 页。
③ 韩庆祥：《马克思主义人学思想发微》，第 48 页。

第四节　本章小结

　　从理论哲学到实践哲学，行走的是一条从思辨到实践、从观念世界到现实世界、从抽象的人到现实的人、从主体的先在性到主体的建构性的思想路径。这些转变都是由思维范式的变化带来，由此为我们创设了另一个思考译者主体性的理论空间。翻译研究与理论哲学的联姻为我们确证了一个翻译的"逻各斯"的观念化世界，而翻译研究与实践哲学的结亲则为我们展现了一个现实的、具体的生命世界。活动在这一世界中的主体是一个社会性、历史性的、现实的实践主体。实践，作为一种对象性活动，它既建构了主体的存在，也建构了客体的存在。实践的社会性与历史性内在地建构了实践主体的社会性与历史性。

　　从国内外研究现状可以发现，大部分研究依循的都是理论哲学的路线，我们不妨将这一视角下的主体与主体性界定为传统意义上的主体与主体性。然而，在实践哲学的视域中，译者不再是传统意义上的主体，而是实践主体，实践对主体的限定首先是为了突显主体的生成性与实践性，而不是主观思辨性；其次，将译者界定为实践主体也可彰显译者作为主体的唯一性，这与传统研究对主体的界定的区别在于：译者作为主体是"现时的"和"当下的"在场，而不是像作者、读者那样活动在翻译实践的过程之外。我们以实践哲学为依据建构译者主体与主体性的理论话语，就是为了立足于实践层面为译者定位，为译者的主体性定位，更确切地说是为译者主体及其主体性提供另一种解读或诠释。必须指出，我们并没有否定当前围绕主体与主体性所开展的研究，而只是在现有成果上，为当前研究作出一点补充。我们希望从现有的研究路径上开辟另一个主体与主体性的生存空间，从而使主体与主体性在另一块理论的土壤中存活。

第三章　时空的演绎

——译者主体的社会性与历史性的理论诠释

译者作为实践主体具有社会性与历史性，这是主体性的本质特征。本章从几个核心关键词出发，如"他者""空间（第三空间）""异""第三生成物"等，对译者的社会性与历史性进行理论上的阐释与论证，同时也为译者主体性的介入提供理论上的求证。译者作为实践主体及其社会性与历时性为我们提供了思想翻译与翻译行为的新视角，也启迪我们从现实的社会历史因素去考察翻译、译者与文本意义之间的关联与互动。

第一节　译者——突围的"他者"

译者身份是考察主体性的一个必要前提，因为译者主体性本身就蕴含了译者的身份与角色问题。我们在此同样也不回避这一前提，尽管前文已对译者身份做了论述。我们采用"突围的'他者'"来界定译者，主要是为了突显译者的主体身份是一种理论话语的建构，因为与主体相关联的"他者"概念就是一个社会历史的建构物。"他者"是一个被表述、被再现的形象，这与译者在获得主体地位之前的形象有很大的相似性。译者的"他者"地位隐含了译者与原作者、译作与原作之间不平等的关系。译者的主体身份使其突出重围，并进入到一个新的生命世界——翻译的"第三空间"。

一、译者：从他者之境走向主体身份

"他者"本是一个哲学概念，它在现代哲学中的运用，最初得益于黑格尔和让-保罗·萨特（Jean-Paul Sartre）。根据黑格尔和萨特的定义："他者"指

主导性主体以外的一个不熟悉的对立面或否定因素，因为它的存在，主体的权威才得以界定[1]。他者与主体相对，是主体的对立方，即不同于自我的他人和不同于主体的客体。主体身份能够确立，是因为他者的存在。然而，他者与主体的位置并不是永远固定的，而是在一定条件下可以变换。

"他者"概念的哲学渊源可以追溯到黑格尔和萨特的哲学思想。黑格尔在《精神现象学》中从分析主奴关系入手，指出了"他者"对于确立自我意识的重要性。黑格尔指出，主人与奴隶这两个角色可以互为定义，表面上主人似乎无所不能，但实际上他需要来自奴隶的确认；他的自我意识的获得要依靠奴隶的存在。主奴之间虽存在对抗，但双方都必须以对方为中介来确证自己的存在，从而使彼此相互承认；主人把奴隶置于自己的权力操控之中，使奴隶成了以维护主人存在为目的的存在。对主人而言，奴隶就是"他者"，由于"他者"的存在，主人的主体意识和权威才得以确立。存在主义思想家萨特也指出，我们对于自我的感觉取决于我们作为另一个人所凝视的目标的存在。也就是说，"他人"是"自我"的先决条件。在《存在与虚无》中的"注视"这一节，萨特用现象学描述的方法形象地说明了自我意识的发生过程[2]。设想我通过锁孔窥视屋里的人，此时我的注视对象是他人，我把他人当作意向对象；但是，如果我突然听到走廊里有脚步声，意识到有一个他人注视我："我在干什么呢？"羞愧感油然而生，"羞耻是对自我的羞耻，它承认我就是别人注意和判断着的那个对象"[3]。在这个例子中，正是我感到他人有可能注视我，我才会注视自己。在他人的注视下，主体体验到了"我"的存在，同时也意识到自己是"为他"的存在。没有意识中的"他者"，我的主体意识就不能确立。我只有把自己投射出去，意识到那个想象中的"他者"的存在，才能确认"我"的存在。

从黑格尔和萨特对"他者"概念的阐述可以看到，"他者"是对自我的确证，是主体得以建构的条件；没有"他者"，主体无处容身。"他者"概念后来被引入文化和文学批评研究，用以突显后殖民主义和女性主义文学批评

---

[1] 王先霈、王又平主编：《文学批评术语汇释》，高等教育出版社，2006年，第752页。
[2] 萨特：《存在与虚无》，陈宣良等译，生活·读书·新知三联书店，1997年，第328-387页。
[3] 同上，第338页。

视野中被殖民者和女性的"他者"身份。在后殖民批评理论话语中"他者"是一个非常重要的概念,它是建构、树立、确认和巩固殖民者自我形象不可缺少的一个对立面。"西方之所以自视优越,正是因为它把殖民地人民看作是没有力量、没有自我意识、没有思考和统治能力的结果"①。于是,后殖民理论家将殖民地的人们称为"殖民地的他者",或直接称为"他者"②。因此,殖民地的形象成为被建构的他者形象。后殖民理论的先驱人物爱德华·赛义德(Edward Said)在《东方学》(*Orientalism*,又译为《东方主义》)一书中对此做了详细阐述,他把东方界定为西方人的权力象征、一种优越感和一个地缘政治概念。他认为,根据西方中心主义,东方被构建为他者,又因西方的文化霸权而不断被重构,从而他者就湮没在西方话语的霸权中,并被西方话语所取代,使其成为西方的一个参照物。

我们知道,东方学或东方主义并不是有关东方的真实性描述,而是"西方用以控制、重建和君临东方的一种方式"③。东方的形象是西方人站在优越于东方的立场上对东方的地域性虚构与想象。西方学者在研究东方时总是带着一种先入的偏见,使东方成为西方的附庸和参照物,并选择契合他们的认知方式探讨东方,从而使东方一开始就失去了表述自我的权利,成为一个被表述的对象。在西方人的眼里,东方是一个封闭、野蛮、愚昧、不开化的地方,这是西方人强加给东方的形象,不知不觉地东方被"他者化"了。

从女性主义文学批评的角度来观看"他者",它就成为女人或女性的代称。在男人与女人的传统关系中,男人是主体,女人是他者,女性至今都未完全摆脱他者形象的影子。"男人和女人构成了人类社会,男女之间的二元对立是人类历史上最古老也最为深刻的一种关系模式。从某种意义上说,一部人类文明史,就是一场旷日持久的'性别之战'。"④ 在男性为中心的父权社会中,女性是男人的异己和他者。女性问题不是一个单纯的性别关系或男女

---

① 博埃默:《殖民与后殖民文学》,盛宁、韩敏中译,辽宁教育出版社,1998年,第22页。
② 同上。
③ 爱德华·W. 萨义德:《东方学》,王宇根译,生活·读书·新知三联书店,2007年,第4页。
④ 张清祥:《"他者"话语的遮蔽——20世纪30年代新文学男性大师笔下"女性被讲述"文本剖析》,《江西社会科学》2005年第1期,第126页。

平等问题，它关系到我们对历史的整体看法和所有解释，女性的群体经验也不单纯是对人类经验的补充和完善，相反，它倒是一种颠覆与重建，具有解构迄今为止已有的意识形态大厦的巨大潜能①。当代女性主义要求建构女性的主体性话语。西蒙·波娃（Simon de Beauvoir）在《第二性》一书中探讨了女性的他者地位，并强烈倡导要建构女性的主体性。波娃认为："一个女人之为女人，与其说是'天生'的，不如说是'形成'的。没有任何生理上、心理上或经济上的定命，能决断女人在社会中的地位，而是人类文化之整体，产生出这居间于男性与无形中的所谓'女性'。"② 可见，女性的他者身份并不是生而有之，而是被男权社会和父权话语建构与塑造的。女性形象同后殖民理论话语中的东方或被殖民者的形象一样，没有自我言说的主动权，而是陷于被表述、被再现的命运之中。

由上文所阐述的东方和女性的他者形象，我们不假思索地会将其与译者的形象挂钩，它们是诠释译者的"他者"地位的最佳注脚。回顾译者的坎坷历程便知，译者在获得主体身份之前，就处于那样一种尴尬、无为的"他者"境地，没有话语权和主动权。传统译学理论中的"原作中心论"和"作者中心论"以原作和原作者为中心的翻译观念追求两种语言的等值与等效，这样"忠实"就成为译者必须恪守的行为准则，译者处于"隐形"之中，翻译必须做到完全"透明"，实质上是将译者置于"他者"的境地，进行意义的自我言说和自我建构。诸多的译者形象，如"隐形人""仆人""奴隶"等彰显了译者被表述、被塑造与被再现的命运。翻译常被譬喻为遭受压迫与宰制的殖民地人们和处于男权社会中命运多舛的柔弱女性，译者的他者身份折射了原文与译文、原作者与译者的不平等关系。

"原作中心论"和"作者中心论"的理论话语设置了译者被边缘化和被他者化的包围圈，原文被理解为作者主观性的符号表征，而译者对文本的理解和诠释只不过是对符号的重组与再现。翻译好像被真空隔绝，不沾染一丝社会、文化、历史的"尘埃"，译者扮演着"倾听者"的角色，倾听作者在

---

① 张清祥：《"他者"话语的遮蔽——20世纪30年代新文学男性大师笔下"女性被讲述"文本剖析》，第126页。

② 西蒙·波娃：《第二性》，桑竹影、南珊译，湖南文艺出版社，1986年，第23页。

文本中的意义表白与思想律动。简言之,"原文中心论"和"作者中心论"是将译者身份他者化的最佳见证。那么,作为"他者"的译者如何突出重围?这不只是翻译中两种语言的转换问题,更是译者作为翻译实践主体的主体性介入问题。

任何翻译活动都发生在特定的、具体的社会历史语境中,为社会历史条件和话语实践所规定,译者不可能做到价值中立。所以,翻译活动永远不是纯粹意义上的语言转换,译者的主体性(即社会性与历史性)必将介入其中,因为翻译不可能与译者的社会历史使命与文化价值观念相脱离。

二、译者与翻译的"第三空间"

从"他者"之境突围的译者,变成了具有主动权和决断权的主体,拥有自己的解读权,能够发出自己的声音来表达自己。这样,翻译就不只是对原作意义的一种简单复归,而是译者与文本之间对话的创生性产品。翻译具有对话性,恰是因为"译者具有的历史文化背景、意识形态、心理结构、生活习俗等在解读原著时会不断产生互文关系,从而使解读阐释和翻译的过程成为一个不断转化的动态的双向对话过程。"[①] 翻译作为对话的本质消解了原作和原作者的至上权威,赋予了译者在理解和诠释过程中的"发言权",从而使译者能够突出被消声的包围圈,不再是随原作和原作者而动的模仿者,而是积极地参与翻译的话语建构和文化建构之中,成为具有操控权的主体。译者的突围使其进入到了一个截然不同于以往的社会文化空间,我们称其为翻译的"第三空间"。

"第三空间"是一个后现代概念,来源于美国后现代地理学家爱德华·索杰(Edward W. Soja,又译为苏贾)的《第三空间》(*The Third Space*)一书。"空间"是后现代主义批评的一个热门话题。20世纪后半叶,社会理论界出现了空间转向,空间也因此成为一个重要议题。法国马克思主义哲学家、社会学家亨利·列斐伏尔(Henri Lefebvre)的《空间的生产》(*The Production of*

[①] 王建平、卢薇:《倾听"他者"的声音——试析后现代语境下女性主义批评对翻译研究理论的解构与重建》,《东北大学学报(社会科学版)》2005年第4期,第311页。

Space）是在空间研究中颇有影响力的一部著作，作者在书中对空间及空间的历史做了系统研究和重新阐发。索杰提出的"第三空间"概念正是受到列斐伏尔在《空间的生产》中对空间的阐发的启迪。空间概念对法国的社会学、地理学、政治学以及文学批评都产生了深远的影响。

在列斐伏尔的论述中，空间不再是标示事件发生地的一种手段，它已经超越了那种单纯的、物理的、自然的含义，成为一种动态发展的概念。空间是生产关系、社会关系的脉络，同时叠加着社会、历史与空间的三重辩证。"空间里弥漫着社会关系，它不仅被社会关系支持，也生产社会关系和被社会关系所生产"[1]。人的一切行为活动都在某个场所或某个空间进行，空间如果离开人的活动和改造，就永远是一片广袤无垠的虚无。可以说，没有空间就没有人的行为的发生，因此人本身就体现为一种空间性存在。从这个意义上讲，恰是人的活动赋予了原生态的物理或自然空间以人文的内涵和历史的烙印。生活在不同空间里的人，对自己的空间会有不同的理解，由此产生不同的空间观念与空间想象。空间总是打着社会的烙印，不同的空间也因此承载着不同的文化积淀和历史踪迹。

空间是人的实践活动的中介和中介化的对象，是人们交往实践"主体—客体—主体"框架中的一极，因此自在的、自发的、盲目的和作为"自在之物"的自然空间状态由于人类劳动的二重性（物质生产活动和人类社会关系的生产和再生产活动）成为对人来说的一种生成过程[2]。在人的实践活动中，空间被不断地改造为人的生存和发展的条件，空间获得了属人的性质，成为人的需要、目的、意志和本质力量得到确证和展现的过程。可见，正是人类的出现使自然空间烙上了"社会"的印记。恰如空间思想家曼纽尔·卡斯特所说："空间不是社会的反映，而是社会的表现，换言之，空间不是社会的拷贝，空间就是社会。"[3] 空间与社会密不可分，空间性也体现为社会性。

---

[1] 亨利·列斐伏尔:《空间：社会产物与使用价值》，王志弘译，见包亚明主编：《现代性与空间的生产》，上海教育出版社，2003 年，48 页。

[2] 马克思、恩格斯:《马克思恩格斯全集》（第 42 卷），中共中央马克思恩格斯列宁斯大林著作编译局编译，第 131 页。

[3] 曼纽尔·卡斯特:《网络社会的崛起》，夏铸九、王志弘译，社会科学文献出版社，2003 年，第 504 页。

社会与空间存在着相互交织的关系：一方面，人类在社会结构的限制下在一定的空间中活动；另一方面，人类可以创造和改变空间以表达自己的需求和欲望[1]。在《后现代地理学》一书中，索杰进一步阐述了"社会空间辩证法"。具体来说，空间辩证法包含三个基本方面：第一，社会关系中的事件是通过空间形成的；第二，社会关系中的事件受到空间的限制；第三，社会关系中的事件受空间调解[2]。所以，在人的实践活动中，空间起着促进、限制与调节的功能，空间成为人的行为的参照点，也正因此，空间具有了人的属性——社会性。空间所具有的社会性体现在不同的地域空间有着各自不同的社会机制。社会机制指社会这一由各种人际关系和社会条件组成的有机体，是社会中的人与机构之间、人与人之间的相互关系和功能[3]。相同时代、不同空间或不同时代、相同空间的社会机制的差异是由社会的意识形态决定。一个社会的主流意识形态体现的是占统治地位的阶级的思想观念，它总要在特定的空间社会中发挥自己的效用[4]。恰如列斐伏尔所说："空间是政治的、意识形态的。它真正是一种充斥着各种意识形态的产物。"[5] 空间不是真空状态下的空间，空间弥漫着时代社会的气息，承载着社会历史的使命，空间也充分彰显了处于空间中的人的意识与目的。

　　空间还具有历史性，体现为不同时代的人的活动会有不同的空间样态。以文学话语为例，任何时代的文学话语都有特定的空间作为其现实基础，特定空间的文学话语的历史性离不开特点空间样态的建构。空间是一个动态的过程，它既是人的活动的对象，也是人的活动的结果。人的实践活动必然影响空间的设计和创造，这样实践就成为空间的构成因素，它与空间的关系是你中有我、我中有你的交融互动和相互嵌合。实践使空间的自然属性消退，从而使自然空间成为人的意图的空间。这种人的意图空间所具有的形式、意

---

[1] 林晓珊：《空间生产的逻辑》，《理论与现代化》2008 年第 2 期，第 94 页。
[2] 爱德华·W. 苏贾：《后现代地理学——重申批评社会理论中的空间》，王文斌译，商务印书馆，2004 年，第 122 - 129 页。
[3] 张荣翼：《阐释的魅力》，重庆出版社，2001 年，第 29 页。
[4] 江正云：《空间，文学史的另一叙述视角》，《湖南第一师范学报》2007 年第 2 期，第 100 页。
[5] 亨利·列斐伏尔：《空间政治学的反思》，陈志梧译，见包亚明主编：《现代性与空间的生产》，第 62 页。

象、符号和象征又使空间成为"人化空间"。

列斐伏尔在《空间的生产》一书中提出了"三元组合概念",即空间实践、空间的再现、再现的空间①。在《第三空间》中,索杰对这个"三元组合"重新做了解释,认为这三个概念分别对应他所定义的第一空间、第二空间与第三空间。其中,第一空间是可感知的经验空间,可由经验来描述;第二空间是概念化的构想空间,可以控制语言、话语、文本,一切书写和言说的世界;第三空间是既有别于第一空间和第二空间,同时又将两者包含其中的空间,因此是既具物质性又具社会性的空间。索杰承认,他是在最广泛的意义上使用"第三空间"这一概念。"就其宽泛意义而言,'第三空间'是一个有意识的灵活的常识性术语,力求抓住观念、事件、外观和意义的事实上不断变化的社会背景。"② 可见,第三空间旨在为思想、观念、事件确立一种阐释与理解的社会背景或现实条件。从"第三空间"与"第一空间"和"第二空间"的关系可知,它实质上是一个杂合性空间。"'第三空间'一般是指在二元对立之外的知识与拒抗空间"③,它是试图颠倒传统二元对立的空间思考模式,是一种创造性的重新组合与拓展。

可见,空间不只是一个纯物理的或纯自然的空间,更是一个染有时代特色与历史踪迹的织体。空间具有社会性与历史性,它体现了社会的互动,也书写了时代的使命。它是动态发展的,发生于空间中的人类行为实质上是对空间的建构与重构。

从列斐伏尔和索杰所论述的"空间"与"第三空间"概念可以推断,知识的生产也是一种空间性生产。如果从空间的角度来看翻译的生成,我们发现,翻译本质上也是一种空间性生产。翻译不可能处于单一的一维空间,而是产生于原语空间与译语空间的交互空间或"第三空间"。原语文化与译语文

---

① Henri Lefebvre, *The Production of Space*, Donald Nicholson-Smith, trans., Blackwell, 1991, pp. 38-39.
② 索杰:《第三空间:去往洛杉矶和其他真实和想象地方的旅程》,陆扬等译,上海教育出版社,2005年,第2页。
③ 邓红、李承坚:《建立翻译中的第三空间——论霍米·巴巴"杂合"概念在翻译中的运用》,《电子科技大学学报(社科版)》2007年第2期,第84页。

化各自存活于自己的文化空间中。作为两种文化的交流,翻译必然居于一个与两种文化空间既有区别又相互联系的"第三空间"。翻译所在的"这个'第三空间'……既有原语语言文化的特征,也有译语语言文化的特征"①。翻译是两种文化的融合与渗透。翻译的"第三空间"彰显了空间的"居间性",或曰"杂合性"(又为"混杂性")。后殖民理论家霍米·巴巴(Homi K. Bhabha)从"第三空间"的角度出发,对这种居间的杂合性做了深刻的论述。

在《文化的定位》(*The Location of Culture*)一书中,巴巴从后殖民主义的视角对"第三空间"做了阐述,指出它实质上是一种"居间空间"(the in-between space)②,是对处在文化之间的状态的一种描写。巴巴在阐述"第三空间"的同时,引进了"文化翻译"的概念,认为人的文化身份的认同过程就是文化翻译的过程,在这个过程中,文化翻译的混杂性策略会开辟出一块协商的空间。这种协商既非同化,亦非合谋,通过混杂化的文化差异的边界协商,就可以创造出一种完全不同的利益群体或社会运动的文化③。巴巴反对对身份做本质主义的解读,他认为文化身份处在不同文化接触的边缘处与交界处,在那里,一种富有新意的、居间的或混杂的身份正在被熔铸成形。"'第三'这个定语在英文中往往含有一些特殊的含义,它突破了传统的二元对立,所表现的是一种既是 A 也是 B、既不是 A 也不是 B 的模糊不清的'临界'状态。"④ 在"第三空间"里,一切二元对立均被消解,是你中有我、我中有你的交叉与融合。

翻译的"第三空间"逾越了原语文化与译语文化之间的界限,从而使译作呈现出文化的多元性与混合性。同时,翻译的"第三空间"也意味着意义的生成不是自身而为,而是"建构在一个相互区别与相互冲突的阐释空间之

---

① 邓红、李承坚:《建立翻译中的第三空间——论霍米·巴巴"杂合"概念在翻译中的运用》,第86页。
② Homi K. Bhabha, *The Location of Culture*, Routledge, 2004, p. 56.
③ 生安锋:《霍米·巴巴的后殖民理论研究》,博士学位论文,北京语言大学,2004年,第30页。
④ 史安斌:《"边界写作"与"第三空间"的构建:扎西达娃和拉什迪的跨文化"对话"》,《民族文学研究》2004年第3期,第5页。

中"①。"第三空间"确证了"意义……不是原始的统一体或不变物；相同符号可以被再阐释、重翻译、再历史化，以及再解读。"② 这恰恰表明：译者不可能"赤条条"地进入文本，而是会带着自己的文化视野与历史踪迹。换句话说，译者在翻译文本中必将留有文化的痕迹、历史的痕迹。我们认为，翻译不只是企求寻找文本的原始意义，而是要努力追求一种创生性意义。"创生性"并不是脱离原语文本的遐思与空想，它暗指翻译所处的特定的文化语境与社会历史语境使文本获得新的意义空间，翻译成为空间内的意义再生产。所以，译者对原作的解读也就是译者的社会性与历史性对原作的空间性重构。

三、译者突围的意义——译者的社会角色与历史功能

译者作为实践主体的社会性与历史性内在地规定了译者在翻译实践中所扮演的社会角色。社会角色就是人的社会存在形式，它是人进入社会实践所经历的一种历史性转变③。马克思、恩格斯说："各个人的出发点总是他们自己，不过当然是处于既有的历史条件和关系范围之内的自己，而不是玄学家们所理解的'纯粹的'个人。"④ 所以，对译者的社会角色的考察必须回到译者所处的社会历史语境。

从上文所论述的翻译的"第三空间"可以看到，翻译并不是一种语言到另一种语言的纯语言转换，译者也不是使译本从原语语境抵达译语语境的"摆渡人"。翻译的"第三空间"彻底消解了原文与译文、原语文化与译语文化以及原作者与译者之间等级分明的二元对立关系，从而使它们处于一个交互性、关联性与对话性的话语空间中。译者作为翻译的主体，其主体性是联系原文与译文、原语文化与译语文化等要素的枢纽，它们之间的关系如图3-1所示：

---

① Homi K. Bhabha, *The Location of Culture*, p. 55.
② Ibid.
③ 韩民青：《论人的社会角色》，《学术研究》2011年第8期，第3页。
④ 马克思、恩格斯：《马克思恩格斯选集》（第1卷），中共中央马克思恩格斯列宁斯大林著作编译局，人民出版社，1995年，第119页。

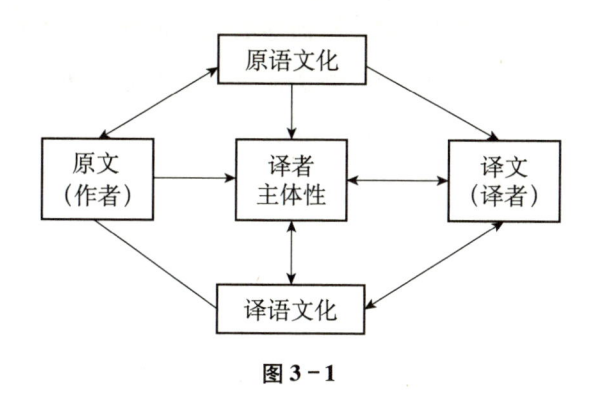

```
        原语文化
       ↗      ↘
原文 ←→ 译者   ←→ 译文
(作者)   主体性      (译者)
       ↘      ↗
        译语文化
```

图 3-1

如图所示，原语文化与译语文化、原文（作者）与译文（译者），它们被译者主体性联系成为一个整体，译者主体性与译语文化和译文的关系是双向互动的，也即译者在翻译过程中所介入的主体性必然参与译文与译语文化的重建，而译语文化也必定影响与制约译者的翻译实践；然而，译者主体性与原文和原语文化的关系则是单向的传动，也即译者在翻译实践中必然受到原文和原语文化的制约与影响，但无论译者如何发挥主体性，他（她）都不能改变原文和原语文化的物质形态。这也充分说明了，译者主体性的发挥必须以尊重原文和原语文化为前提，译者主体性的介入并不意味着译者就可以胡译、乱译。译文的生成是原语文化与译语文化相互协调与调解下的产物，译者要参与到翻译的文本建构与文化建构之中。译者可谓是驾驭着空间社会与时间历史的"双桅船"的文化旅行者。所以，从"第三空间"的"居间性"可知，翻译不只是文本内的单一语境问题，翻译也牵涉到文本外的多元文化空间，翻译的过程可被视为两种社会历史空间的互动。

文本是社会历史与文化的缩印本，文本的生成必然体现译者与文本世界的社会历史与文化的互动。译者理解和再现原文的过程，就是译者进入、适应并改造原语社会历史空间的重构过程；同样，社会历史语境也在互动中影响、制约、控制译者的翻译行为。在翻译实践过程中，尤其是文学翻译，它不是一项简单的机械式复制，译者的直觉想象、情感经验、理念意识等都会参与到翻译的文本建构中。译者在理解原文的过程中，总是带着自己的文化与社会经验以及认知模式进入文本，而不同的经验和认知模式必然使不同的译者，甚至同一译者在不同时期对相同文本做出不尽相同的阐释。译者的解读方式不同，产生的意义就不同，从而导致阐释的多元化。应该承认，在翻译过程中，译者不可能被动地接受原文，而是不可避免地会将自身的生活经验、学识涵养、个性气质、审美理想和欣赏习惯等诸多内在的社会文化因素介入到文本的阅读、理解和阐释中去。

从某种程度上说，译者的理解再创了原文所表达的意义，具有"再创性"。因为翻译把原作引入了一个原作者没有预料到的接受环境，并改变了原作者所赋予的作品形式。另外，由于翻译总是与建立在译者本人风格基础上的创造性思考有关，至少它表现了、强化了、诠释了原作中为译者所感悟、所接受的一面。译者对原作的理解过程必然是一个能动的再创造过程。然而，"创造性"并不是译者的随心所欲，也不是意义的无中生有，它实质上折射了翻译的现实语境对译者的翻译行为的制约与影响和译者对现实语境的主动关照。译者是在明确的目的或动机驱使下对原作的能动的阐释与建构，这一建构过程体现了不同文化的交融与渗透。译者对原作的"能动的阐释与建构"不仅仅是意义的建构，也是译者身份的建构，在意义建构的过程中译者也确立了自己的主体身份。

我们知道，译者对文本的理解不可能毫无偏差地重建原作者的意图，译者也不能超越时间和空间的局限获得文本的恒定意义。译者作为社会性和历史性存在确证了意义的阐释与建构无法摆脱社会与历史的影响与制约。以我们对《红楼梦》的理解为例，不论是把它看作社会衰亡史的反映，还是把它看作对清王朝的影射，抑或是把它看作表现贾宝玉和林黛玉的爱情主题的情爱论，在某种程度上都可以说是受到了理解者自身的社会历史境遇的影响，以至对《红楼梦》做出了不同的解读。所以，译者在理解某一文本时，总不免会介入其个人在某一时间和空间境遇下的"前理解"去对这一文本做出理解和解释。对于我们的社会、我们的历史，以及文学和艺术的理解，我们都是在一种特定的社会历史境遇中用某种已然具有的思想、情感、洞见去观察、理解和解释。

"人是历史的创造者"，无疑译者也是历史的创造者。译者的"创造"，更为确切地说应该是译者对文本的社会性与历史性的重新建构。在文本建构的过程中，译者不知不觉地发挥了自己的历史功能。"历史功能"的本意是指"历史作为一种客观存在被我们称之为传统，它在一定程度上影响、制约着人类的现实活动与社会发展的进程,这种关系就是历史功能"①。可见,历史功能就是传统或历史现实对人的活动与社会发展的制约与影响。然而,我们突显译者的历史功能,旨在强调作为社会性与历史性存在的译者,在翻译实践过程中的主体性介入对文本在不同文化语境中所具有的地位和作用的制约与影响。简而言之,译者的历史功能就是译者的主体性介入对文本的再建构并使文本产生不同功能和效用的表现。

不妨以严复译《天演论》为例。此书系英国生物学家赫胥黎(Aldous Leonard Huxley)所著,原名是《进化论与伦理学》(*Evolution and Ethics*)。作为一个达尔文主义者,赫胥黎写作此书的目的是为了维护进化论的"纯正",反对斯宾塞的社会达尔文主义,他的写作重点在于"伦理学"。而严复在翻译此书时把重点放在了"进化论"上,鉴于当时国人正寻找一条富国强兵之路,以求民族的发展与兴盛。显然,严复的翻译有着明确的目的性,他心系民族安危,渴望祖国富强,认为西学可以实现启迪民智、开启国人眼界而后可达救亡图存的目的。严复对原作的再建构,使文本产生了有别于它在原语文化系统中的功能与地位。为我们所熟知的还有林纾的翻译。林纾一生所译作品180余种,并有明确的译介目标:输入新思想、新学说,开阔国人的眼界。我们知道,林纾并没有视原作为稳固不变的真理,而是将其"为我所用",大量融入其个人的思想观点,以此消除西方文化对中国文化的不良影响。例如,他在翻译《黑奴吁天录》时,将原书鼓吹白人文化至上与宣扬基督教精神的文字要么做了修改,要么干脆删除;在译者的序言中还揭露了美国政府对华工的欺侮和剥削,促使人们奋发图强,消除帝国主义国家的幻想②。我们还可从一位德国译者翻译《安妮日记》的事实窥见一斑。《安妮日记》是二战期间一个犹太小女孩在躲避纳粹迫害期间写成的一本日记,译者出于对国人的考虑,原文中很多对德国人的指责与揭露,都被译者弱化,变成了轻描淡写。

上文例证表明:在特定的社会历史语境中,译者对异国文化的接受是一个反证自我的过程,即以本国文化为参照点,以自身的价值标准为取向来衡

---

① 傅允生:《试论历史功能》,《史学理论研究》2000年第2期,第103页。
② 苏琪:《"他者的抵抗"——论后殖民语境下翻译对"东方"形象的消解》,《广东外语外贸大学学报》2007年第1期,第25页。

量异国的形象和异国的事态。所以，译者在具体的翻译实践中，为了迎合译语语境中的某种先在的文化心态和审美情趣，对原作进行改写甚至删除，以符合译语的社会历史语境。

由上所述可见，译者的社会角色体现在他面对异国文化时所作的文化选择，而译者的历史功能则在于他所完成的译作在译语文化中的地位及对译语文化的影响。本质上说，翻译建基于两种不同文化的交流之上，是译者对文化"异"元素的融合与协调。因此，如何处理翻译中"异"的问题，也是译者主体性介入的一个实质性问题。

第二节　译者何为：面对"异"的两难

"异"是翻译的瓶颈，也是翻译存在的前提。翻译之"异"最为本质的就是两种文化的差异，而翻译过程本质上也就是对异文化的沉淀与穿越。文化差异不仅体现为不同民族与地域间存在的文化差别，也体现为同一民族与地域内在不同时期的不同文化表征。翻译是求同还是存异？这不仅是一个策略选择的问题，也是译者对待异文化的态度与立场问题。显然，"求同"或"存异"都不可能是译者的纯主观性选择，因为无论译者采取何种策略，他（她）都无法逃避现实的、客观的社会历史和文化的制约。

一、翻译中"异"的问题

翻译是文化之间的交流与际会，在这之中，译者所面对的是"两大片文化"。文化与文化之间不仅有"同"，也有"异"。"同"是翻译得以实现的基础，"异"是翻译必须跨越的沟壑，也是翻译存在的前提。可以说，如何翻译，在很大程度上说，就是如何处理翻译中"异"的元素。

我们有必要对"异"的基本含义做一个界定。根据《现代汉语词典》，"异"主要有"不同""奇异""惊奇""别的""分开"等五种不同的含义[①]。

[①] 中国社会科学院语言研究所词典编辑室编：《现代汉语词典（汉英双语）》，外语教学与研究出版社，2002年，第2273－2274页。

这里仅围绕其中两个含义：一为"不同"或"差异"，二为"其他、别的"，如"异域、异地"。围绕"异"的这两种含义，我们将对翻译中"异"的问题进行一番考察。

首先是翻译中的"差异（性）"问题。"差异"是一个在后现代和后殖民研究中广泛应用的概念。这一概念出自于结构主义语言学代表人物索绪尔（Ferdinand de Saussure）的语言观。根据索绪尔的观点，语言是一个差异系统，概念与概念之间的含义存在于彼此的差异性之中，也即 A 之所以为 A，是因为它不同于 B、不同于 C。从这个角度来看，意义是在差异的基础上确立的。在《普遍与差异》一书中，孙会军对"差异"做了这样的界定："'差异'指的是一种文化相对于另一种文化而言在种族、宗教、价值观念、审美取向和语言等诸多方面的特征，包括相对于另一种文化而言的异质性（foreignness）、陌生性（strangeness）和他性（otherness）等彰显该文化身份的一些显著特征。"[①] 由此可知，翻译中的差异（性）问题最根本的就是文化差异。

翻译的文化差异不仅体现为原语与译语文化之间的差异，也体现为原语或译语文化内部因时代变迁所体现的差异，前者体现了文化差异的空间性，而后者则体现了文化差异的时代性或历史性。原文在原语社会和译语社会中的地位或功能的差异最根本地说是由两国之间的文化差异决定的。正如王佐良所言："在本国受到不应该的冷遇的作品，译成另外一种文字，显出了独特的光辉。这里面的因素是复杂的，不能仅仅归因于译者的眼光与能力。主要的原因，仍是历史的、社会的、文化的原因。"[②] 例如，英国浪漫主义诗人华兹华斯和拜伦的诗歌被译介到中国时，华兹华斯的风行度就远不及拜伦；然而，在英国华兹华斯却比拜伦更受推崇。再如《哀希腊》在中国的译介。《哀希腊》之所以在清末风靡一时，是因为它出现在一个汉族知识分子立志要推翻清朝统治的历史时刻。拜伦那种慨叹古代文明之邦的后世子孙沦为奴隶的铿锵诗篇引起了强烈认同，而华兹华斯的田园诗在中国诗里却是常见之物，因此也就显得不那么新鲜、独特。同一作品的不同译本在不同历史时期的地位

---

① 孙会军：《普遍与差异——后殖民视阈下的翻译研究》，上海译文出版社，2005年，第44-45页。
② 王佐良：《翻译中的文化比较》，见郭建中编：《文化与差异》，中国对外翻译出版公司，2000年，第8页。

也有很大的差异，这是因为"每个时期的译本也透露出了当时的语言、出版、文学风尚、读者要求和总的社会文化情况"①。因此，时代差异所折射的文化差异也是翻译中不可忽视的一点，这将影响我们在特定社会历史与文化语境中如何品评翻译或译作的功能，也为我们如何理解译者的角色提供思想的平台。

　　文化差异还体现为因民族地域而变的宗教信仰、价值取向、审美情趣等方面的差异，它们是文化的异域性或异质性的集中体现。在西方，宗教在社会生活和思想文化中占有极为重要的地位，并渗透到日常生活、风俗习惯以及文化艺术各个方面，是西方文化特征的重要体现。例如，出生接受洗礼，婚礼在教堂举行，死亡由牧师祈祷后入葬，这些都具有较为强烈的宗教色彩。在文学艺术方面的体现则是，西方的大量艺术作品都取材于宗教，如但丁的《神曲》、米尔顿的《失乐园》、歌德的《浮士德》等等。不同的民族和地域，人们的价值取向也迥然不同。价值观总是根植于特定历史时期的经济、政治、文化等社会基础，同时，它又是一定民族文化的核心精神的体现②。有学者指出，中西方价值观的不同主要体现为两点：一是西方的个人本位和中国的整体本位；二是西方的重利轻义与中国的重义轻利③。我们在此尝试从这两个方面做一简述，以达管窥之见。

　　西方价值观注重从个体出发，把人看成是独立的个体，以个体为中心，且认为每个人都是个体自身内在的创造物。从人的个体本位出发，把人的价值归结为人的自我价值，旨在使人们相信，只要通过个人的努力和理性的奋斗，就完全可以实现自己的理想，满足自身的需要。人生价值的最终目标，就是在实现尘世生活的快乐与幸福的同时追求一种更为高尚的精神实体，实现对尘世与世俗经验的超越，阻止个体陷入自我的感官满足而不能自拔的传统追求④。然而，与西方相对的中国价值观是以天人合一为基础，以整体主义为本质特征的价值取向。中国人的价值标准体现为以群体，如国家、社会的利益为参照，将国家社稷摆在首位，强调集体利益高于个人利益。从整体来

---

① 王佐良：《翻译中的文化比较》，见郭建中编：《文化与差异》，第9页。
② 唐日新：《中西方价值取向与价值导向的分野与整合》，《求索》1996年第3期，第84页。
③ 同上，第84—86页。
④ 同上，第87页。

观照人的价值，个人的价值就体现为社会价值。此外，中国传统价值观的一个突出特点就是，把人的价值归结于道德价值，以道德伦理标示个人，强调人对道德的遵守与认同，因而，个体的人生价值集中地表现为道德修养为重的内在完善①。

文化差异还体现在：由于民族与地域的不同，人的审美情趣也大异其趣。审美情趣具有民族性、地域性。所谓民族性，就是一个民族在自身的生存境遇下所形成的独特的文化精神和审美心理。不同的民族有不同的历史经历、生活方式及思维模式，进而形成了各自风格迥异的审美习惯和审美取向。此外，审美情趣还具有时代性，具体表现为，人们的价值判断、历史思维和审美追求都是立足于自己所处的时代，并从时代的认识高度、思维水平和审美趣味出发来审视社会与历史，把握其精神内核，进而对社会与历史现象作出"当代性"的阐释。如在20世纪50、60年代甚至70年代初期，唱歌、旅游、跳舞等活动被认为是有伤风化，甚至影响到个人的成长进步。这是时代社会对审美情趣和审美选择的强化。然而在改革开放30多年后的今天，那样一些追求与活动都成为人们司空见惯的日常行为。可见，社会环境会对人们的审美情趣产生重大影响。无可置否，对处在不同时代、不同空间地域的人来说，由于每个人都有自己的生存环境，有自己独特的生活经历，有不同的文化教养，以及价值取向、思想情感、性格气质，等等，因此，必然存在审美情趣上的个体差异性。

由上文对"异"的考察我们发现，"异"的问题是翻译的一个根本问题。如何面对"异"？如何将其在译入语中再现？这实质上是翻译所蕴含的地域性（或社会性）和时代性（或历史性）的问题，说到实处便是译者的社会性与历史性的主体性介入问题。译者对"异"的再现，必然体现时代特征与民族地域风情，是对时代历史和空间地域的重新述写，是对空间地域思想与历史文化思想的重构与重塑。我们在翻译过程中不可轻视为"异"所包含的文化特质背后的时空性。这就要求译者在翻译实践中要具有一定的时代意识和社会意识，要具体问题具体分析，做到灵活变通地传达差异、异域之本味。

---

① 唐日新：《中西方价值取向与价值导向的分野与整合》，第86页。

二、翻译：求同还是存异？

民族和地域不同，其文化、历史、社会、政治、经济形态等也相异，这些差异在历史上沉淀而形成不同的心理及意志过程，表现为不同的思维方式、思维特征和思维风格，且都反映在各自的语言中[①]。翻译作为两种不同文化的交流与碰撞，面对异己的元素和成分，是求同还是存异？这确实值得我们深思、细探。我们认为，求同或存异不仅仅是一个翻译方法与策略的选择问题，更是一个面对"异"文化的态度与立场问题。

一般认为，在应对两种语言和文化的差异时，翻译有两种方法或策略：直译与意译或归化与异化。直译和意译是针对两种语言的结构和特点而言，注重的是语言层面上的内容与形式的关系；而归化和异化更关注语言背后深层次的文化内涵，旨在强调对原语文化与译语文化之间关系的把握。有学者指出，二者的区别是：直译与意译是翻译方法，归化和异化是翻译策略[②]。也有学者认为，归化和异化是直译和意译的概念延伸，但并不完全等同于直译和意译[③]。直译与意译在中国自古有之，而归化与异化却不为中国首创。对于归化与异化，可以追溯到德国著名哲学家施莱尔马赫（Friedrich Daniel Ernst Schleiermacher），他指出翻译有两种途径："译者要么尽量不打扰原作者而让读者靠近作者，要么尽量不打扰读者而让作者靠近读者"[④]。可以说，这两种不同的翻译途径是归化与异化概念的雏形。正式提出归化和异化的是美国翻译理论家韦努蒂。他在《译者的隐身》一书中，将第一种途径称为"异化"，将第二种途径称为"归化"[⑤]。简而言之，异化就是在翻译中保留原语文化，使其安居不动；而归化就是改变原语文本中所展现的文化形象与文化内涵，使其具有译语文化的特征。

[①] 彭仁忠：《论异化翻译策略与跨文化传播》，《外语学刊》2008年第4期，第123页。
[②] 刘艳丽、杨自俭：《也谈"归化"与"异化"》，《中国翻译》2002年第6期，第24页。
[③] 王东风：《归化与异化：矛与盾的交锋？》，《中国翻译》2002年第5期，第25页。
[④] Friedrich Schleiermacher, "On the Different Methods of Translating," in Rainer Schulte & John Biguenet, eds., *Theories of Translation: An Anthology of Essays from Dryden to Derrida*, p. 42.
[⑤] Lawrence Venuti, *The Translator's Invisibility*, p. 20.

考察译者如何选取翻译策略，不能无视其背后现实的客观因素，一个不可忽视的事实是，"任何人都生活在一定的时间与空间里，无不受时间、空间条件的限制，因此如何看待异域的文化便因人而异了"①。在不同的社会历史情境中，人们对待自己周身的事物也会有相应不同的态度和立场。译者，作为翻译中的决策者与行为者，必然行走在特定的文化疆域之中，时代的主题和历史的命脉都会影响其思想的形成与发展，从而影响其言语与行为的趋向。

翻译活动既是一种社会活动，也是一种历史活动，因此必然要受到时间和空间的限制。我们不能苛求译者超越社会和历史的局限，进行纯粹意义上的翻译。真空的翻译就如同猴子捞月，只是幻象而已。这就启示我们，考察翻译和译者，研究具体的翻译作品，都要从具体的、历史的角度出发，所以不能抛开社会历史语境来谈论翻译的"求同"或"存异"。译者采用何种策略，都不自觉地会受到多方面的影响，如译者本人的价值取向，甚至社会机构所主张的价值观念，等等②。翻译策略的选择既表明了译者在翻译时对原作所采取的态度，也体现了译者在基于对原作的理解上，对翻译的功能、目的、地位等的认识。同时，翻译策略的选择又不同程度地折射了译者的社会环境、时代氛围以及思想观念。这些都是译者的社会性和历史性的充分体现。

在此不妨以鲁迅的"异化"翻译思想为例，来追述译者在策略选择时所面对的现实条件。我们知道，鲁迅是主张"硬译"的，并强调当"信"与"顺"发生矛盾时，坚持"宁信而不顺"，从根本上说这是他"异化"思想的表现。鲁迅不仅思想观念上坚持异化策略，而且还积极地将其应用于翻译实践之中，这或许也是后人觉得他的译作艰涩难懂的原因所在。坚持"异化"是鲁迅个人的纯主观愿望，还是其背后另有原因？就此问题，我们可以追溯到 20 世纪 30 年代，那时的翻译景象可谓生机盎然，翻译活动开展得如火如荼。然而，"当时的中国，积蓄着中华民族与外国侵略者的矛盾，国内阶级矛盾也十分尖锐，文化冲突和政治冲突交织在一起，各种力量的较量在文化斗

---

① 许钧：《译事探索与译学思考》，外语教学与研究出版社，2002 年，第 91 页。
② Edwin Gentzler, *Contemporary Translation Theories*, Routledge, 1993, p. 43.

争中突出表现出来，这正是鲁迅提出异化翻译策略的历史背景"①。

　　鲁迅不仅对异域文化有很深的了解，而且对中国传统文化的内在底蕴也有深刻的认识，通过对中国国情、国民性的深刻反思，他渐渐认识到，要摧毁封建专制政治和伦理体系，从而达到对中国传统文化的批判与重建，出路就是要加强西方文化的介绍。"硬译"思想鲜明地表达了鲁迅强烈的世界意识，那就是企图告诉读者：在中国之外，存在着新异的、与中华文化不能通约的异样文化，异质文化以及不同的思维方式和对思想的不同表达方式②。通过"硬译"，译本可以保存原文新的词语、句法与表现方式。这样，翻译就可以向译入语的语言、文学、文化、思想、理论诸领域输入新词语、新句法、新的表现方式，更重要的是输入新的思想逻辑和思维方式。总之，一个重要目标就是"输入"。毫无疑问，鲁迅之所以要坚持"异化"的翻译立场，是出于对民族、国家命运的考虑，也是出于对翻译所折射的中外文化关系和民族关系的冥思。可见，他主张"异化"是有深厚的现实基础的。简言之，其目标就是希望通过这种"异化"思想来刺激并重建中华民族的文学与文化，以文艺救国，唤醒沉睡中的国人，拯救民族于危难之际。"文艺是国民精神所发的火光，同时也是引导国民精神前途的火光。"③ 从文化交流的角度而言，西方文化的异质性不但可以促进中国语文的变化和革新，而且还可成为中国文化发展进步的养料。正是假翻译为力量，以翻译的"异化"策略为手段，鲁迅燃起了中国"文学革命"和"社会革命"的梦想。

　　鲁迅用毕生的精力从事文学创作与翻译，但他不是为文学而文学，为翻译而翻译，而是假文学和翻译为手段来改造国民的劣根性，改变中华民族的历史运命。在翻译实践中，他并没有把翻译看成仅仅是两种不同语言之间的文字转换，而是以极为敏锐的眼光检视到文学翻译背后的民族关系、政治关系与文化关系。他始终把"异"放在迻译异国文化的思想轨道上，通过对译本的操纵，对译语规范的消解与重组来追求两种文化共存的异质性与多样性，

---

① 崔永禄：《鲁迅的异化翻译理论》，《浙江大学学报（人文社会科学版）》2004年第6期，第144页。
② 王友贵：《翻译家鲁迅》，南开大学出版社，2005年，第172页。
③ 鲁迅：《论睁了眼看》，见《鲁迅全集》（第2卷），人民文学出版社，1981年，第89页。

这从根本上强化了他作为译者的身份意识和主体意识。

显然，鲁迅极力倡导"异化"的翻译思想，并不是其个人主观意愿所为，而是在这背后还有一大片的社会文化现实与历史因素。如果从鲁迅的翻译策略的选择角度来看其主体性的介入，我们发现译者的主体性就不只是一种主观性、能动性，而是有其更为深刻的社会性与历史性。

在不同时期的翻译实践中，在时代命题的变换中，译者在翻译策略的选择上也不会是一种固定僵化的模式，它总是随社会与时代主题之变而变。回顾中国翻译史，我们可以采用一条大致的路线图来归纳翻译策略的流变：晚清归化为主→"五四"异化为主→改革开放前归化为主→改革开放后异化后来居上①。可以发现，在不同的历史时期，归化和和异化所居的地位也有所不同。这一策略变换的背后有着厚重的时代背景为支撑。

处于晚清时代的译者，为何使用归化的翻译策略进行传译？这主要是由当时的社会环境与文化心态所决定的。那时，腐朽的封建王朝已经走向没落，然而其统治地位却并未摇摇欲坠。第一次鸦片战争用坚船利炮击碎了当时国人"天朝上国"的迷梦，名人志士开始认识到夜郎自大、故步自封只会使国家走向衰微、濒临灭亡。在这样一种情境中，学习西方就成为实现"救亡图存"的政治目标。然而，文化自恋的心态使知识精英对外国文学仍抱有逆反之心。因此，对异域文学的译介更加强调译文的可接受性，也就更倾向于归化的翻译策略。

"五四"时期是中国文化的转型期，也正是传统文学陷入全面危机之际。面对西方新学的涌入，国人并没有采取"拒之于千里"的态度，而是更为积极地译介。据《中国新文学大系·史料索引》"翻译总目"②所载篇目的不完全统计：共有 201 部作品（含作品总集 13 种）被译入中国。由此可见当时的翻译活动并未凋零。对待异文化、异文学，当时国人的态度出现了一百八十度大转弯，由盲目拒斥转为欣然接受。然而，国人对作品的译介并不是随心

---

① 参见谭素琴：《从多元系统论看文学转型期的归化异化》，《华东交通大学学报》2007 年第 3 期。

② 阿英选编：《史料索引》，见赵家璧主编：《中国新文学大系》（第十集），上海文艺出版社，1936 年，第 357 - 360 页。

所欲的，而是有计划、有目的地进行，主要体现在：对翻译作品的选择更强调切入时代现实；对翻译功能的认识更突显以文学变革社会、改造人生并以新文学改造旧文学；对翻译标准的设定更注重"异"的保留与完满再现。

我们再来看改革开放前后国内的翻译景况。新中国成立后面临着极为复杂的国际形势和政治环境：新生的人民政权受到西方诸国的排挤与孤立。在这种情况下，翻译就需要重塑民族自信心，实现独立自强的民族身份诉求。这种主流意识形态客观上也决定了翻译必须关注译作的可接受性，因此，归化的翻译策略必然会占上风。改革开放后与改革开放前相比，情况迥异。改革开放打开了国门，一时外国文化的涌入如滔滔江水奔流向前。此时，国人对待异文化的心态变得更加开放、更加包容。因此，在翻译上就体现出对"异"的尊重与欣赏，而不是先前的抵御与拒斥。有学者曾对林纾的翻译发出这样的感喟：林纾对哈葛德的小说《迦茵小传》（*Joan Haste*）原文中有违中国伦理道德的情节未做任何删节，而是原封不动地将其翻译，结果受到封建文人的恶毒攻击，甚至被斥为传播淫贱之徒，倘若是今天的读者再读林纾的译文时，还会骂林纾为传播淫贱之徒吗[①]？

必须指出，我们对归化与异化所做的探讨，并无心分析和评判"归化"与"异化"孰优孰劣，而只是想针对译者在面对"异"时是趋向"求同"还是"存异"，以及对译者采用的翻译策略进行理论上的描述，以期揭示译者的策略选择的背后是受到社会历史与文化因素的影响与制约这一客观事实。

在不同的历史时期，无论是归化还是异化占主导位置，它不可能是译者的主观性选择，而是在很大程度上受到客观的社会历史现实和政治文化环境的影响。这恰恰彰显了译者主体的社会性与历史性介入。

三、译者与翻译："异中存同"与"同中见异"

"同"是翻译得以实现的基础，"异"是翻译必须跨越的沟壑，这一观点我们在前文已做过讨论。语言与文化的差异给人们带来的是交流之不易。恰

[①] 李静：《异化翻译：陌生化的张力》，《中南大学学报（社会科学版）》2005年第4期，第511页。

如钱冠连所言：

> 人与人之间有同一性（质、点、处、面），他们互相交流与互相解释才有现实的基础。一个民族的人与另外一个民族的人之间也有同一性（质、点、处、面），于是，他们之间的交流与解释才有可能。另一方面，人与人之间存在着差异，产生了相互解释与翻译的困难。这个困难克服之后，便成就了翻译的艺术。①

翻译一方面是以同一性为基础，另一方面又要使差异同一化，但无论译者如何努力，却无法使译文和原文完全同一，差异不可避免地会保留下来。然而，正是通过"异"，文化与文化之间才实现了相互的补益。

那么，译者如何再现"同"和"异"？我们认为，译者的态度应该是——"异中存同"和"同中见异"。如何"存同"，怎样"见异"？翻译的归化与异化策略是解决这两个问题的有效途径，这也一直是译学界讨论的焦点和热点问题。无论是归化还是异化，两种策略在翻译实践中不可偏废，需融于"异中存同"与"同中见异"的辩证统一之中，从而使"异""同"达到一种互证、互见的平衡态。郭建中指出：

> 翻译中的"归化"和"异化"不仅是不矛盾的，而且是互为补充的。文化移植需要多种方法和模式……译者既可采用"归化"的原则和方法，也可采用"异化"的原作和方法。至于在译文中必须保留哪些原语文化，怎样保留，哪些原语文化的因素又必须做出调整以适应译语文化，都可在对作者意图、翻译目的、文本类型和读者对象等因素分析的基础上作出选择。对译者来说，重要的是在翻译过程中要有深刻的文化意识，即意识到两种文化的异同。②

---

① 钱冠连：《人与人的同一与差异——哲学家对翻译的追问》，http：//www.clal.org.cn/personal/glqian/TYYCY，2008-09-28/2009-02-30。
② 郭建中：《翻译中的文化因素：归化与异化》，见郭建中编：《文化与翻译》，第287页。

译者必须在对作者意图、翻译目的、文本类型和读者对象等因素分析的基础上作出选择，且要有"深刻的文化意识"，这本质上是译者主体性介入的表现。译者在面对异文化时，无可避免地会陷于两难之境，但具体的翻译现实却可为其走出困境提供指导性的思想路线。此处我们用"翻译现实"来涵盖翻译实践中各种现实性或客观性因素，它不仅包括译者的个人因素，如译者的翻译动机、翻译目的与翻译观念，还包括文本因素，以及文本外的社会历史与文化因素、读者因素，等等。

应该承认，不同时期的翻译总是与社会文化的时代主题和发展命脉紧密相系。国家与民族的现实处境不同，历史发展的阶段不同，其政治、经济与文化制度也相异。译者的实践活动总是在明确的翻译观念指导下进行，并企望通过翻译达到针砭时弊、重塑社会的目的。而且，译者对翻译的认识与操控总是因时代、社会和文化环境的改变而改变。在此基础上，译者形成了自己的翻译理念或翻译观。"翻译观的确立不仅仅对拟译文本与翻译策略有着重大的影响，对译者的具体的翻译方法和处理原则也有直接的影响。"[①] 为我们引证最多的例子就是一段出自莎士比亚戏剧《罗密欧与朱丽叶》的独白，翻译家朱生豪和方平用了两种不尽相同的译文将其再现：

He made you for a highway to my bed;
But I, a maid, die maiden-widowed.

朱译：他要借你做牵引相思的桥梁，可是我却要做一个独守空闺的
　　　怨女而死去。

方译：他本要借你做捷径，登上我的床；可怜我这处女，活守寡，
　　　到老死是处女。[②]

两种译文的最大不同就在于"a highway to my bed"和"maiden-widowed"的翻译。朱译为"牵引相思的桥梁"和"怨女"，方译为"（上）床"和

---

① 许钧：《生命之轻与翻译之重》，第209页。
② 方平：《序二》，见谢天振：《译介学》，上海外语教育出版社，1999年，第6—7页。

"处女"。朱生豪没有用性色彩浓重的"（上）床"和"处女"，而是将其淡化，译为没有性色彩的"牵引相思的桥梁"和"怨女（大龄未婚女子）"。可以说，朱生豪的译文是"异中存同"，方平的译文则是"同中见异"。从对性话语的两种不同处理方式可以发现，译者在面对"异"的时候，难免会受到个人的思想观念与气质情感的影响。方平对此提出了非常独到的见解：前辈翻译家朱生豪把"床"改写为"相思"是受到传统礼教文化的影响，是受制于"性忌讳、性压抑的民族心理"，故而有意识地背叛原作[①]。

不同的文化具有不同的思想基础、不同的价值观和世界观，不可能存在一一对应的异质同构现象。因此，两种语言中的相同所指在特定语境中会有不同的语义价值或交际功能。如果译者只是盲目地、任意地用译语文化去替代原语文化，不仅不能达到文化交流的目的，反而会使文化交流受到阻碍。"存同"的策略可以展示物质世界的共同性、社会发展的相似性、人类思维和情感的共通性，从而突显文化和语言之间的相融性和相通性；"见异"的策略则可将一种文化和语言中的内容和形式移植到另一种文化之中，从而促进文化之间的交流与渗透。"存同"和"见异"两者并不矛盾，而是互为补充。文化移植需要多种方法和模式，译者在文化移植的过程中既可"存同"，也可"见异"。在翻译实践中，译者需以实现文化交流为己任，坚守辩证思维，在"异中存同"与"同中见异"中寻找平衡点；在翻译实践中根据具体的、现实的情景，灵活地再现异域文化，使"异""同"在译入语中大放其彩。

第三节　译作——主体建构的"第三生成物"

"第三生成物"暗含了意义生成的交互性和对话性。作为"第三生成物"的译作必定不可能是对原作意义的简单复归，因为理解和解释永远不可能发现或完整重现作者的原意。"第三生成物"逾越了原文与译文的等级、对立关系，从而体现了一种彼此交融、亦此亦彼的共生状态，或曰"杂合态"。这是

[①] 方平：《序二》，见谢天振：《译介学》，第7页。

因为，翻译受制于两种不同的文化传统、社会历史语境、社会接受心理和文化心理等因素的影响与制约。所以，译者在翻译实践中必须使译文符合现实语境，正视现实，并回归现实。

一、"第三生成物"的本质内涵

在《文学的意义：交互建构的第三生成物》一文中，金元浦从当代解释学的角度提出："意义从来就是在历史中生成、发展的，可以说，意义通过理解的发生而进入历史，进入存在"[1]。意义是一种历史性建构，是在理解中产生，而不是先于理解而存在。当代解释学的意义观告诉我们：

> 意义的生产是文本与阐释者相互之间的对话、交流、重构，是二者的相互溶浸、相互包含，是相互从属：你属于我，我也属于你，是一种动力学的交互运作，相互渗透、相互传递的共享过程。意义是相互建构的第三生成物。[2]

然而，以施莱尔马赫代表的传统解释学把意义看成是文本内在固有的属性，读者对文本的解读过程就是追寻原意的过程，这也是以作者为中心的意义解释理论的突出表现。其实，"文本的意义不可能是不依赖于人而存在的纯粹自在，没有读者的参与，它的意义和价值就无法实现"[3]。文本的意义只可能在阐释者和文本之间的对话中产生，不能离开阐释者的理解而独立存在。

理解的本质是创造性的。"意义不是一种发现，而是一种建构，一种创造。"[4] 马克思说，人们自己创造自己的历史，但是他们并不是随心所欲地创造，并不是在他们自己选定的条件下创造，而是在直接碰到的、既定的、从过去承继下来的条件下创造[5]。我们的理解以及对意义的建构与创造，同样不

---

[1] 金元浦：《文学的意义：交互建构的第三生成物》，《人文杂志》2006年第1期，第3页。
[2] 同上，第6页。
[3] 汪正龙：《文学意义研究》，南京大学出版社，2002年，第61页。
[4] 盛宁：《新历史主义》，台湾扬智文化事业公司，1996年，第77页。
[5] 马克思、恩格斯：《马克思恩格斯选集》（第3卷），中共中央马克思恩格斯列宁斯大林著作编译局编译，第51页。

是主体随心所欲的任意性行为，不可能是在一张白纸上进行。"理解几乎卷入了人生各方面的成分，大至语言、传统、社会制度、思维方式、心理结构以及对未来的期望；小至个人气质、生活经历、情绪、兴趣、禀赋，无一不参与到人的理解过程中。"[1] 主体作为一个特定社会文化语境中的人，他（她）不可能超越自己所处的时代背景所给予他（她）的视野去观察并理解事物。每个人都与其所处的社会历史和文化语境有着千丝万缕的联系。人们的生活经验不尽相同，他们对事物的理解方式也会有所不同。"肯定任何个人主体不可能脱离开自己的独特经验去理解，承认这一点，也是承认理解的历史性。"[2] 任何一种对文本的理解不可能是纯客观的，而是不可避免地带有它的社会历史性。

"文本像其他事件一样，拥有时间意义和时间内容，它总是随时间的推移而变化，从而使自己成为一个动态开放的、未完成的存在。"[3] 我们对文本的解读就是力图打破文本的原有框架与结构，并对意义进行再建构。然而，这种对意义确定性的消解恰恰体现了意义的开放性和无限延展性，意义不再是传统意义上固定不变的恒常意义。"理解和解释永远不可能发现及完整重现作者的'原意'，进而，理解的目的也不是要去发现原意。"[4] 这样，译作既不是对原文意义的复制，也不可能是译者个人的主观性创造，因此，它就必然成为文本与译者相互建构的"第三生成物"。

"一切文本都具有社会历史性，是特定的历史、文化、社会、政治、体制、阶级立场的产物。"[5] 同样，对文本进行解读的阐释者（主体）也无法摆脱自身的社会性与历史性。巴赫金指出，人们在不同时代使用不同的时间空间组合来把握外部现实，具体的时空体构成了个人、时代和艺术作品的主要特征[6]。读者作为解读文本的主体，他（她）不可能逾越自己的时空局限，因为"主体不是自由人文主义所假定的'非历史'的人，人的本质的任何方

---

[1] 殷鼎：《理解的命运：解释学初论》，生活·读书·新知三联书店，1988年，第99页。
[2] 同上，第127页。
[3] 张进：《新历史主义与历史诗学》，中国社会科学出版社，2004年，第44页。
[4] 殷鼎：《理解的命运：解释学初论》，第50页。
[5] 张进：《新历史主义与历史诗学》，第44页。
[6] 同上，第172页。

面都是话语实践和社会条件的产物：主体并不是一个'纯然'的能动体，而是能动体与屈从体之间的一种动态交互'过程'"①。

"主体并不是统一的、个性化的和独立自持的，而是非同质的和矛盾的，并且会随着不同的环境和条件不断发生变化，人们依赖语言和意识形态成为文化的'主体'。人成为主体即意味着由文化所建构。"② 主体不是本原性的、既成的，而是通过实践活动的文化赋予与自我塑造，是解构和建构的同时展开。主体一方面使个体成为意识的所有者和行动的发动者——主体被赋予了主体性和能动性；另一方面主体又被安放和压制在社会网络和文化符码之中，他们的行动也不得不屈从于社会网络和文化符码，这些网络和符码是主体无法超越和控制的③。因此，主体的主体性是能动性与屈从性或受到性的统一。

主体所处的时代不同，文本解读的语境也随之不同，而不同语境下的解读是不可能达到同一的。"每个人在表达自己的思想的时候，都是在一定的语境下做出的，都是因时而异、因地而异、因事而异的。"④ 解读语境的差异必定会造成文本意义在不同语境下的差异。这样，文本的意义就不可能是一种"回归"或"重现"。因此，"作品的意义世界已不再是作品原有的世界。它新生于两个不同世界的交融时刻——理解，解释者在理解中，不仅重新规定了他的精神世界，也给作品开拓了作品可能造成的意义世界。"⑤ 在这个可能的意义世界里，意义总是文本与读者的"话语商讨"的结果。主体是一个商讨者，"商讨"一词既包含着"协商、协调"，也包含着"传达、调和与融合"等意义。译者作为商讨者，在解读文本时，他（她）总是将自己的社会生活经验与文本所阐释的各种经验相调和；同时，在解读文本时将文本语境同自身所处社会历史和文化规约的总体状况相融合；在再现文本意义时，将意义的表达同自身的社会历史视野相协调。"调和""融合""协调"的过程就是译者主体的社会性与历史性对文本意义的重构过程。

---

① 张进：《新历史主义与历史诗学》，第283页。
② 同上，第216页。
③ See H. Aram Veeser, ed., *New Historicism*, Routledge, 1989, p. 21.
④ 刘富华：《索绪尔与结构主义语言学》，孙维张译，吉林大学出版社，2005年，第77页。
⑤ 殷鼎：《理解的命运：解释学初论》，第92页。

译者解读什么和如何解读，都不是与特定时代的社会政治与文化主题无关的。我们应清醒地认识到，译者既处在建构自我又限制自我的社会网络与文化符码之中。因此，译者的解读必然是由我们自己的历史性地、社会性地和政治体制性地形成的一些问题所推动的。这样，不同的译者，甚至同一译者在不同的时空语境下对文本的解读必将会因时、因地、因事、因人而异。

每一代人都带着自己由社会历史而来的经验，去接触、去理解、去解释自己身处的历史与社会。对经验的肯定实际上就是对人或主体的社会性与历史性的肯定。文本解读中因社会历史而带来的时空距离是不可排除的，文本解读中所牵涉的社会背景、历史语境、政治环境等都是不能视而不见的。"文本意义的读解行为是语境制约下的对文本意义的重构行为"[1]。解读是一个互动过程，而文本真正的意义只能是在文本和解读的主体（译者）的互动中产生。

"第三生成物"彰显了意义作为建构性产物的存在本质，它同时也昭示了参与文本理解与解读的主体的社会性与历史性介入。文本的意义不是供主体去发现的自在实体，而是主体与文本彼此之间对话的产物。意义的生成是一种发生，是一个"事件"，或者也是一种际遇或际会。传统的意义观总是设定文本意义会向读者显现，会"自我揭示"，这样，理解也就成了一个给定不变的"映象"。正如金元浦所说：

> 作品的阅读不可能是解释者张开一张洁净的白纸毫无审美偏见地任由文本将最新最美的图画涂抹于上的过程，它只能是一张已有复杂风景（背景）的画图，只能抹去一些，凸现一些"前景"，并使一些过去处于中心位置的"前景"隐入或退入背景，从而确立新的"突前—背景"格局。[2]

这就告诉我们，对文本的解读不能无视文本背后社会的、历史的以及文

---

[1] 杨劲松：《后现代视野下文本读解的规约性与意义的重构》，《中国外语》2008年第3期，第104页。

[2] 金元浦：《文学的意义：交互建构的第三生成物》，第3页。

化的诸多因素。意义作为"第三生成物"的建构总是在一定的即刻情境中生成，是特定时空网络中各种复合的张力关系的一种构成，同时也是阐释者与文本的相互作用的一种投射。

二、译作：主体建构的"第三生成物"

译作作为"第三生成物"的本质内涵告诉我们：意义不是对文本原意的复现，它是文本与译者互动、互照与互渗的产物。传统翻译理论认为，原作的意义和作者的意图可以为理想的译者完全把握，认为译者在翻译活动中是价值中立的个体，翻译被视为价值无涉的行为。在《普遍与差异——后殖民视阈下的翻译研究》一书中，孙会军一针见血地指出：

> 大多数翻译工作者和翻译理论工作者相信意义的永恒在场，认为原作者的意图或文本要传达的意义是客观存在的、确定不变的，理性的译者可以忠实地再现原作者或是原作的意旨。译者的任务就是把握原作的意图或是文本的意义，并将其原原本本地"再现"出来，一丝不走样地呈现给译文读者。[1]

翻译的"忠实"标准、"对等说"和"等值说"都是对这一思想的回应与反照。从本质上说，它们都是以原作和原作者为中心的意义观与文本观的集中体现。巴巴拉·戈达尔德的观点极有道理，她认为：

> 我们对忠实的传统理解是贫乏的，原因在于我们过分依赖一些僵硬的、彼此互证的二元对立关系……当代翻译理论研究要打破的正是"把原作和译本视为两极这种陈旧的二元翻译观"，并反过来试图去把翻译视为一项与文化系统充分结合的动态活动……当代翻译理论强调，翻译中的对等不可能是要求一对一的对应。翻译的过程与其他种类的写作相似，必须被视为一种意义的流动生产。翻译不可能做到对原作的忠实再现，

---

[1] 孙会军：《普遍与差异——后殖民视阈下的翻译研究》，第8页。

翻译不是传递意义，而是意义的重写。①

我们认为，翻译应使原作和译作融入一种互证与互见的"居间"状态。吴南松在《"第三类语言"面面观》一书中，从"译作语言"的角度充分展示了翻译的这种"居间"状态。他指出："译作语言不同于传统意义上的原语和译语，而是一种介于两者之间的独特的语言，这种语言被称为'第三类语言'。"②"第三类语言"实质上就是一种"第三生成物"，它既不是完全忠实于原语，也不是完全复归于译语的语言。"第三"逾越了非此即彼的等级界限，它体现了一种彼此交融、亦此亦彼的共生状态。无论是"第三类语言"还是"第三生成物"，抑或是"第三种状态"③，这诸多的"第三"都充分诠释了翻译的本质：它不是彼此分明的对立体，而是二元的和谐共存，体现的是一种"和而不同"。如果译者只是纯粹意义上的翻译机器，那么译作还会是一种"第三生成物"吗？同样，译作语言又怎能成为"第三类语言"？

翻译，尤其是文学翻译，它不是简单的语言文字的转换，而是一种创造性的工作④。然而，"翻译决不是一维性的创作，而是两种［文化］体系的相互渗透。译者是传情达意的积极参与者，是作者的合作者。"⑤ 原作在翻译传播过程中不可能毫发无损地进入目标语系统，这是因为译者有其自身不可逾越的时空局限，他（她）必定会从自身的经验出发，以自身所处的社会文化与历史背景为参照，去理解、去表达、去建构原作的意义与意蕴。翻译的"创造性叛逆"集中反映了"文学翻译中两种不同文化的交流与碰撞"⑥。译者在翻译中的每一步都体现了译者对两种文化的认同感。可以说，译作作为"第三生成物"的本质充分体现了译作是译者对原作的重新书写，由此打破了

---

① Barbara Godard, "A Translator's Diary," in Sherry Simon, ed., *Culture in Transit: Translation and the Changing Identities of Quebec Literature*, Véhicue Press, 1995, p. 77.
② 吴南松：《"第三类语言"面面观——文学翻译中译作语言探索》，上海译文出版社，2008年，第3页。
③ 参见杨晓荣：《二元对立与第三种状态——对翻译标准问题的哲学思考》，《外国语》，1999年第3期。
④ 谢天振：《译介学》，第131页。
⑤ 同上，第132页。
⑥ 同上，第141页。

长久以来为传统译论所坚持的原作与译作的二元对立模式。

译作作为主体建构的"第三生成物",实质上是一个"杂合体",它兼容了两种文化、两种语言的特征。"杂合"由英语词"hybrid"翻译而来,它表示"由于两方或多方相互影响、相互作用而形成的新的一方。这个新的一方具有原来各方的一些特点,但也有新的特点,与原来各方既有千丝万缕的联系,又有显著的差别"①。韩子满在《文学翻译杂合研究》一书中对翻译作为"杂合现象"进行了深入的探讨与分析,揭示了"杂合"是翻译的一个重要特征,并指出"文学翻译的过程实质上也是一个杂合的过程"②。应该说,"杂合态"本质上就是"第三种状态","杂合物"亦可称为"第三生成物"。

译作作为"第三生成物"是两种文化相互作用、相互影响、相互渗透的结果。两种语言和两种文化的差异性、异质性决定了译文必然是"第三生成物"。无论译者如何努力去追求"忠实"与"等值"的理想目标,不同文化的思维方式、不同语言的叙述模式等诸多差异都不可避免地会在译文中反映出来。译者在面对原语(或异域)文化时,无论他(她)采取什么样的翻译策略,都无法抹杀在译作中必然显现的两种语言和文化相交融的踪迹。就翻译策略而言,无论归化还是异化,纯归化与纯异化的翻译是不存在的,翻译必然是"异中存同"与"同中见异"。

因此,从根本上说译作是两种语言和两种文化间的杂合与交融,它是超越原作与译作、原语文化与译语文化两相对立的"第三生成物"。

三、影响译作生成的可能性因素

译作之所以成为"第三生成物",其根本原因是译者无法百分之百地忠实于原作,译作不可能完全再现原作的物质体貌和精神面貌,这是因为在翻译过程中有太多因素的介入,这些因素都可能影响译作的生成。翻译,尤其是文学翻译,它必定受制于两种不同的文化传统、社会历史语境和价值观念所形成的诸多差异性因素,同时又受到社会心理需求的影响,且和一定文化背

---

① 韩子满:《文学翻译杂合研究》,上海译文出版社,2005年,第1页。
② 同上。

景下读者的接受取向也有很大的关联。译者在面对这些因素时,不可能无动于衷,而是必然会做出种种可能性的选择,使译文合乎语境与需求。正如叶维廉所说:

> 翻译是两个文化互通的港口,在通驿的过程中,必然牵涉到两个文化系统与语规的协商调整,必然牵涉到双重的意识状态,亦即是,一面要认知甲文化数千年来民族的意识、默契、联想构成的传统力量下所产生的作者的思维状态与境界,一面要认知和掌握乙文化数千年来民族的意识、默契、联想构成的传统力量下所产生的语言表达的潜能与限制。翻译者在这二者的相遇里作出种种的协调。①

简而言之,影响译作生成的因素是多方面的:译者个人的意识观念、译者对本国语言产生的优越感或低劣感、主流诗学规范、主流意识形态以及社会文化制度,还有译作的意向读者,这些都是译者在翻译中必须考虑的因素②。两种社会文化背后所潜藏的诸多差异要求译者在翻译中做出协调。

翻译不仅仅是从一个文本向另一个文本的传递,使语言从一个话语夹转移到另一个话语夹,而是一个文化整体向另一个文化整体的传输。在翻译中,译者增加了什么,又删削了什么,选择了什么字词,又是如何将其运用,对于这些我们必须要有了解。因为,译者所做的每一个选择的背后都潜存着一个意向性行为,这一行为折射了译者自身所处的社会历史与政治环境③。

在翻译活动中,目标语系统的社会与政治文化对翻译的影响是不可低估的。瞿秋白于 1920 年为《俄罗斯名家短篇小说集》撰写的序文中分析了为何当时中国兴起了俄罗斯文学传播的热潮。他认为:

---

① 叶维廉:《中国诗学》,人民文学出版社,2006 年,第 177 页。
② Roámn Àlvarez and M. Carmen-Àfrica Vidal, "Translating: A Political Act," in Roámn Àlvarez and M. Carmen-Àfrica Vidal, eds., *Translation, Power, Subversion*, Foreign Language Teaching and Research Press, 2007, p. 6.
③ Ibid., p. 5.

俄罗斯的布尔什维克的赤色革命在政治上,经济上,社会上生出极大的变动,掀天动地,使全世界的思想都受他的影响。……而在中国这样黑暗悲惨的社会里,人人都想在生活的现状里开辟一条新道路,听着俄国旧社会崩裂的声浪,真是空谷足音,不由得不动心。……俄国的国情,很有与中国相似的地方,所以还是应当介绍。不过我们决不愿意空标一个写实主义或象征主义,新理想主义来提倡外国文学,只有中国社会所要求我们的文学才介绍——使中国社会里一般人都能感受能懂得的文学才介绍,读者看我们所译的小说自然可以明白。①

翻译将承担起社会文化救助的责任:为时代现实服务,为社会服务、为文化建设和文学发展服务,这些都是它的光荣使命。所以不难理解,那些具有较浓烈美学色彩的现代主义作品为何不能在那个时代被大量翻译与介绍,其根本原因就是这些作品与当时的社会文化语境不够匹配,不能充分反映时代的主题与运命,也即不合乎当时民族革命的紧迫的社会需求。韦努蒂指出:

本土对于拟译文本的选择,使这些文本脱离了赋予它们以意义的异域文学传统,往往便使异域文学被非历史化,且异域文本通常被改写以符合本土文学中当下的主流风格和主题。这些影响有可能上升到民族的意义层面:翻译能够制造出异国他乡的固定形象,这些定式反映的是本土的政治与文化价值,从而把那些看上去无助于解决本土关怀的争论与分歧排斥出去。②

可见,翻译总是与目标语文化系统有着这样或那样的联系,总是受到目标语的语言、政治、文学或文化的影响与制约,并主动向其靠拢。

翻译体现了译者的文化态度和价值目标,蕴含了译者对时代的理解和对

---

① 瞿秋白:《〈俄罗斯名家短篇小说集〉序》,见《瞿秋白文集·文学篇》(第二卷),人民文学出版社,1986年,第248页。
② 劳伦斯·韦努蒂:《翻译与文化身份的塑造》,查正贤译,见许宝强、袁伟选编:《语言与翻译的政治》,中央编译出版社,2001年,第360页。

文化的考量。"时代精神决定了拟译本的选取、翻译的技巧与策略，以及对文本内容的解读。"① 除了受到个人偏爱的影响，译者对拟译本的选择大多是对时代使命与社会需求的召唤的回应。周兆祥指出：

> 真正负责任的译者，一定要做很多"手脚"——或是增删，或是剪裁，或是换例，甚至重写。总之，由于译者看透了两个社会背景的差别，读者对象水平口味需要、习惯偏见的差别，知道要动手做选择的功夫、调整的功夫，目标不是要弄出一篇与原文百分之百相似的东西，而是创造出一篇能够完成使命的东西。②

今天，翻译愈加被看作是特定社会文化语境中的一种复杂的跨文化交流活动。"无论是何种形式的跨文化交流，它都是在特定的社会语境中进行，社会语境具有复杂的结构，这其中就包括权力结构。"③ 权力结构的内部还蕴含了政治权力和经济权力。译者在翻译活动中不可避免地受到政治、经济等权力话语的外部控制，也会受到内化成自身审美、价值观和翻译目的等权力话语的内部控制。经济基础决定上层建筑，文学、文化的发展不同程度地受到经济发展的制约与影响。翻译活动的主题定位显然在很大程度上也受制于经济发展的浪潮。经济发展带来的变革无可避免地会引发人们的思想观念与价值取向的改变，比如中国改革开放三十多年的今天与三十多年前相比较，人们的价值观念截然不同。同样，翻译也受制于政治话语的导向，比如中国现代文学翻译的一个基本特点就是在翻译择取标准上以政治需求为主导④。"翻译，不光是一种进行语言转换的文化交流行为，在某种情况下它已经演变成一种政治行为。"⑤ 可见，政治对翻译具有强大的塑造力。文本外因素对翻译

---

① Ovidio Carbonell, "The Exotic Space of Cultural Translation," in Roámn Àlvarez and M. Carmen-Àfrica Vidal, eds., *Translation, Power, Subversion*, p. 88.
② 许钧：《生命之轻与翻译之重》，第 27 页。
③ Theo Hermans, "Norms and the Determination of Translation: A Theoretical Framework," in Roámn Àlvarez and M. Carmen-Àfrica Vidal, eds., *Translation, Power, Subversion*, p. 27.
④ 谢天振、查明建：《中国现代翻译文学史》，上海外语教育出版社，2003 年，第 23 页。
⑤ 同上，第 51 页。

的影响是显见的，作为译者，其个人的因素也不可忽视。处于特定社会历史时代与政治文化语境中的译者，其个人的价值观念、审美标准与翻译的目的性也会在翻译中介入。

此外，译作还受到翻译规范的影响与制约。规范可以理解为"更为强硬的且更具规定性的社会规约"①。规范具有指示功能，主要体现为同一文化群体的共享知识、共同期待与接受意向。规范作为社会实体，反映了个人之间、群体之间以及社会团体之间的权力关系。规范总是规定什么是正当的或适宜的行为，规定应该发生什么，或应该怎样发生，或必须如何发生。从行为主体的角度来看，规范是内化的，是一种社会心理实体，它制约人们的言行举止，引导人们该做什么，不该做什么。换句话说，规范隐含了一系列的可能性选择，人们的选择总是在规范许可的范围内进行。规范还隐含了某种社会心理压力，它作为现实的制约因素作用于行为主体，影响其做出抉择与取舍。

"翻译的规范从宏观上规定了译者应该选择什么文本、如何操控文本的翻译，以及译作可能为读者怎样接受，所有这些都界定翻译作为一种公认的社会范畴"②。翻译需与主流规范相匹配。简言之，正确地翻译，就是按照主流规范的要求或需求去翻译。无疑，"何为正确的行为，何为正确的语言运用与何为正确的翻译，都是一种社会和文化的建构。"③

应该承认，规范有其坚实的社会互动基础，其中包含意识形态、社会体制、共享价值观，以及权力分配的不平衡性。以中国"文革"时期的翻译活动为例，翻译的选题、译者的策略选择、译作的出版和审查等，均由专门机构统一组织、研究控制。这一时期的翻译活动，无不与国内的政治意识形态相关联。由于受到二元对立的政治思维模式（凡资本主义国家的都是腐朽的，凡社会主义国家的都是先进的）的影响，西方资本主义国家的文学与文化，尤其是欧美国家，大多遭到拒绝甚至批判，而与国内政治意识形态关系密切

---

① Theo Hermans, "Norms and the Determination of Translation: A Theoretical Framework," in Roámn Àlvarez and M. Carmen-Àfrica Vidal, eds., *Translation, Power, Subversion*, p. 30.
② Ibid., p. 42.
③ Ibid., p. 36.

的外国文学则被大量译介①。"文革"时期的大多数译本在遣词造句上都表现为意识形态的一种潜在导向，比如，由译者撰写的译本导读性文字带有鲜明的"文革"政治特色，还有译者的加注与删改都带有明显的政治意识形态立场②。

　　读者也是翻译过程中意义建构的参与者。"译者为了充分实现其翻译的价值，使译作在本土文化语境中得到认同，他在翻译的选择和翻译过程中就必须关注隐含读者的文化渴望和期待视野。"③ 译者在翻译过程中的选字用词和行文方式会受到意向读者或潜在读者的影响。为了满足读者的阅读期待，译者会采取一切可能的策略以适应读者的口味。比如，很多古典作品经常被一译再译，原因也就是使其与当代读者的语言和感受取得同步的回响。语言不是超越时空的表意系统，它总是随历史的变化而发生不同层面的改变。"读者不管看外物或看作品都受制于自己历史场合的体制化的观、感、思、构模式"④。文本的意义也总是因不同时空的读者的解读而存有差异或发生变迁。因此，读者对文本的解读也体现了读者自身具有的社会性与历史性。

　　译作在目标语文化中的生成与接受要受到原语语境、译语语境，以及读者、译者等多种因素的影响。"译者对文本的翻译首先就是因为译者发现了这些因素。这些因素将最后协调译作在目标语与目标文化中的再语境化，即意义的重新建构。"⑤ 所以，文本因素、文本外因素（译者的外部环境）与译者因素（译者的内部环境）共同参与了译作的意义建构。可见，译者在翻译过程中彰显的主体性并不只是译者个人的主观能动性与创造性，同时也有他（她）的社会性与历史性。翻译过程鲜明体现了译者对现实背景或客观因素的关注，体现了译者既正视现实又回归现实的思想诉求。

---

　　① 李晶：《当代中国翻译考察（1966—1976）："后现代"文化研究视域下的历史反思》，南开大学出版社，2008年，第4页。
　　② 同上，第5页。
　　③ 谢天振、查明建：《中国现代翻译文学史》，第3页。
　　④ 叶维廉：《中国诗学》，第192页。
　　⑤ Ovidio Carbonell, "The Exotic Space of Cultural Translation," in Roámn Àlvarez and M. Carmen-Àfrica Vidal, eds., *Translation, Power, Subversion*, p. 86.

第四节　本章小结

　　译者的社会性与历史性介入是一个译者主体身份的自我彰显过程，在这一过程中译者参与了文本意义的建构。翻译从来不是在真空中进行的，因为，"从一个文化系统到另一个文化系统的翻译过程从来就不是一个中立、天然、透明的活动"①。本章挖掘了翻译的这种非中立性、非天然性与非透明性，旨在为译者的社会性与历史性介入提供理论上的阐释与论证

　　翻译作为实践的时空性建构了译者的社会性与历史性，然而，与此同时，译者的社会性与历史性又建构了文本意义的时空性。翻译、译者和文本意义处于时空性的对话与互动之中。任何翻译，无论是文学翻译还是非文学翻译，它们都是社会、历史的产物，我们不能剥离翻译的社会性与历史性来抽象地谈论译者的主体性。因为"绝对的主体性是不存在的，只存在相对的主体性，主体性只能在特定的社会历史环境中才能发挥作用，并受到客观世界的制约。"②无论是译者对翻译材料的选择，还是译者对策略的选择，抑或是译者对文本的或删或减或增或补的举措，它们都不是译者的纯主观行为，而是在此背后有着厚重的现实基础，这些现实基础为译者的社会性与历史性介入提供了明证。

---

①　Susan Bassnett, *Comparative Literature: A Critical Introduction*, Blackwell, 1993, p. 161.
②　段峰：《文化视野下文学翻译主体性研究》，第33-34页。

第四章　译者的介入
——译者主体的社会性与历史性的个案实证

翻译是一个选择与判断的过程，这个过程建立在译者的社会性与历史性介入的基础之上。译者和文本的社会性与历史性的互动共同建构了新时空语境下的意义生成。上一章我们对译者主体的社会性与历史性做了理论上的阐释与论证。这一章转向个案实证，以《珍妮姑娘》和《飘》的两个中译本为个案，运用文本细读的方法对译本进行对比分析，并将译作与译者放回到现实的社会历史语境中加以描写与解释，通过考察翻译的现实语境分析译者的介入受到哪些因素的制约，以及这些因素又怎样影响文本意义的生成，以期对译者的社会性与历史性有一个较为深入和全面的理解。

第一节　相同人物　不同形象：
从《珍妮姑娘》译本看译者的介入

本节选择美国作家西奥多·德莱塞（Theodore Dreiser）的长篇小说《珍妮姑娘》（*Jennie Gerhardt*）的两个中译本为个案，从具体译例出发，探寻译者在字词选用上的差异对小说主要人物形象再现的影响，分析与论证译者的社会性与历史性的介入对原文意义的重构。我们选取小说的两位主人公珍妮（Jennie）和莱斯特（Lester）的译介形象进行对比，展示同一人物在不同译本的字里行间所展现的不同形象。

一、德莱塞与《珍妮姑娘》的简介

德莱塞是美国著名的批判现实主义作家，也是美国自然主义的代表人物。

他的主要作品有《嘉莉妹妹》(Sister Carrie, 1900)、《珍妮姑娘》(Jennie Gerhardt, 1911)、《金融家》 (The Financier, 1912)、《巨人》 (The Titan, 1914)、《天才》 (The Genius, 1915)、《美国的悲剧》 (An American Tragedy, 1925)、《堡垒》 (The Bulwark, 1946)、《斯多葛派》 (The Stoic, 1947) 等。从小说的主题可以发现，德莱塞的作品大多是对其个人的人生阅历与命运历程的彰显与诠释。

德莱塞出生于美国印第安纳州一个贫困、虔诚的德国籍罗马天主教教徒家庭。父亲约翰·保罗·德莱塞是个虔诚的天主教教徒，他经常按照教规严厉要求、管束孩子，对孩子的要求近乎苛刻；母亲是一位乡下女子，性情温柔体贴。"在他［德莱塞］的记忆里，他的妈妈具有甜美而优雅的心灵，善良和蔼的笑容，自然的理解力、忍耐力和一颗慈爱之心。"[①] 德莱塞在《珍妮姑娘》中对珍妮的父母形象的刻画，从某种程度上可说是德莱塞对其父亲母亲的原型再现。

德莱塞早年并未接受多少正规教育，可以说是一位自学成才的作家。少年时代的他边上学边拣煤渣，还做小工贴补家用。青年时期，德莱塞做过洗衣工、铁路工、收账员、记者、报馆编辑等。而恰恰是这些丰富的生活阅历使他对社会生活的观察敏锐、细致，这也为其后来的文学创作积累了翔实的素材和丰富的经验。他的许多小说创作就来源于自己的亲身经历。德莱塞这样回忆：

> 我生来贫穷，有时在11月、12月我连鞋子都穿不上。我看到母亲为缺这少那而忧心忡忡，甚至痛苦地搓着手、提心吊胆。也许就是因为这个原因，也不管是为这还是为那，不管是谁，我赞成建立这样一个社会制度，它能够而且一定会比现存的社会制度给社会成员带来更好的生活。[②]

在德莱塞的文学创作中，社会底层人理所当然地成了他描写的主角人物，

[①] 蒋道超：《德莱塞研究》，上海外语教育出版社，2003年，第2页。
[②] 张祝祥、杨德娟：《美国自然主义小说》，复旦大学出版社，2007年，第101页。

对他（她）们的忠实展现也表达了作者对理想生活的憧憬与对丑恶社会的鞭挞。

德莱塞文学创作的巅峰时期正是美国资本主义从自由竞争向垄断过渡的时代。美国的高度工业化导致雇佣劳动力减少，大量劳动人口失业，处于社会底层的人们生活饥寒交迫。然而，当时的美国却被吹嘘成一个神话世界，认为"只要懂得生财之道，在大街上擦皮鞋的小孩子都可以变成百万富翁"，"空气里有的是钱，用手一抓就是一把"①，这些蛊惑人心的言论都是"美国梦"的剪影。此时的美国成为人们追寻梦想与成功的目的地，大量的海外人口移入并定居美国，期望在这块藏金之地有所发展与升迁。德莱塞家族也是众多的移民家族之一。然而，生于斯长于斯所体验到的残酷社会现实使德莱塞更加强烈地感受到贫困人们的生活疾苦，这让他最后毅然决然地放弃了记者一职，"开始通过创作来揭发社会上的种种丑恶与不公正现象"②。

德莱塞作为自然主义作家，深受达尔文进化论、生物宿命论以及斯宾塞伦理思想的影响。根据达尔文的进化论思想：

> 人类的命运不是由万能的上帝决定的，而是由机械的、盲目的自然力量控制的。在茫茫宇宙面前，人显得非常渺小，对自己的命运无能为力，人的命运是由遗传因素及生活环境决定的，他的生活只是在受不可估测的自然力量控制的世界里永无休止的、不断重复的进化过程的一小部分。③

"德莱塞接受了达尔文的进化论，用宿命论来解释人生的发展轨迹和人的存在本质以及人性的特点。他认为人的生活是没有目的、没有标准的，惟有生存本身才是最终目的。所以一切道德标准都是不必要的，一切幻想也都是荒谬的。"④ 斯宾塞思想对德莱塞的影响也至为深刻。"他不仅从斯宾塞的衣

---

① 李广熙：《德莱塞小说述评》，《聊城师范学院学报（哲学社会科学版）》1988年第4期，第83页。
② 主万：《漫谈德莱塞的〈谈我自己〉》，见德莱塞：《谈我自己》，主万译，上海译文出版社，2003年，第1页。
③ 张祝祥、杨德娟：《美国自然主义小说》，第13页。
④ 史志康主编：《美国文学背景概观》，上海外语教育出版社，1998年，第112－113页。

钵中接受了不可知论,而且接受了机械论和享乐主义以及个人生存本能与社会生存本能等思想。"[1] 斯宾塞认为:"人的行为都是为了达到一个目的,目的达到了,那个行为就是好的行为,否则就是坏的行为"[2]。在德莱塞的诸多作品中都可以找寻到这些思想的踪迹。他的大部分作品都迷漫着宿命论和悲观主义的情绪。在他的笔下,美国社会就是你死我活的丛林,完全否定了道德的存在及其作用[3]。可见,德莱塞的作品具有鲜明的自然主义文学的特点。

"自然主义文学作品的主要人物一般都属于下层阶级……作品中的人物的活动一般由生存的基本要求支配,如恐惧、饥饿以及性的要求。在弱肉强食的丛林一般的世界里,生存具有最重要的意义。因此,自然主义对人类的生活采取了非道德的态度,对于人类的一切行为,既不谴责,也不颂扬。"[4] 简言之,自然主义作品就是按照事物本来的面目去描写,忠实地记录事实,不提倡用道德标准来衡量人物,不对其做价值判断。自然主义作家在文学创作中,总是客观地、直白地展现人物,宣传环境对人的制约与驾驭,展现人的行为是受到本能的驱使与控制,因此它的情感基调大多悲天悯人,并具有强烈的宿命论色彩。由此可以判断,德莱塞在创作《珍妮姑娘》的过程中也必定会受这些思想的指引。应该承认,他对小说主要人物的刻画更加注重表现人的本能欲望对其行为的驱使与命运的支配。

《珍妮姑娘》是德莱塞创作的第二部长篇小说,发表于 1911 年。小说以大量篇幅讲述了贫家女珍妮和富家子弟莱斯特的情爱故事:珍妮在穷困潦倒之时遇到了莱斯特,他为珍妮的天生丽质与纯洁善良所打动,很快坠入爱河并同其过上同居生活,然而迫于家庭与生存的压力,他最后还是放弃了珍妮,并与一位身份相当的老同学结了婚。通过对珍妮的不幸遭遇的描写,小说揭示了美国社会的虚伪与不公,鲜明对比了上流社会的奢侈放荡与下层阶级的痛苦挣扎。

必须指出,德莱塞对小说主要人物的刻画,并无意对其做出或褒或贬的

---

[1] 蒋道超:《德莱塞研究》,第 114 页。
[2] 蒋道超:《重读德莱塞的〈珍妮姑娘〉》,《外语与外语教学》2004 年第 5 期,第 44 页。
[3] 史志康主编:《美国文学背景概观》,第 112 页。
[4] 张祝祥、杨德娟:《美国自然主义小说》,第 34 页。

价值判断，而只是为了如实地、恰如其分地表达男女之间的情感纠葛和内心的彷徨与迷惘，以此展现人物为命运所驱使、为环境所逼迫的现实意蕴。无论是珍妮还是莱斯特，都是为自己的生存目标或生活理想所驱动，在命运抉择中以自我价值和自我利益为行动的导向。作为自然主义作家的德莱塞，通过对典型人物的忠实描写，彰显了他个人的生活追求与价值理想。

在他的自传体著作《谈我自己》一书中，德莱塞多处流露出自己的爱情观、家庭观与人生观，同时也不断发出要出人头地、飞黄腾达的热切呼喊，如："只要我能够得到这个职位，我就要发迹啦。我会飞黄腾达的。"[①] "我想站起来——哦，多么热切地想站起来啊！"[②] "多么大的腾达啊！从今往后，毫无疑问，我准会愈来愈发达的。"[③] "我要走了。我要闯进世界去发迹了。"[④] 小说中的珍妮又何尝不是带着这样一种生活理想闯进社会，她始终希望自己能够摆脱贫穷，过上上等人的生活。可见，作者对珍妮为追求高质量生活而不顾违背社会道德，其实并无谴责或赞同之意，唯独是想表现人在追求的道路上所遭遇的种种波折与坎坷。此外，德莱塞的爱情观、婚姻观在书中也表露无遗。现实生活中的德莱塞，作为一位成功的男性，身后紧随了一群姿色不凡的女人。莱斯特与珍妮的恋情折射了德莱塞个人对待爱情与婚姻的态度与取向。在《谈我自己》中，德莱塞多次坦诚表白了自己对女性与婚姻的看法，并同时进行了自我解剖。"女性——标致的女性——在我对道德的深思默想中，并不包括在那些应该受到绝对公正对待的人里。"[⑤] "我会同时喜欢两三个，甚至更多的女人，说真的，非常喜欢他们。我会恋慕她们，一会儿是这个，一会儿是另一个，这似乎很奇怪。一个好人，我对自己说，是不会这么做的。"[⑥] "我所需要的就是，占有她给我带来的欢乐，而不要社会习俗和一夫一妻制的任何妨碍或有约束力的锁链，……"[⑦] "说真的，我根本就没有

[①] 德莱塞：《谈我自己》，主万译，上海译文出版社，2003年，第5页。
[②] 同上，第38页。
[③] 同上，第62页。
[④] 同上，第89页。
[⑤] 同上，第112页。
[⑥] 同上，第288页。
[⑦] 同上，第360页。

想到婚姻，只想到，我这会儿在这儿会不会快乐以及我从恋爱中能够榨取多少快乐。"①德莱塞毫不隐讳地诉说自己的心声，表达自己对女人、对婚恋的看法。有人认为，"他的长篇小说中的爱情故事不过是他的自我表现，完全脱胎于他本人的感情经历。"②

《珍妮姑娘》是德莱塞以自己的一位姐姐为原型创作的，小说所展现的爱情观、婚姻观和家庭观皆从不同程度上体现了德莱塞个人的价值取向。因此，《珍妮姑娘》被认为是德莱塞的"一部自传性质的作品"。

二、相同人物　不同形象：《珍妮姑娘》主要人物形象的译介

《珍妮姑娘》很早就被译介到中国，其中文全译本到目前为止有十几个③。从最早的 1935 年上海中华书局出版的傅东华的译本《真妮姑娘》④，到 2012 年北方文艺出版社王昭的最新译本，在这其中有 1949 年上海晨光出版社朱葆光的译本《珍妮小传》、1959 年上海文艺出版社傅东华的重译本《珍妮姑娘》⑤，1987 年外国文学出版社潘庆舲的译本、2002 年南方出版社刘津伊的译本、2003 年译林出版社范文美的译本，等等。我们选取了 1935 年出版的傅东华的译本（以下简称傅译）和 2003 年出版的范文美的译本（以下简称范译）。对傅译和范译的选择，首先是考虑到两位译者文学造诣深厚、文字修养极见功力，且对待翻译严肃认真，加之他们的译作为人称颂，流传较广，具有很大的读者群。其次便是出于对时代主题的考虑，1935 年新中国尚未成立，中华民族还陷于战争的苦难与挣扎之中，人们的思想和生活水平也趋于保守、落后；而 2003 年则是改革开放二十五周年，国民经济发达，人们生活富裕，文化思想更趋活跃、开放。这两个时间在中国发展史上都具有比较特殊的时

---

① 德莱塞：《谈我自己》，主万译，第 471 页。
② 陈世旺：《替身的体验——评德莱塞笔下的爱情世界》，《零陵师范高等专科学校学报》2002 年第 4 期，第 62 页。
③ 通过检索北京大学图书馆，中国国家图书馆和上海图书馆馆藏的《珍妮姑娘》全译本统计而得。
④ 1940 年和 1943 年昆明和重庆中华书局分别重印了傅东华翻译的《真妮姑娘》，译本中的部分字词与 1935 年版稍有不同。新中国成立后 1959 年上海文艺出版社出版了傅东华的重译本，小说译名改为《珍妮姑娘》，之后分别于 1979 年、1990 年、2001 年、2007 年被上海译文出版社再次出版。
⑤ 该译本是傅东华在 1935 年出版《真妮姑娘》之后的一次重译。

代意义,其时代主题和时代精神有明显的差异。这将为译本分析提供更为可靠、更具说服力的支撑与依据。

我们选取小说的两位主要人物珍妮(Jennie)和莱斯特(Lester)进行译介形象的对比,展示同一人物在两个不同译本的字里行间里所蕴含的不同形象,由此为译者的社会性与历史性对文本意义的重构提供实证。

1. 珍妮形象对比

珍妮作为小说的第一主人公,其性格特征与情感世界丰富复杂,她的纯洁与善良、叛逆与坚韧、爱慕虚荣与自我牺牲,一直是研究者和评论家们津津乐道的话题。两位译者对珍妮形象的不同解读在选字用词上得到了鲜明的体现。我们不妨从译例出发来进行考察。在此需要说明的一点是:我们对具体译例的分析并无意评判两种译文的孰优孰劣,而是旨在展现译者在字词选用上的差异对人物形象再现的影响。请看译例:

(1) And Jennie, a woman, took a keen pleasure in the handsome gowns and pretty fripperies that he lavished upon her.①

傅译:真妮到底是个女流,对他滥施给她的那些美丽的衣裳,漂亮的饰物,都感觉到一种深切的快乐。②

范译:珍妮毕竟是个女人,对他大手笔一件又一件买回来的各色漂亮长服,以及美丽的饰物,心中无限喜悦。③

原文中的"woman"一词,傅译为"女流",范译为"女人",前者明显表达了对珍妮的鄙夷与轻视,由此体现了珍妮地位的卑微。

(2) The desire to flee which Jennie experienced upon seeing the Senator again was attributable to what she considered the disgrace of her posi-

---

① Theodore Dreiser, *Jennie Gerhardt*, The World Publishing Company, 1926, p. 173.
② 德莱塞:《真妮姑娘》,傅东华译,上海译文出版社,1935 年,第 201 页。
③ 德莱塞:《珍妮姑娘》,范文美译,译林出版社,2003 年,第 142 页。

第四章 译者的介入 | 147

tion. She was ashamed to think that he, who thought so well of her, should discover her doing so common a thing. Girl-like, she was inclined to imagine that his interest in her depended upon something else than her mere personality. ①

傅译：真妮看见参议员所以要逃，也无非由她觉得自己的地位卑微而起。她想他这般看得起她，却发现她做这样不相干的事，觉得羞愧得很。她到底还是女孩子脾气，以为他对她的兴趣，必定别有所在，不单在她的人物。②

范译：珍妮刚才一见到布兰德参议员就急忙逃走，可说是因为她对自己的处境感到羞愧。想到他一向对自己颇有好感，如今却发现她在做这么卑贱的事情，实在难为情。她抱少女情怀，相信他对自己的兴趣是出于别的什么东西，而非仅仅她本身。③

这段描写出现在珍妮同兄妹几人去偷煤恰巧被布兰德议员撞见之后，表达了珍妮复杂的内心情感。对原文中的"disgrace""thought so well of""girl-like"等词语，两位译者用了截然不同的措词。比如"disgrace"，傅译根据字面意义将其翻译为"卑微"，而范译为"羞愧"，两词语气上明显轻重有别，"卑微"直接指向了珍妮地位的卑下，而"羞愧"却表达了珍妮因偷煤被发现的尴尬与惭愧。"think well of somebody"意思是"对某人的评价很高"，傅译为"看得起"，体现了二人地位的悬殊；而范译为"好感"，意为"喜欢或满意"，表示男女情感的朦胧状态，在此并无"一人在地位上高于另一人"的含义。此外，对"girl-like"一词的翻译也同样体现了两位译者对珍妮的不同理解："女孩子脾气"传达了珍妮作为年轻女孩的不谙世事，而"少女情怀"则表达了一种对青春女孩情感纯真的欣赏。一抑一扬之间两种不同的形象跃然纸上。

---

① Theodore Dreiser, *Jennie Gerhardt*, p. 32.
② 德莱塞：《真妮姑娘》，傅东华译，第 29 页。
③ 德莱塞：《珍妮姑娘》，范文美译，第 26 页。

(3) It was enough for her to shine only in their reflected glory. A good woman, a good wife, and a good mother.①

傅译：只须他们反射在她身上的光荣，就已够她炫耀了。她是淑女，是贤妻，是良母。②

范译：他们身上反射出来的荣耀已足够将她照亮。她是个好女人，好妻子，好母亲。③

原文中出现了三个"good"，两位译者对该词的处理迥然不同。傅译为"淑（女）""贤（妻）""良（母）"，体现了译者所处的时代对优秀女性的规定，译文迎合了时代特征；而范译为三个"好"字，蕴意万千，反映了新时代的女性地位，以及新的时代社会对女性角色的不同期待。

(4) She's a good housekeeper. She's an ideal mother. She's the most affectionate creature under the sun.④

傅译：她是一个很好的管家。她又是一个理想的母亲。她是天底下最多情的动物。⑤

范译：她持家有道，是个理想的母亲，又是天底下最富爱心的人。⑥

傅译中的珍妮总是摆脱不了身份卑微、地位低下的形象，此例也有所体现。原文中的"housekeeper"有"主妇、女管家"之意，傅译为"管家"，该词本义为"为官僚或为富室大户管理家务、地位较高的仆人"，显然反映了珍妮身份与地位的卑微，作为莱斯特的生活伴侣，权且只能充当一个较具权威的佣人——女管家；范译将其处理为"持家有道"，显然是对珍妮的赞誉之词。此外，两位译者在翻译"creature"一词上也有明显的差异，前者译为

---

① Theodore Dreiser, *Jennie Gerhardt*, p. 147.
② 德莱塞：《真妮姑娘》，傅东华译，第 176 页。
③ 德莱塞：《珍妮姑娘》，范文美译，第 119 页。
④ Theodore Dreiser, *Jennie Gerhardt*, p. 338.
⑤ 德莱塞：《真妮姑娘》，傅东华译，第 395 页。
⑥ 德莱塞：《珍妮姑娘》，范文美译，第 270 页。

"动物",而后者译为"人",展示了对珍妮的不同品评。

整体而言,德莱塞对珍妮的处境与遭遇,其情感基调是同情的,然而两位译者却用了截然不同的笔调将其再现。再看译例:

(5) Left alone in her strange abode, Jennie gave way to her saddened feelings. The shock and shame of being banished from her home overcome her, and she wept.①

傅译:真妮既被撇在她这陌生的住处,悲伤的情绪就不由得涌上心来。她想起自己竟被家里驱逐出来,既害怕,又羞惭,不由得呜呜哭泣。②

范译:孤单单一人被丢在这个陌生的地方,珍妮忍不住悲从中来。被逐出家门的打击和羞愧一股脑儿涌上心头,她潸然泪下。③

珍妮未婚先孕为一向对其管教严厉的父亲得知,因此被逐出家门。原文中"being banished from her home",傅译为"被家里驱逐出来",而范译为"被逐出家门"。"驱逐"的本义是"使牲畜按照人的意志行进",使用中常隐含"敌对"之意,对象多为外来的入侵者或不遵守法律的不正当行为者,如"驱逐非法入境者""驱逐出境";而"逐出"意为"赶出",对象多为家人或亲朋,如"逐客令"。两个词语在语气上有着明显的轻重之别。傅译更加突显了对珍妮所为的不可容忍与唾弃,从另一面则体现了严厉的家长制;而范译语气较轻,从而也折射出对珍妮的理解与宽容。同样,对于"wept"一词,两位译者分别用"呜呜哭泣"和"潸然泪下"来翻译,也体现了不同的情感基调,后者较前者更能表达对珍妮的怜惜与同情。

(6) There was something to this woman, let the world think what it

---

① Theodore Dreiser, *Jennie Gerhardt*, p. 95.
② 德莱塞:《真妮姑娘》,傅东华译,第116页。
③ 德莱塞:《珍妮姑娘》,范文美译,第78页。

might. It was a shame that her life was passed under such a troubled star.①

傅译：这个女人确乎有一种非常之处，但这究竟是什么，且让大家自己想吧。要她的一生在这样多烦恼的运命之下过去，实在是可羞耻的。②

范译：不管世人怎么说，这个女人有她了不起之处。她的一生竟遭逢这么困难重重的宿命，实在叫人惋惜。③

"something"一词指的是"a remarkable or an important thing or person"，其意为"重要的或了不起的人或事物"。傅译和范译分别将其处理为"非常之处"和"了不起之处"，后者比前者更凸显了对珍妮的赞赏与认同。同样，对于原文中的"shame"一词的翻译也极为鲜明地展示了两位译者对珍妮的处境和遭遇的不同理解，傅译为"可羞耻的"，显示了译者的鄙视态度，而范译为"叫人惋惜"，则凸显了译者对珍妮的理解与同情。此外，范译中的"宿命"也较傅译中的"苦命"更能显示对珍妮不幸命运的同情与理解。

(7) She had yielded on two occasions to the force of circumstances which might have been fought out differently. If only she had had more courage! If she did not always have this haunting sense of fear! If she could only make up her mind to do the right thing!④

傅译：她曾有两次机会屈服环境压迫的力量，其实都可用别的法子奋斗过去的。她为什么没有更大的勇气呢！她为什么老被恐惧的意识所盘踞呢！她为什么不能决心向正路上走呢！⑤

范译：她两次屈服于环境的压力下，其实那也可以别的奋斗方式顶

---

① Theodore Dreiser, *Jennie Gerhardt*, p. 369.
② 德莱塞：《真妮姑娘》，傅东华译，第 430 页。
③ 德莱塞：《珍妮姑娘》，范文美译，第 294 页。
④ Theodore Dreiser, *Jennie Gerhardt*, p. 241.
⑤ 德莱塞：《真妮姑娘》，傅东华译，第 287 页。

第四章　译者的介入　　151

下去的。她多么希望自己能够勇敢些！多希望自己不要老是这样恐惧缠身！多希望自己能够打定主意，选择正确的路子！①

　　珍妮与莱斯特的同居生活被莱斯特的妹妹发现后，珍妮因此心神不安，总觉得有不详之事即将来临，这段描写表露了珍妮纠结、复杂的内心。傅译和范译的最大不同就体现在一个"right"上。前者将其处理为"正"，与"邪"相对，译文隐含"行为不正""歪门邪道"之意，体现了译者对珍妮所作所为的鄙视与反感；而后者将其译为"正确地"，与"错误的"相对，更能折射出译者对珍妮遭遇的宽容与理解。

　　珍妮在情感抉择中是否具有独立与自主意识，以及在面对未来生活是随遇而安、依附男人，还是积极求索、主动追击？在两位译者的笔下也有所不同。请看下面例子：

(8) "I can't do anything like that, Mr. Kane. Please listen to me. It can't be. You don't know. Oh, you don't know. I can't do what you want. I don't want to. I couldn't, even if I wanted to. You don't know how things are. I can't I won't. Oh, no！ no！！ no！！！ Please let me go home."②

傅译："我不能做这样的事，甘先生。你请听我说。这是办不到的，你不晓得啊，你真不晓得。我不能觳依你。我不要依你。就算要依也办不到。你是不晓得就里的。可是我不要做错事。我决不可以。我不能。我不愿。啊，不！不！不！请你放我回家吧。"③

范译："甘先生，我不能那么做。请听我说，不可以的。你不明白。啊，你不明白。我不能照你的意思做，我不想。即使我想也

---

① 德莱塞：《珍妮姑娘》，范文美译，第195页。
② Theodore Dreiser, *Jennie Gerhardt*, p. 139.
③ 德莱塞：《真妮姑娘》，傅东华译，第166页。

不行。你不明白这是怎么回事。我不想做错事。我不应该这么做，我不能这么做，我也不愿这么做。啊，不行！不行！！不行！！！请让我回家。"①

莱斯特为珍妮的清纯与美丽所打动，内心深处极其渴望得到珍妮，可怜的珍妮本来就经受了人生情感的一次重创，面对莱斯特的追求，她内心平添了几分隐忧，不想再次滑入感情的苦痛漩涡之中。这段话充分表达了她对不正当关系的忧虑与不安。原文"I can't do what you want"，傅译为"我不能依你"，而范译为"我不能照你的意思做"，一个"依"字和一个"照"字画龙点睛般地描绘出珍妮所具有的不同性格与形象，前者折射了珍妮对人对事的顺从与委曲求全，而后者则反衬了珍妮在面对命运抉择时具有的自主权和独立意识。此外，"Please let me go home"，傅译为"请你放我回家吧"，范译为"请让我回家"，"放"字隐含了珍妮作为情感的捕获物，没有自我与自由，而"让"更突显了珍妮的自主与独立。

(9) "If I don't do it soon and I should go and live with him and he should find it out he would never forgive me...."②

傅译："我要不趁早儿告诉他，就跟他去同居过活，等他一发觉，他是决不肯饶恕我的……。"③

范译："我现在要去跟他同住，却不早点告诉他，等到有一天他发现了，他绝不会原谅我……。"④

珍妮在与莱斯特的同居生活中矢口不言自己还有一个未婚先育的女儿，面对这一不可长久隐瞒的现实，她内心始终处于不安与惶惑之中。傅译和范译分别用"饶恕"与"原谅"来翻译"forgive"一词，"饶恕"的语气明显

---

① 德莱塞：《珍妮姑娘》，范文美译，第 113 页。
② Theodore Dreiser, *Jennie Gerhardt*, p. 172.
③ 德莱塞：《真妮姑娘》，傅东华译，第 115 页。
④ 德莱塞：《珍妮姑娘》，范文美译，第 141 页。

第四章 译者的介入 | 153

重于"原谅",两个不同的词语体现了两位译者对珍妮所处境况的不同理解:傅译更能折射出珍妮的卑微,也隐含了她如同寄生虫般地依附于莱斯特的意味。再看下面译例:

> (10) She was so grateful to Lester for all that he had done and was doing for her. If only she could hold him—always.①
>
> 傅译:她对于雷斯脱替他做过的事及继续替她做的事,都无不感激。她只望能毂钩住他——长此钩住他!②
>
> 范译:莱斯特过去和现在为她做的,她都无限感激。她但愿能够抓住他——永远抓住他。③

珍妮从莱斯特的情爱中获得了生命的甘甜,此句表达了她企盼这份情感长久不衰的心愿。原文中"hold"一词傅译为"钩住",范译为"抓住"。可见,前者比后者更凸显珍妮作为寄生虫依附于男人的被动形象,而后者更加体现出珍妮对理想生活的主动追击。同样的情况也体现于下面一例:

> (11) Was not her life a patchwork of conditions made and affected by these things which she saw — wealth and force — which had found her unfit? She had evidently been born to yield, not seek.④
>
> 傅译:她的一生不就是始终受她目前所见的这些东西——财和力——所支配吗?她分明生来就只配顺从人,而不配有所求于人的。⑤
>
> 范译:她这一辈子不就是环境的杂凑物?不是总是受到她所见到的两样东西——财富与势力的影响,总是让人认为不配的吗?

---

① Theodore Dreiser, *Jennie Gerhardt*, p. 200.
② 德莱塞:《真妮姑娘》,傅东华译,第239页。
③ 德莱塞:《珍妮姑娘》,范文美译,第162页。
④ Theodore Dreiser, *Jennie Gerhardt*, p. 430.
⑤ 德莱塞:《真妮姑娘》,傅东华译,第275页。

>她分明生来就是要向人屈服，而不是寻求出路。①

珍妮的离经叛道为环境所不容，最终还是没有得到传统意义上的完美人生。莱斯特的临终忏悔抚慰了珍妮的心灵，让她在无奈之中获得了一丝精神的慰藉。这段话描述了珍妮对自己人生的感喟。原文中的两个关键词"yield"和"seek"，傅译为"顺从"和"有所求于人"，而范译为"屈服"和"寻求出路"。显然，前者更加凸显珍妮的随遇而安和逆来顺受，而后者更强调珍妮在面对悲苦人生时的顽强与不妥协，以及对自己不幸命运的自我主宰与掌控。

综观上述译例，我们不难发现：在傅译和范译中，珍妮的形象有着明显的差异。前者多贬抑，且用词语气相对较重；后者多褒扬，时而持守中立，用词语气较轻。具体而言，前者更倾向于把珍妮描述为一个身份与地位卑微、靠依附男性生存、没有自我决断权和主动权的媚俗女子；同时，它也更强调珍妮对待自己不幸命运的逆来顺受与随遇而安。可见，傅译再现的是一个无远大生活理想、贪图安逸享乐、归依男性的女子，对珍妮及其处境与遭遇的情感基调多表现为轻视、厌恶与不认同。然而，范译更加突显珍妮的天真无邪与纯洁善良，是一个勇敢追求生命理想的女子；在面对人生逆境时，她能够具有自我判断力与决断权，对不幸命运具有反抗精神，对美好生活执着追求与热切向往，表现了一个现代女性形象；同时，译者对珍妮及其处境与遭遇的情感基调多体现为理解、同情与宽容。莱斯特形象在傅译与范译中又有怎样的差异呢？

2. 莱斯特形象对比

对于莱斯特这一人物形象及其与珍妮的恋情，文学评论界有两种截然不同的观点。有学者认为："〔莱斯特〕对待珍妮的爱情也只是玩玩，一切都是虚伪的，都是假装的，只是为了占有珍妮"②。也有学者认为："莱斯特是从内心深处爱珍妮的，虽然最终没有和珍妮结婚，但那是复杂的环境造成的"③。

---

① 德莱塞：《珍妮姑娘》，范文美译，第340页。
② 张富国：《〈珍妮姑娘〉中的现实主义特色》，《名作欣赏》2011年第2期，第104页。
③ 蒋道超：《德莱塞研究》，第159页。

这种理解上的分歧在傅译和范译中也有所体现。且看译例：

(12) This strong, intellectual bear of a man, son of a wealthy manufacturer, stationed, so far as material conditions were concerned, in a world immensely superior to that in which Jennie moved, was, nevertheless, instinctively, magnetically, and chemically drawn to this poor serving-maid. ①

傅译：如今这个有力量有知识的熊一般的男人，虽然是个富商的儿子，且就物质的境遇而论，他所处的世界不知要比真妮的世界优越几何，然而他竟本能地，磁力地，化学地被这穷女仆所吸引了。②

范译：这位壮硕聪明的男人，身为富商之子，在物质方面的条件比珍妮不知要优越几许，然而却不自觉地被这个贫家女仆吸引了，像磁铁般，像起了化学作用般，被吸引了。③

原文中的"bear"一词，傅译为"熊一般"，范译则省去不译。我们知道，德莱塞在人物刻画上是比较强调"人既受动物本能的驱使，受环境的影响，但同时也具有追求精神的主动性"④。显然，两种译文表露了莱斯特两种不同的性情。

小说多次描写了莱斯特对珍妮的渴慕，两位译者对原文的翻译也是差异迥然。请看下面几个例子：

(13) Yet this ideal remained fixedly seated in the back of his brain——when the right woman appeared he intended to take her. ⑤

---

① Theodore Dreiser, *Jennie Gerhardt*, p. 131.
② 德莱塞：《真妮姑娘》，傅东华译，第116页。
③ 德莱塞：《珍妮姑娘》，范文美译，第107页。
④ 蒋道超：《德莱塞研究》，第166页。
⑤ Theodore Dreiser, *Jennie Gerhardt*, p. 131.

傅译：这种理想是始终牢牢地留在他脑中深处的，合乎这种理想的女人一经出现，他就要弄她到手。①

范译：这个理想标准深存于他的脑中，只要合乎理想的人一出现，他就准备追到手。②

(14) That soft, yielding note in her character which had originally attracted him seemed to presage that he could win her without difficulty, if he wished to try. ③

傅译：他最初被她引诱的那种温存柔顺的性情，就已经预告他不难弄她到手，只要他愿意尝试的话。④

范译：她性格中那份温驯、柔顺的性情本来就深深叫他倾心，现在看来，那也似乎预示着——只要他愿意，要赢取她的芳心，难度不大。⑤

(15) Her hesitancy, her repeated protests, her gentle "no, no, no" moved him as music might. Depend upon it, this girl was for him, and he would get her. ⑥

傅译：她那样的迟疑，她那屡次的抗议，她那几声婉转的"不，不，不"，都像音乐一般的感动他。你就瞧吧，她是为他而生的人，他非得到她不可。⑦

范译：她那迟疑不决的神态，她那一再的婉拒，就连那柔柔的"不行，不行，不行"的恳求，都像一串串的音符叫他心动。不用说，这女孩是他的，他一定要追到手。⑧

---

① 德莱塞：《真妮姑娘》，傅东华译，第158页。
② 德莱塞：《珍妮姑娘》，范文美译，第107页。
③ Theodore Dreiser, *Jennie Gerhardt*, p. 138.
④ 德莱塞：《真妮姑娘》，傅东华译，第121页。
⑤ 德莱塞：《珍妮姑娘》，范文美译，第111–112页。
⑥ Theodore Dreiser, *Jennie Gerhardt*, p. 144.
⑦ 德莱塞：《真妮姑娘》，傅东华译，第127页。
⑧ 德莱塞：《珍妮姑娘》，范文美译，第117页。

两位译者在翻译原文中的"take""win""get"时,用了迥然不同的措词。"take""win""get"在英文中有"获得、占领""赢得""获得、抓住"之意,词义本无情感色彩。傅译将其分别译为"弄(她到手)""弄(她到手)""得到(她)",而范译为"追到手""赢取(她的)芳心""追到手"。显然,两种译文寄寓了莱斯特的两种不同的形象。傅译体现了对莱斯特的行为的否定,甚至鄙视;而范译则展示了"窈窕淑女,君子好逑"的美丽画面,对莱斯特的行为更多地体现为一种认同与欣赏,由此彰显了莱斯特作为新时代青年追求"男女平等、恋爱自由"的个性与形象。类似的例子还可见下文:

(16) He had been to blame from the very beginning, first for taking her, then for failing to stick by a bad bargain.①

傅译:他是自始至终不能辞咎的,起初就不该勾搭她,而又不能庇护她到底。②

范译:此事自始至终都是他的不对,首先,他不该引诱她,之后,不该屈于卑劣的条件而不与她相守。③

原文中的"taking""stick",傅译为"勾搭""庇护",而范译为"引诱""相守"。"勾搭(引)"强调诱骗别人做坏事,勾搭(引)者多为坏人或不正派的人;"引诱"则强调别人按照自己的意图去做,前者比后者更能折射出莱斯特行为不轨、品性卑劣的形象。"庇护"有"包庇、袒护"之意,且多体现为强者对弱者的保护,而"相守"则有"相互厮守、同甘共苦"之意。显然,范译更能反衬出莱斯特与珍妮的恋情是出于真爱的追求,从而展示了对莱斯特形象的正面评价。莱斯特对珍妮的恋情是一种占有与俘获,还是两情相悦?下面一例可为我们做出解答:

(17) It was curious that Kane held the well-founded idea that in time Jennie

---

① Theodore Dreiser, *Jennie Gerhardt*, p. 398.
② 德莱塞:《真妮姑娘》,傅东华译,第 462 页。
③ 德莱塞:《珍妮姑娘》,范文美译,第 316 页。

would yield to him physically, as she had already done spiritually.①

傅译：所可怪的，他竟存一种深信不疑的观念，以为将来真妮肉体上也肯让步给他，犹如精神上已经让步给他一样。②

范译：说来奇怪，莱斯特深信不疑珍妮迟早会献身于他，就像她现在已交出了心一样。③

傅译在再现原文的"yield to him physically"和"had already done spiritually"时分别用了"肉体上让步"和"精神上让步"，反映了珍妮对莱斯特的被动屈从，也突显了莱斯特对珍妮的情感是一种占有与俘获；而范译将其处理为"献身"和"交心"，则体现了珍妮在情感上的主动靠拢，表达了二者的两情相悦。

莱斯特与珍妮的未婚同居行为在两位译者的笔下也具有不同的意味。请看下面两个例子：

（18）Lester was a centralized authority in himself, and if any overtures for a change of conduct were to be made, they would have to be very diplomatically executed.④

傅译：他知道雷斯脱是师心自用的，如果有人要劝他改邪归正，那就只有用高妙的外交手段才行。⑤

范译：他向来处事独断，要想叫他检点行为，恐怕得运用婉转的外交手腕。⑥

（19）He did not want to appear mean, but this was such an easy way. It gave him a righteous duty to perform. Lester must come to his senses

---

① Theodore Dreiser, *Jennie Gerhardt*, p. 144.
② 德莱塞：《真妮姑娘》，傅东华译，第128页。
③ 德莱塞：《珍妮姑娘》，范文美译，第117页。
④ Theodore Dreiser, *Jennie Gerhardt*, p. 232.
⑤ 德莱塞：《真妮姑娘》，傅东华译，第277页。
⑥ 德莱塞：《珍妮姑娘》，范文美译，第188页。

or he must let Robert run the business to suit himself.①

傅译：他原不愿意叫人当他贪鄙，可是父亲的遗命不能不遵，所以在他的地位是很便利的。总之，雷斯脱非痛改前非不可，否则就不得不让罗伯脱全权处理了。②

范译：他并非想做卑鄙小人，但这件差事并不难，他可义正词严地执行任务。莱斯特必须醒悟，否则就得让罗伯特照着自己的意思掌管大业了。③

例（18）中，原文中的"a change of conduct"，其中"conduct"意指"（人的）行为、举止"，傅译为"改邪归正"，意为"从邪路上回到正路上来，不再做坏事"，语气上明显重于范译的"检点行为"，即"端正行为"；同样，在例（19）中，原文的"come to his senses"，意为"苏醒过来，醒悟"，傅译为"痛改前非"，意为"极力改正过去的错误"，比范译"醒悟"（即"觉醒明白"）语气更重。可以发现，傅译更加体现了莱斯特所作所为的卑劣与不道德，而范译则从某种程度上展示了莱斯特的不囿世俗与对美好生活的主动追求。

从对莱斯特形象的两种不同译介，我们可以看到：傅译中的莱斯特是一个贪恋美色、勾引女性、及时行乐的浪荡青年，而范译中的莱斯特则是一个思想前卫、敢于冲破世俗牢笼、勇敢追求自己真爱的热血青年。同一人物为何在两位译者的笔下展示出截然不同的形象。对于这一问题，我们将在下文分解。

三、译者的介入：形象差异背后的原因探析

两位译者在再现人物形象时体现了截然不同的情感色彩，从而使相同人物具有了不同形象，这是译者在翻译过程中的社会性与历史性介入的表现。傅译本与范译本分别出版于 1935 年和 2003 年，两个不同的历史时期必然有

---

① Theodore Dreiser, *Jennie Gerhardt*, p. 299.
② 德莱塞：《真妮姑娘》，傅东华译，第 354 页。
③ 德莱塞：《珍妮姑娘》，范文美译，第 241 页。

着不同的社会价值观念和伦理思想，主要体现为不同的两性关系特点、女性地位、婚姻观、恋爱观等。

傅译在再现珍妮形象时，更突显珍妮的卑微地位、逆来顺受与委曲求全，以及对男人的依附，比如译者在翻译时使用"女流""女孩子脾气""动物""管家""贤妻""良母"等具有鄙视或消极意义的词语；而在再现珍妮与莱斯特的恋情时则使用"绊""依""顺从""为……所支配"等字词，更体现人物的被动性与屈从性的形象特征。

我们知道，傅东华生于1893年，其早年所处的时代是我国传统的封建观念与思想盛行的时代。在传统中国社会里，男性拥有决定权，处于支配地位；女性没有独立的人格和身份，仅是男人的附庸。"女性在社会中处在对男性的屈从地位，男性统治和压迫女性是天经地义的，女性只能逆来顺受"①。女性作为一个整体而言，一直生活在男性为中心的宗法制度中，成为封建礼教思想，如"男尊女卑""三纲五常"等精神枷锁中的"囚徒"。傅译以"女流（之辈）"来称呼珍妮就是明证。女性在家庭生活中必须小心谨慎、曲意逢迎、委曲求全，必须绝对服从男子，成为男性驯服的"奴仆"；就女性本身而言，她们对男性也有着深深的依赖与依恋，其命运和希望都在男性和男性世界的股掌之中。

传统社会中的性别分工为"男主外，女主内"，这种思想使女性被封闭在"家"这个狭隘的私人空间里，女性不能参加社会活动，从而使女性与政治、经济、文化、教育等各个公共领域相隔离。这样，女性就只能以家庭为中心，生儿育女，做家务，照顾家人，担任着"管家婆"的角色，这也被理所当然地认为是女性的天性和应尽的天职。传统中国社会中的女性一直处在父权和夫权的压制之下，从而决定了女性以"家"为主的活动范围和生存状态，社会的主流意识中也期望"女人"做局限于家庭的贤妻良母②。"传统时代的女性形象不外乎是：正面的——贤妻良母；反面的——'祸水''尤物'。无论是正面的还是反面的公众形象，都是对妇女形象的贬低"③。"在清末、民国

---

① 闵家胤主编：《阳刚与阴柔的变奏：两性关系和社会模式》，中国社会科学出版社，1995年，第22页。
② 易银珍等：《女性伦理与礼仪文化》，中国社会科学出版社，2006年，第80页。
③ 王凤华等：《社会性别文化的历史与未来》，中国社会科学出版社，2006年，第31页。

初年、抗战中期,都取'贤妻良母'为女性的最佳角色理想。"①"贤妻良母"是近代文化孕育出的女性形象,宗法制度下的中国社会,女性只是慈母、贤媳,女性为妻为母是没有什么地位和作用可言的。"贤妻良母"实质是男权中心话语的体现,也是男性中心社会对女性的片面要求。"贤妻良母"是传统社会里一个固定的、连接在一起的名词,在男权社会,它是用以束缚妇女的桎梏。在传统社会,人们也习惯将逆来顺受、低眉顺眼、忍辱负重以及克己隐忍等气质规定为女性的优良品格。这些在傅译中所展示的珍妮形象中得到了充分体现。

与傅译相比,范译则体现了截然不同的情感与立场。范译更倾向于使用具有褒扬和积极意义的词语来再现珍妮形象,如"女人""少女情怀""人""持家有道""好妻子""好母亲"等;在再现珍妮对莱斯特的情感时,则惯用"抓""照""屈服""受……影响"等字词,更体现人物主动与独立的形象特征。范译与傅译在选字用词上的差异恰恰反映了新旧时代的妇女地位和两性关系的差异。

经济的飞速发展使女性参加社会劳动成为必然,传统的"男主内,女主外"的性别分工开始松动,从而使女性获得走出狭小家庭空间、进入社会公共领域的机会。女性在经济上的自主也为其自由创造了物质基础,女性逐渐具有独立的人格和身份,自我价值也得到提升;女性在精神上、身体上和心理上逐渐摆脱对男性的依附。由此,女性的角色发生重大转变,传统的"贤妻良母"形象在新时代人的心中已经不再具有往日那般强烈的反响。"男尊女卑"逐渐被"男女平等"置换。

傅译和范译在再现莱斯特形象时的差异是:前者倾向于表达一种否定、不赞同以及反对与责骂的口吻,而后者更体现为一种欣赏、理解、同情与宽容的态度。这主要体现在:傅译惯于使用具有消极意义或贬损色彩的词语,如"可羞耻的""弄(她到手)""勾搭""改邪归正"等,而与其相对的范译则惯于使用具有积极意义或表达宽容与理解的词语,如"叫人惋惜""追到手""赢取(她的)芳心""检点行为"等。这一差异也同样反映了不同时代

---

① 王凤华等:《社会性别文化的历史与未来》,第 185 页。

的译者受到的时代观念的影响有所不同。两种译文展现了两位译者所处时代的婚恋观与性伦理思想的差异。

中国是一个经历了两千多年封建社会的国度，有着深厚的传统文化思想基础。在传统中国社会，青年男女基本上没有自由恋爱与自由婚姻，择偶多是"父母之命，媒妁之言"。在"男女授受不亲"的传统说教下，人们"谈性色变"，严格遵守"男女有别"的清规戒律。如果有谁敢偷吃禁果，发生婚前性行为，将会被扣上"离经叛道"的帽子，既要遭受家族的严厉责罚，还要遭受社会舆论的强烈谴责。由此，青年人在禁欲思想的束缚下，对于性的问题几乎是"不敢越雷池半步"。同时，传统社会对女性也套上了道德枷锁，要求女性必须从一而终，严守贞操与贞洁。如果女子出现婚前失身现象，则会被认为是一种不道德与越轨行为，不但被人唾弃，而且终生都将无法抬头做人。据此，我们就不难理解为何傅译更突显一种否定或贬损的语气与态度了。然而，与傅译相比，范译则更多地体现为一种理解与宽容。这是因为，随着社会的进步与发展，人们的婚恋观与爱情观趋于一种开放与自由的状态。同时，因为与西方国家的密切交往，西方的现代思想与价值观念不断冲击中国的传统思想，西方的性文化也逐渐深入国人的头脑。性自由、性解放观念有着强大的吸引力，使得长期构筑在两性中间的那道坚固的"性禁区"城墙轰然垮塌。由此，人们被压制的"性意识"开始觉醒，性观念和性行为呈现出越来越开放的态势：

> 婚姻自主性和自由度的增强，即外在束缚的减弱，并没有相应地出现自我束缚的增加。夫妻在尽情享受情爱之时，缺少了对夫妻关系、对家庭、对社会的责任担当，……"不求天长地久，只求曾经拥有"，……助长了"情人潮"……的势头。①

新时代的性伦理观让人们逐渐放弃了传统的贞操观念，对传统贞操观念

---

① 朱贻庭：《现代家庭伦理与传统亲子、夫妻伦理的现代价值》，《华东师范大学学报（哲学社会科学版）》1998 年第 2 期，第 23 页。

的态度变得愈加淡薄。当传统的婚恋观和性思想逐渐淡出的时候,人们对婚前性行为与未婚同居行为便持一种开放、理解与宽容的态度。生活中不少人不愿轻率地承担婚约的义务,从而增加了性行为与婚姻关系的分离,这种分离必将导致未婚同居、性行为越轨现象的频繁出现。据一项调查显示,有32.8%的青年同意"只要关系确定就可以发生性关系",有75%的人赞成"婚前同居是恋爱的必然内容"①。由此,我们不难理解为何范译会用一种理解与宽容的态度来处理珍妮与莱斯特的未婚同居行为和婚恋关系。显然,新旧时代的性伦理思想在两位译者所再现的莱斯特形象中得到了完美体现。

通过上文的分析可见,两位译者由于身处不同的社会历史语境,从而在再现人物形象时存有差异,使相同人物具有了不同形象,这是译者对文本进行了意义重构的表现,究其本质是译者的社会性与历史性参与文本意义重构的表现。任何译本都是特定社会历史的产物,不同的社会历史情境对翻译和译者有不同的要求,也将施加不同的影响。在笔者与范文美的通信中,她曾明确表示:"译者在翻译的过程中既是中介者,也是诠释者,难免反映本身的社会、文化背景、个人的语言习惯、道德价值观等,尤其是对原文的理解与感受。……当时美国大部分地区的社会、文化时代背景和傅东华完成译作时的中国社会、文化时代背景,以及2001年我完成时的情况差异极大。……此外值得一提的是,当初德莱塞出版《珍妮姑娘》,为了顺应当时的民风、宗教信仰,内容被迫一改再改。"② 傅东华出版译作时,不知是否也遭遇了原作者类似的困难?我们今天无法考证。但不容置疑,在翻译过程中译者不可能做到绝对中立,因为他(她)是"掌握了语言文化技能,有自己的意向的个体"③。翻译是在特定的政治、社会、历史、文化语境下进行的,译本在一定程度上是上述因素共同作用的产物。因此,相同人物在不同时代译者的译本中呈现出不尽相同的形象亦在情理之中了。

---

① 郗杰英:《新状态——当代城市青年报告》,中国青年出版社,1999年,第168页。
② 通信时间:2009年5月24日。
③ Edwin Gentzler, "Translation, Poststructuralism, and Power," in Maria Tymoczko and Edwin Gentzler, eds., *Translation and Power*, University of Massachusetts Press, 2002, p. 216.

第二节 相同图景 不同文化：
从《飘》译本看译者的介入

本节以玛格丽特·米切尔（Margaret Mitchell）的《飘》（*Gone with the Wind*）的两个中译本为个案，从具体译例出发探讨译者在词语处理上的差异对文化图景再现的影响。我们主要选取人名、称谓语、文化负载词、成语、谚语、方言等在两个译本中的翻译进行对比，展示同一文化图景在不同译者的字里行间有着怎样不同的文化意蕴，并结合社会历史背景，探寻译者在翻译过程中所受到的影响与制约，分析造成差异的原因所在，从而凸显译者主体性的介入。

一、米切尔与《飘》的简介

玛格丽特·米切尔，美国现代著名女作家。《飘》是米切尔为美国文学圣殿绘制的一幅经典长卷，至今让人感慨唏嘘，它成为世界文学圣坛上一朵永不凋谢的瑰丽奇葩。米切尔创作不多，仅一部巨作就名扬世界。在美国文学的史册上，米切尔将永远占有她丰实、稳固的文学地位。

米切尔出生于美国南方佐治亚州的首府——亚特兰大。同《飘》里的女主人公斯佳丽一样，米切尔小时候也喜欢在男孩子堆里玩耍，爬树，骑马，男孩能干的她样样都能。从小受家庭生活的教养与熏陶，米切尔对美国南北战争耳熟能详。米切尔的童年是在外祖母家度过的，外祖母经常为小米切尔讲述美国内战，生动悲怆的鲜活故事情节铭刻在了她幼小的心灵深处。这些都为米切尔后来创作《飘》准备了素材。外祖母的家——菲茨杰拉德庄园，是米切尔童年时代的乐园，它成了《飘》中的塔拉庄园的原型[①]。米切尔的家族成员也和《飘》中的奥哈拉家族一样，参加过美国南北战争[②]。米切尔

[①] 王艳玲编著：《一部小说创下出版史上的奇迹：米切尔与〈飘〉》，中国少年儿童出版社，2001年，第3页。
[②] 黄建人：《飘不散的梦 飘不走的人》，见玛格丽特·米切尔：《飘》，黄建人译，漓江出版社，1999年，第1页。

童年时期就为美国内战的历史故事所着迷,她阅读了大量的历史书籍,这为她后来创作《飘》打下了坚实的史料基础。

米切尔的一生甘苦交杂,几多沧桑,几多哀乐。她的婚姻充满了波折与坎坷,但最终还是停靠了一个幸福的港湾。未婚夫克利福德上尉战死沙场,那时的她只有18岁。《飘》的主人公阿希礼就是以他为原型来塑造的①。后来,她的母亲因一场突如其来的流感不幸逝世。生离死别给米切尔带来了极大的苦痛,父亲也因母亲的突然离去而变得神志不清。因母亲的离去,米切尔被迫中途辍学,担负起了操持家务的重任。几年以后,米切尔嫁给了一位瑞特式的人物厄普肖,然而好景不长,蜜月刚过的新婚夫妇就出现裂痕,最后两人还是不欢而散。不久之后,米切尔与朋友约翰·马什结为伉俪,马什深爱自己的妻子,也为其超凡的才气所折服②。

米切尔在丈夫马什的鼓励与支持下,于1926年开始创作《飘》,这部小说的写作占去了她近十年的时间。其实,小说大部分章节的初稿早在1929年就完成了。米切尔最先完成的是小说的最后一章,然后返回来写前面的章节。她用了半年时间反复核实小说中所涉及到的历史事件的具体时间和地点。她引用美国诗人欧内斯特·道森(Ernest Dowson)的诗歌 *Cynara* 中的一句 "I have forgot much, Cynara! gone with the wind"③,将小说题名改为 *Gone with the Wind*。1936年,这位无名作家的巨著面世,它的销售量立即打破了美国出版界的多项纪录。随后,小说获得了1937年普利策奖和美国出版商协会奖。就在小说问世的当年,好莱坞便以五万美元购得《飘》的版权,并将其改编成电影。影片获得1977年美国电影学会评选的"美国十大佳片"之一和第十二届奥斯卡金像奖最佳影片、最佳导演、最佳女主角等八项大奖。

半个多世纪以来,这部厚达一千多页的小说一直位居美国畅销书的前列。据统计,截止到20世纪70年代末期,该小说就已被译成27种文字。

---

① 王艳玲编著:《一部小说创下出版史上的奇迹:米切尔与〈飘〉》,第11页。
② 《〈飘〉的作者玛格丽特·米切尔逝世》,http://www.yes-chinese.com/v2010/culture/historytoday/view.do? id=1518, 2003-08-11/2009-03-25。
③ 沃伦:《理解诗歌》(第4版),外语教学与研究出版社,2004年,第187页。

《飘》的出版几乎使米切尔一夜成名,她成了亚特兰大家喻户晓的"女英雄",史料未及的盛誉彻底改变了她的生活。《飘》出版后不久,米切尔曾因自己的宁静生活被扰乱而感到苦恼。1949年的一天,玛格丽特·米切尔不幸遭遇车祸,五天后因抢救无效与世长辞,年仅49岁。米切尔的短暂生命犹如一阵疾风,从美国上空横扫而过,虽然停留时间不长,但其影响却深入人心。

《飘》是一部现实主义杰作,它以南北战争前后十几年间的美国南方佐治亚州为背景,以一位南方种植园主的大小姐斯佳丽为核心人物,通过对几个大庄园兴衰的描绘,真实地反映了美国南方在南北战争时期的社会景况。小说讲述了这样一个故事:1861年,在南北战争爆发的前夕,塔拉庄园主杰拉尔德·奥哈拉的千金大小姐一直钟情的美男子阿希礼就要和他的表妹梅拉妮结婚了。出于嫉恨,斯佳丽一气之下嫁给了自己并无一丝爱意的梅拉妮的哥哥查尔斯。不久,战争爆发,年轻的查尔斯在战争中不幸病亡,斯佳丽年纪轻轻就成了寡妇。在一次义卖舞会上,她结识了风流倜傥的投机商瑞特,他主动向斯佳丽示爱,但没有得到她的迎合。战争中,斯佳丽亲眼目睹了南方战败的惨状,使娇养的她在战火中快速成长起来。战争临近尾声,斯佳丽带着媚兰妮和媚兰妮刚产下的孩子逃回到了塔拉庄园,然而母亲已经病逝,父亲因此变得精神恍惚。战后的生活极为困苦。为了给庄园缴税,斯佳丽无望中去找瑞特借钱,但空手而归。为了解决燃眉之急,不让家业败亡,斯佳丽不顾道德的压力,与自己妹妹的未婚夫弗兰克火速结了婚,从其手中得到一笔钱。瑞特不久又出现在她的眼前,并再一次向她示爱。在一次反政府的集会中,弗兰克不幸中弹身亡,斯佳丽再次守寡。同样也是出于对钱的需求,斯佳丽答应了瑞特的求婚,但斯佳丽却始终对阿希礼念念不忘,这最终被瑞特发现,两人情感陷入僵局。与瑞特婚后生下的女儿邦尼之死成为他们爱情与婚姻崩溃的导火线。与此同时,不幸的事也发生在另一个家庭,梅拉妮二次怀孕,因身体虚弱、操劳过度而死。然而,梅拉妮的死却使斯佳丽认识了一个她一直视而不见的真理,她爱的阿希礼其实是不存在的,她真正需要的是瑞特。当斯佳丽赶回家要告诉瑞特她真正爱的人是瑞特,而不是阿希礼时,

第四章 译者的介入 167

却没有得到瑞特的认同。他下定决心要离开斯佳丽,被遗弃的斯佳丽站在浓雾迷漫的院中,想起了父亲曾经对她说过的一句话:"世界上唯有土地与明天同在。"她决定守在她的土地上重新创造新的生活,她期盼美好明天的到来。

应该说,斯佳丽的曲折哀婉的婚姻是整部小说的一条主线。作者把斯佳丽放置在典型环境——美国内战的前、中、后三个不同时期来加以塑造,多角度地描绘了斯佳丽在家庭、战争和婚姻三大生命场景中的不同性情与仪态,揭示了她丰富而又复杂的精神世界与情感世界,也向我们展示了一个新型女性的成长史——从娇生惯养、任性蛮横的大小姐,到背叛旧道德、旧制度的时代弄潮儿,再到勇敢奋进、毫不退缩、不畏艰险的事业开创者。从斯佳丽的震撼人心的成长历程,我们可以看到人的生存百态。

《飘》向我们描绘的是19世纪60至70年代美国南方社会的风情:种植园经济、奴隶与奴隶主、野餐会、义卖会、充满南方习俗的葬礼等。同时,作为一部现实主义作品,小说极力烘托"适者生存"的求生本能。斯佳丽为了重建庄园,不惜任何代价,一次又一次与不幸命运抗战,最后使庄园重获辉煌。可以说,《飘》所刻写的其情其景充分体现了作者的南方情结。也正因此,国内不同历史时期对《飘》的理解出现了很大分歧。20世纪70年代末,有一位学者这样认为:"《飘》赞美美国历史上最野蛮的罪恶的种植园奴隶制,诬蔑和攻击解放黑奴的南北战争,竭力丑化黑人……《飘》的作用是反动的。"[①] 面对这样的评价,必须具体问题具体分析。作家在文学创作中都有一定的局限性,这是无可争辩的客观现实。当然,米切尔也不可能凌驾于这一现实之上。从小就生养在美国南方,又对南北战争极感兴趣的她,选取以美国南北战争作为时代背景也是情理之中的事,但作者是否就一定是赞扬奴隶制度、诬蔑南北战争?我们对此不可妄加定论。我们知道,现实主义作品的特点就是按照事物的本来面貌如实地加以刻画与描写,其中并不一定体现泾渭分明、个性鲜明的或此或彼、或褒或贬的价值判断。

人们对《飘》的阐释必受时代语境的影响,这也是《飘》一度在中国遭

[①] 李惠诠:《评美国小说〈飘〉》,《外国文学研究》1979年第3期,第44页。

禁的原因所在。1999年1月8日,《光明日报》发表了一篇文章《无法飘逝的记忆——追踪20年前一场关于〈飘〉的争论》,文章说:"揭开封尘已久的记忆,当年的主要当事人、浙江省出版事业管理局原负责人马守良感慨万端:如果没有十一届三中全会,如果没有小平同志解放思想、实事求是的精神,就没有中国出版界的今天。"① 邓小平同志曾在接待一位外宾时这样说:"小说写得不错,中国现在对这本书有争论,因为这本书的观点是支持南方庄园主的,我们想用中文出版这本书。出版了也没有关系嘛,大家看一看,评论一下。"② 正是因为有邓小平同志的开阔眼界,才使得《飘》在中国新时期的命运逆转。概而言之,《飘》在中国的"旅行"不是一帆风顺的:从权威的弃儿(1940—1960),到毁誉参半(1979—1990),再到经典文学地位的确立(1990年以后)③。今天,《飘》已经成为我们广为传诵的经典。无论是在文学评论界还是翻译研究界,《飘》都备受关注,是研究者们常议常新的热门话题④。在此,我们也想借《飘》这部经久不衰的经典做一引证,分析译者在翻译过程中的主体性介入,具体请见下文分解。

二、相同图景　不同文化:《飘》的文化图景及其译介

《飘》在中国的文学译介史上刻下了重重的一笔,到目前为止,它的中文全译本已达四十余个⑤。从最早的1940年上海龙门联合书局出版的傅东华译本,到2016年天津人民出版社麦芒的最新译本,其中还有1990年北京外国文学出版社出版的戴侃等和陈良廷等的译本,1999年桂林漓江出版社黄建人的译本,2002年海口南方出版社蒋洪新等译的译本,2010年华文出版社周键

---

① 丰捷:《无法飘逝的记忆——追踪20年前一场关于〈飘〉的争论》,《光明日报》1999年1月8日,第10版。
② 《1949年8月16日 美国作家玛格丽特·米切尔逝世》,http://www.people.com.cn/GB/historic/0816/2687,2003-8-11/2009-3-28。
③ 吴慧敏:《〈飘〉在20世纪40年代中国的重写——论傅东华翻译策略及其制约因素》,硕士学位论文,首都师范大学,2005年,第11—17页。
④ 国内文学评论界对《飘》的研究主要是从人物形象、女性意识以及艺术价值等角度切入,而翻译研究界则是以《飘》的译本为个案来对译者的翻译策略、译者的主体性等话题进行探讨。
⑤ 通过检索北京大学图书馆,中国国家图书馆和上海图书馆馆藏的《飘》全译本书目统计而得。

第四章　译者的介入 ｜ 169

力的译本，等等。其中，傅东华译本首印后在不同时间里被再次出版与重印。本文选取1940年出版的傅东华译本（以下简称傅译①）和1999年出版的黄建人译本（以下简称黄译）。在如此众多的译本中，我们最后选取这两个译本，并非随心所欲。傅东华的文字修养与文学才情非一般译者可媲美，虽然他的译本曾因过多地删改原作而受到指责和贬抑，但他出色地为读者再现了一部文学经典的思想意蕴，这一点无论如何是不能抹杀的；而且，傅译作为首译本，其影响已深入人心。对于黄译的选择，不单单是因为它是唯一一本为玛格丽特·米切尔博物馆所收藏的译本，更是因为黄建人有精湛的笔墨，把人物形象再现得绘声绘色，而且她的翻译经验丰富，所译作品达十余部之多，其中有《洛丽塔》《苔丝》《简·爱》《爱丽丝漫游奇境》等。同时，她的译作也受到读者的广泛好评，有的还被列为课程参考书。应该承认，她所翻译的《飘》是足见功力的。这是我们从译本的翻译质量上所作的考虑。另外，则是出于对译作的诞生时代的考虑。两个译本相隔时长达五十余载，在半个多世纪里，中国的变化翻天覆地，这些变化的背后蕴含着深刻的时代意义，这将为我们的译者主体性分析提供充分、翔实的证据。

　　《飘》展示了一幅美国旧日南方亚特兰大的田园风情画卷，那里有养尊处优的大庄园主和贵小姐，也有任劳任怨的黑奴；然而，战争使这里倏地失去了往日的繁华与绚丽。一时间，烟火弥漫，废墟重重，人们被战火与死亡的恐惧所笼罩。故事中的战争如一根琴弦，使小说跌宕起伏。本文拟从两个译本的不同翻译策略所营造的不同文化图景进行思考，由此挖掘译文生成背后译者主体性的介入。

　　通过对两个译本的细读可以发现，傅译以归化为主，而黄译则以异化为主贯穿全文之始末。那么，两位译者在再现原作时所采用的不同策略又是如何在译文中得到体现的呢？我们先看傅译和黄译对原作人名的不同处理（见表4-1）。

---

① 傅译于1940年首次为上海龙门联合书局出版，之后为重庆龙门联合书局、浙江人民出版社、浙江文艺出版社等再版和重印。由于资料获取的不易，本文选取1985年浙江文艺出版社的傅译为译例的范本，但在后文的译本分析中我们仍以1940年为时间背景。

表 4-1

原文 \ 译文	傅 译	黄 译
Pittypat Hamilton	韩白蝶	皮特帕特·汉密尔顿
Charles Hamilton	韩察理	查尔斯·汉密尔顿
Melanie Hamilton	韩媚兰	梅拉妮·汉密尔顿
Honey Wilks	卫蜜儿	霍妮·威尔克斯
Ashley Wilks	卫希礼	阿希礼·威尔克斯
Scarlet O'Hara	郝思嘉	斯佳丽·奥哈拉
Gerald O'Hara	郝嘉乐	杰拉尔德·奥哈拉
Rhett Butler	白瑞德	瑞特·巴特勒
Letty Munroe	孟嫘弟	莱蒂·芒罗
Cade Calvert	高恺悌	凯德·卡尔佛特
Tony Fontaine	方东义	托尼·方丹
Raiford Galvert	高雷福	雷福特·卡尔佛特
Ellen Robillard	罗爱兰	埃伦·罗比拉德
Jonas Wilks	魏忠	乔纳森·威尔克斯
Frank Kennedy	甘扶澜	弗兰克·肯尼迪
Beatrice Tarleton	汤芘莉	比阿特丽斯·塔尔顿
Dallas Mclure	鲁大郎	达拉斯·麦克卢内
Will Benteen	彭慧儿	威尔·本廷
Belle Watling	华贝儿	贝尔·沃特林
Kitty Bonnell	彭吉弟	凯蒂·邦内尔
René Picard	皮瑞特	勒内·皮卡德

《飘》展现了人的生存百态，作者几乎为故事的每一位出场者都冠之以姓名，两位译者在翻译这些人名时使用了不同的策略。从上文所列的两种不同译文的对照表可以看到，傅译用了归化译法，将外国人名用了中国姓氏加名的表达方式，人名被完全"中国化"了；而黄译则采用了忠实于原文的异化译法，保留了原文的异域风味。

小说中作者着力描写了几个美国南方种植园奴隶主的大家庭，而处于这一语境中的人与物在两位译者的笔下，所指大相径庭。请看下文译例(见表 4-2)。

第四章 译者的介入 | 171

表 4-2

原文 \ 译文	傅 译	黄 译
Plantation	垦殖场	庄园
Mist'①	老爷	先生
Mist'②	少爷	先生
Planter	大地主	种植园主
Mammy	房侍	保姆
valet	管家	贴身男仆
Governess	保姆	家庭教师
Cookie	阿妈	厨娘
Alice Munroe	孟爱俪少奶奶	艾丽丝·芒罗
Nuss ③	奶妈	保姆

从上面的译文对照可以发现，在傅译中，美国奴隶制种植园主变成了中国封建制大地主，美国旧时代的先生、太太也成了中国封建时代的少爷、少奶奶，凡此种种，不一而足。傅译采用了归化策略，将原作再现的美国种植园主大家庭变换成了中国大地主家庭，文化内涵完全偏离了原作；而黄译则采用了异化策略，忠实地再现了原作的文化图景。可见，一幅种植园主大家庭的全景图被两位译者赋予了完全不同的文化意蕴。

此外，原作所传达的文化意象，两位译者也采用了不同策略将其再现。请看译例：

（1）"I will do it. He is a kind man. I will do it or go into the convent at Charleston."④

傅译："我要这么做，他是好人。要不我就到曹氏屯做尼姑去。"⑤

---

① 黑人语。
② 同上。
③ 同上。
④ Margaret Mitchell, *Gone with the Wind*, Foreign Language Press, 2007, pp. 53-54.
⑤ 马格丽泰·密西尔:《飘》，傅东华译，浙江文艺出版社，1985 年，第 61 页。

黄译:"偏要。他是个好人,我要嫁他,不然就去查尔斯顿进修道院。"①

(2) "Oh—yes, indeed, Mr. Hamilton. Three Rosaries a night, at least!"②

傅译:"哦,当然的,韩先生,一夜至少要祈祷三串念珠。"③

黄译:"哦……会,会,汉密尔顿先生,至少一夜念三遍《玫瑰经》!"④

(3) She was silent a moment, trying to accustom herself to the idea of Carreen as a nun. ⑤

傅译:当时她沉默无言,只觉得玲要去做尼姑这个观念非常陌生,尝试要使自己习惯一下。⑥

黄译:她一时哑口无言,尽量接受小妹妹要当修女的残酷现实。⑦

美国是一个宗教信仰盛行的国度,几乎人人笃信宗教。在美国社会的政治、经济、文化三个系统中,文化系统以基督教文化为核心。天主教是基督教三大派别——天主教、正教和新教之一。小说中的奥哈拉家族就是一个信仰天主教的家庭。在黄译中,原文的"convent"、"Rosaries"和"nun"分别被译为"修道院"、"玫瑰经"和"修女"。修道院是天主教教徒出家修道的机构,修女则是天主教中离家进修会的女教徒,她们是不能结婚的,这和中国尼姑庵的尼姑是一样的。《玫瑰经》(正式名称为《圣母圣咏》)于15世纪由天主教会正式颁布,是天主教徒用于歌颂圣母玛利亚的一种敬礼。"玫瑰经"一词来源于拉丁语"Rosarium",意为"玫瑰花冠"或"(一束)玫瑰",此名用来比喻连串的祷文如玫瑰般馨香,敬献于天主与圣母身前。中国的文

---

① 玛格丽特·米切尔:《飘》,黄建人译,漓江出版社,1999年,第41页。
② Margaret Mitchell, *Gone with the Wind*, p. 102.
③ 马格丽泰·密西尔:《飘》,傅东华译,第121页。
④ 玛格丽特·米切尔:《飘》,黄建人译,第79页。
⑤ Margaret Mitchell, *Gone with the Wind*, p. 640.
⑥ 马格丽泰·密西尔:《飘》,傅东华译,第827页。
⑦ 玛格丽特·米切尔:《飘》,黄建人译,第521页。

化系统以佛教文化为核心，佛教从公元一世纪前后传入中国，至今已经有近两千年的历史。信佛的男性剃度为僧，女性则削发为尼。例（1）、例（2）和例（3）中的原文向我们展示了一幅天主教的文化图景，而傅译将其归化为中国佛教的文化图景。大多数情况下，傅译都是将原文中的文化意象用中国特有的文化负载词加以再现。再看下文译例：

  （4）"—Oh, if it only wasn't that the Wilkes always feel that they have to marry their cousins!"①
  傅译："——唉，只要他们没有这种中表为婚的习惯就好了！"②
  黄译："——哦，威尔克斯家的人别老想着表兄弟姊妹结亲该多好！"③

  傅译中的"中表为婚"是具有中国传统文化色彩的一种婚约形式，指的是表兄弟姊妹间缔结的婚姻。"中国古代称母亲的兄弟姐妹的子女为内兄弟姐妹，称父亲的兄弟姐妹的子女为外兄弟姐妹。内为中，外为表，故内兄弟姐妹与外兄弟姐妹缔结的婚姻被称为中表婚。"④ 小说主人公斯佳丽爱上了威尔克斯家的公子哥阿希礼，而他却要同汉密尔顿家的表妹梅拉妮结婚。傅译用了"中表为婚"这一中国传统文化特色甚浓的字眼，而黄译为"表兄弟姊妹结亲"则直接再现了原文的含义。

  （5）Pork lit one lamp and three candles and, with the pompous dignity of a first chamberlain of the royal bedchamber lighting a king and queen to their rooms, he led the procession up the stairs, holding the light

---

① Margaret Mitchell, *Gone with the Wind*, p. 37.
② 马格丽泰·密西尔：《飘》，傅东华译，第44页。
③ 玛格丽特·米切尔：《飘》，黄建人译，第29页。
④ 王伯恭主编：《中国百科大辞典》（第9卷），全国大百科全书出版社，1999年，第6904 - 6905页。广义的中表婚包括三代以外表兄弟姐妹之间的婚姻，狭义仅指三代以内表兄弟姐妹之间的婚姻。中国长期处于小生产经济状态，尤其是在农村，聚族而居，中表婚有利于生产和经济上的相互帮助。农业人口大多聚族而居，安土重迁，与外界缺乏交流与接触，因此，"中表婚"比较流行。

high above his head.①

傅译：阿宝拿纸捻上的火点起了一盏油灯和三根蜡烛，然后拿起那灯，高高擎着，俨然是皇帝寝宫中头等的太监一般，引着皇帝皇后上楼去。②

黄译：波克点亮一盏灯，三根蜡烛，然后王家侍从长引导国王、王后回寝宫似的神气活现，把灯高高举过头顶，领着大家走上楼梯。③

此处描写的是奴仆波克引领杰拉尔德夫妇上楼就寝的情景。原文用了一个譬喻，将夫妇俩形容为"King and Queen"，将奴仆波克比喻为"chamberlain"。傅译采用了归化策略，将它们分别译为"皇帝"、"皇后"和"太监"，三者皆是中国古代宫廷文化的形象代表，而黄译的异化策略则忠实地再现了原作的异域风采。

（6）She had often heard of people cutting off their noses to spite their faces but heretofore it had been only a figure of speech.④

傅译：她常常听见人说吞了毒药去药老虎的话，总以为不过是一个譬喻，现在她懂得这话的真正意义了。⑤

黄译：早就听人说过"跟人赌气反气己"这句话，现在才明白这不光是打个比方而已，才明白这话的切实含义。⑥

原文中的"cut off their noses to spite their faces"是美国俚语，指"bring harm upon, or create difficulties for oneself by attempting to harm others"，意为

---

① Margaret Mitchell, *Gone with the Wind*, p. 69.
② 马格丽泰·密西尔：《飘》，傅东华译，第79–80页。
③ 玛格丽特·米切尔：《飘》，黄建人译，第53页。
④ Margaret Mitchell, *Gone with the Wind*, p. 126.
⑤ 马格丽泰·密西尔：《飘》，傅东华译，第153页。
⑥ 玛格丽特·米切尔：《飘》，黄建人译，第98页。

"想伤害他人，结果反倒伤害了自己或给自己造成了困难"①。傅译将其处理为"吞了毒药去药老虎"，用中国俗语替代了原文的意义，罩上了浓厚的中国文化色彩。而黄译为"跟人赌气反气己"则基本还原了该习语所具有的异域风味。

(7) Everyone knew that her swoons were generally mere ladylike pretenses but they loved her enough to refrain from saying so.②

傅译：人人都知道她这种昏厥大都是故意装出来表示文弱的，但是她人缘很好，从来没有人去拆穿她的西洋镜。③

黄译：谁都知道她发晕多半是娇女人装模作样，可又都喜欢她，便忍着不说穿她。④

(8) A gentleman always appeared to believe a lady even when he knew she was lying. That was Southern chivalry.⑤

傅译：凡是上等人，对于女人所说的无论什么，总都装作相信的样子，哪怕他明明知道她实在扯慌。这就是南方的武士道。⑥

黄译：上等人就算明知女士在撒谎，也装得信以为真，这才是南方的骑士精神。⑦

在译例（7）中，原文是对斯佳丽的丧夫查尔斯的姑妈皮特的描写。傅译用了体现中国文化色彩的意象——西洋镜。"西洋镜"是一种民间的游戏器具，它根据光学原理需要暗箱操作，因此显得有些神秘，而一旦打开后，里面不过是几张图片而已，也就一点不稀奇了。后来，人们用"西洋镜"比喻借以骗人的拙劣可笑的伪装，"拆穿西洋镜"就是"骗局被揭穿"的意思。西洋镜比电影更早流入中国，因为匣子里面最初装的画片儿多是西洋画，所

---

① 秦秀白主编：《当代英语习语大词典》，天津科学技术出版社，1999 年，第 442 页。
② Margaret Mitchell, *Gone with the Wind*, p. 146.
③ 马格丽泰·密西尔：《飘》，傅东华译，第 179 页。
④ 玛格丽特·米切尔：《飘》，黄建人译，第 116 页。
⑤ Margaret Mitchell, *Gone with the Wind*, p. 171.
⑥ 马格丽泰·密西尔：《飘》，傅东华译，第 213 页。
⑦ 玛格丽特·米切尔：《飘》，黄建人译，第 137 页。

以就称为西洋镜。在旧上海的弄堂口，经常有放西洋镜的身影。傅译明显体现了自己身处的旧上海文化。在译例（8）中，原文中的"chivalry"意为"骑士风度或骑士精神①，是被骑士制度所理想化的品质，如勇敢、彬彬有礼、荣誉感以及对女人的殷勤等"。傅译为"武士道"②，体现了译者深受当时国内抗日战争文化的影响；而黄译为"骑士精神"，忠实再现了原文的意义。

(9) England will never help the Confederacy. England never bets on the underdog. That's why she's England. ③

黄译：英国决不会援助联盟州的。英国从来不曾帮过一只落水狗。这就是英国之所以为英国。④

黄译：英国决不会为联邦伸一个小指头，才不会把赌注下在输家一方，不然它也就不成其为英国了。⑤

原文中的"underdog"，指的是"失败者、居于下风者"。傅译将其处理为"落水狗"。"落水狗"是中国独有的文化意象，指的是"失势的坏人"，该词出自鲁迅的《坟·论费厄泼赖应该缓行》——"总而言之，不过说是落水狗未始不可打，或者简直应该打而已"⑥。后来，"落水狗"多用来比喻"遭受打击的人"。"痛打落水狗"也成了战斗的口号。显然，傅译赋予了"underdog"一词以强烈的中国文化色彩，而黄译为"输家"，则忠实地再现了"underdog"在英文中的本义。

---

① 西方人的骑士精神是居于上层社会的贵族文化精神，是以个人身份的优越感为基础的道德与人格精神；它积淀了西欧民族远古尚武精神的某些积极因素，含有优雅的贵族气质，又兼具信守诺言、乐于助人、为理想和荣誉牺牲的豪爽武人品格。
② 日本的武士精神是日本封建时期武士阶层兴起后逐渐形成的武士行为规范，武士道重视的是君臣戒律，尽忠是绝对的价值。
③ Margaret Mitchell, *Gone with the Wind*, p. 222.
④ 马格丽泰·密西尔：《飘》，傅东华译，第281页。
⑤ 玛格丽特·米切尔：《飘》，黄建人译，第179页。
⑥ 鲁迅：《坟·论费厄泼赖应该缓行》，见《鲁迅文集》（第四卷），黑龙江人民出版社，2004年，第194页。

(10) "You'll get a pound when elephants roost in trees!"①
傅译:"你等雄鸡生蛋的时候才去卖一块钱一磅罢!"②
黄译:"一磅棉花卖一块钱?大象都会爬树了!"③

译例(10)中的"elephants roost in trees"指的是"大象上树",形容"不可能发生的事情"。傅译用归化策略将其处理为"雄鸡生蛋"。"雄鸡生蛋"是中国的古谚语,用来比喻"不可能发生的事情",就同"除非太阳打西边出来"的说法一样。古谚是人们在生活中积累并流传下来的,带有特定民族的文化色彩。傅译营造了浓浓的中国文化氛围,黄译则采用异化策略将其处理为"大象爬树",保留了原文的文化意象与文化色彩。显然,傅译习惯采用归化策略,变原语文化为译语文化。再如:

(11) The prisons were full of people who had been arrested for much less reason.④
傅译:因为她也知道现在监牢里关着许多人,都是无缘无故被株连进去的。⑤
黄译:牢房里早就关满老百姓,罪名比这事轻得多呢。⑥

此例中的"株连"是中国古代史上的社会刑罚现象,即一人犯死罪,家族成员与死罪者共同承担刑事责任的刑罚制度。"株连"意味着由一个人的死罪扩展为家族成员的死罪。"株连"也有"灭九族"一说,九族之诛往往施于重大的政治犯罪,一旦大狱炼成,只要是与犯罪人沾亲带故的,都将受牵连。在中国,现代意义上的"株连"指的是"某人受处罚,其他人无辜受牵连",但已经没有古代那种死罪的重刑了。可见,傅译"株连"所蕴含的强烈

---

① Margaret Mitchell, *Gone with the Wind*, p. 224.
② 马格丽泰·密西尔:《飘》,傅东华译,第284页。
③ 玛格丽特·米切尔:《飘》,黄建人译,第181页。
④ Margaret Mitchell, *Gone with the Wind*, p. 602.
⑤ 马格丽泰·密西尔:《飘》,傅东华译,第771页。
⑥ 玛格丽特·米切尔:《飘》,黄建人译,第492页。

的中国文化色彩明显重于黄译。再如下面一例：

> (12) The town was roaring—wide open like a frontier village, making no effort to cover its vices and sins.①
>
> 傅译：因而这个城市一直都在喧闹，门户开放得跟一个边境上的乡村一样，丝毫掩饰不了它的种种恶德和罪恶。②
>
> 黄译：亚特兰大好不兴旺——一如门户洞开的边疆乡村，毫不掩饰种种丑恶与罪孽。③

此例中的原文是对历经战火与重建后的亚特兰大的描写，战争确立了亚特兰大在南方事务中的重要地位，这座曾经毫无名气的小城现在已是名震四方。原文中的"wide open like a frontier village"就是对这座城市的规模与影响力的描写。傅译"门户开放得跟一个边境上的乡村一样"，其中"门户开放"是一个文化专有词，指的是19世纪末美国政府针对列强掀起瓜分中国的狂潮而提出的对华政策，即门户开放政策。其原义为一国在对外政策上向各国提供自由贸易的同等机会④。可见，傅译比黄译的"门户洞开"更彰显了中国的历史意蕴。类似的例子还可列举，请看下文：

> (13) "Of course, she's old but she could catch some widower with a big family if she tried...."⑤
>
> 傅译："原是她年纪也大了几岁，可是她若是有心要嫁人的话，也未尝不可做人家填房的……"⑥

---

① Margaret Mitchell, *Gone with the Wind*, p. 608.
② 马格丽泰·密西尔：《飘》，傅东华译，第779页。
③ 玛格丽特·米切尔：《飘》，黄建人译，第496页。
④ "门户开放"实质是指帝国主义列强在落后国家瓜分势力范围的侵略主张。中日战争后，日、英、法、德、意、俄等国胁迫清政府承认其在中国的势力范围。为了钳制欧洲诸国，美国提出门户开放，机会均等的主张：美国承认列强在华势力范围，美国要在一切势力范围内取得通商自由、享受低税率和一切特权利益。参见王伯恭主编：《中国百科大辞典》（第5卷），第3700页。
⑤ Margaret Mitchell, *Gone with the Wind*, p. 664.
⑥ 马格丽泰·密西尔：《飘》，傅东华译，第857页。

黄译："她年龄是大点儿，但只要想想法子，总能嫁个大户人家死了老婆的男人吧……。"①

原文中的"catch some widower"，傅译为"做人家填房的"。中国曾有一种旧式婚俗叫"填房"，指的是男子的原配妻子早年去世后再续房，也就是再娶一妻。填房者多为大龄姑娘，或年轻丧偶的寡妇，或因翁婿关系密切，长女嫁后亡故以次女续配。"填房"是封建制度下的产物，新时代的中国虽然也普遍存在再婚现象，但已经不称其为"填房"了。黄译则直译为"嫁个大户人家死了老婆的男人"，并无文化色彩。傅译几乎处处流露出深深的中国文化情结，译文中多处使用中国的文化意象、成语与典故。再看下面例子：

(14) Knowing that he was going to be investigated and fearing impeachment, Bullock did not wait. ②

傅译：他怕要受到纠缠，看看三十六计，走为上计……。③

黄译：晓得自己会受审查，担心吃弹劾，他等不及赶紧脚底抹油溜之大吉。④

在译例（14）中，译文"三十六计，走为上计"就是一个典故，源自《南齐书·王敬则传》中的"檀公三十六策，走是上计，汝父子唯应急走耳。"⑤它是古代兵法中的"败战计"，即"美人计，空城计，反间计，苦肉计，连环计，走为上"中的一种。"走为上计"指的是敌人力量十分强大，而自己处于绝对的劣势，为了保全力量以备再战而采用的计策，也即指无力抵抗敌人，以逃走为上策；而今多指"事情已经到了无可奈何的地步，没有别的好办法，只能出走"。黄译的"脚底抹油溜之大吉"更具现代语言气息。再

---

① 玛格丽特·米切尔：《飘》，黄建人译，第540页。
② Margaret Mitchell, *Gone with the Wind*, p. 913.
③ 玛格丽泰·密西尔：《飘》，傅东华译，第1159页。
④ 玛格丽特·米切尔：《飘》，黄建人译，第739页。
⑤ 萧子显：《南齐书》，中华书局，1972年，第67页。

如下面例子：

> (15) "Well, it wouldn't be right to make Jeems face what we don't want to face. We'll have to take him.…"①

傅译："不过呢，己所不欲，勿施于人，咱们家儿受不了的事，也不该叫阿金去受……。"②

黄译："可不是，咱们不愿的事不该叫吉姆斯兜着，得带上他……。"③

傅译中的"己所不欲，勿施于人"出于《论语·卫灵公篇》中"子贡问曰：'有一言而可以终生行之者乎？'子曰：'其恕乎。己所不欲，勿施于人。'"④"己所不欲，勿施于人"是孔子的经典妙语之一，亦是儒家文化思想之精华。显然，傅译的归化翻译赋予原文以一层厚重的中国文化意蕴；而黄译采用了异化策略，呈现了词语在原语中的本义。

> (16) He leaped up and for a moment she thought he was going to cut a caper, before dignity claimed him.⑤

傅译：他听了这句话马上就一跃而起，看他那样子，仿佛真要先翻一个筋斗再说的。⑥

黄译：他一跃而起。刹那间，斯佳丽还以为他要不顾身份手舞足蹈呢。⑦

傅译将原文的"cut a caper"（即"举止幽默、闹着玩"）处理为"翻一

---

① Margaret Mitchell, *Gone with the Wind*, p. 22.
② 马格丽泰·密西尔：《飘》，傅东华译，第24页。
③ 玛格丽特·米切尔：《飘》，黄建人译，第16页。
④ 孔子：《论语》，岳麓书社，2000年，第150页。
⑤ Margaret Mitchell, *Gone with the Wind*, p. 121.
⑥ 马格丽泰·密西尔：《飘》，傅东华译，第148页。
⑦ 玛格丽特·米切尔：《飘》，黄建人译，第95页。

个筋斗"。"翻筋斗"是《西游记》中孙悟空的拿手本领,一个筋斗可达十万八千里之遥。后来人们习惯用歇后语"孙悟空翻筋斗——相差十万八千里"来比喻事物悬殊太大。黄译则基本照词语原义翻译为"手舞足蹈"。

(17) And if the Yankees can take the railroad there, they can pull up the strings and have us, just like a possum in a poke. ①

傅译:如果北佬把钟氏坡一段铁路占去了,他们就可以把所有的绳索都收了去,那末我们就成了瓮中之鳖了。②

黄译:北佬要是占住了那边的铁路,就会收紧绳子,把咱们一锅端啦。③

(18) Not content with Stuart alone, she had set her cap for Brent as well, and with a thoroughness that overwhelmed the two of them. ④

傅译:于是她略施一点一箭双雕的伎俩,不但要把司徒抢到手,就连伯伦也要顺手牵羊地牵来,因此他哥儿俩居然落她彀中。⑤

黄译:撩拨斯图尔特还不够,布伦特也不放过,结果兄弟俩便同时束手就擒。⑥

(19) The negroes, frightened and sullen, muttered of retaliatory house burnings. ⑦

傅译:至于黑人方面,则因兔死狐悲,声言要烧尽白人的房屋以相报复。⑧

黄译:黑人们又怕又恨,赌咒要放火烧掉白人的房子,以图报复。⑨

---

① Margaret Mitchell, *Gone with the Wind*, p. 306.
② 马格丽泰·密西尔:《飘》,傅东华译,第 392 页。
③ 玛格丽特·米切尔:《飘》,黄建人译,第 249 页。
④ Margaret Mitchell, *Gone with the Wind*, p. 15.
⑤ 马格丽泰·密西尔:《飘》,傅东华译,第 16 页。
⑥ 玛格丽特·米切尔:《飘》,黄建人译,第 12 页。
⑦ Margaret Mitchell, *Gone with the Wind*, p. 690.
⑧ 马格丽泰·密西尔:《飘》,傅东华译,第 886 页。
⑨ 玛格丽特·米切尔:《飘》,黄建人译,第 560 页。

在上文三个译例中，傅译照样用了归化策略，如例（17）中的"a possum in a poke（袋中的负鼠）"，傅译为"瓮中之鳖"，而黄译为"一锅端"。例（18）中，傅译用成语"一箭双雕"和"顺手牵羊"翻译"not content with...alone"和"set her cap for...as well"；而黄译为"还不够"和"也不放过"；例（19）中，傅译将"frightened and sullen"译为"兔死狐悲"，而黄译为"又怕又恨"。与黄译相比较，傅译多以成语和典故再现原文，更加凸显了中国历史文化的内涵。我们知道，成语、典故都是民族文化积淀的产物，体现了特定民族的智慧和历史文化。不同民族由于各自不同的生存环境、文化传说，往往会形成本民族独特的成语、典故。傅译让中国文化意象得到了充分的再现。再看下面例子：

(20) "...and that damned white trash, Hilton, gave her a passel of new ideas...."[1]
傅译："……于是什而登那个家伙就替她做起军师来了……"[2]
黄译："……那个该死的穷鬼希尔顿给她出了不少点子……"[3]

傅译中的"军师"在古代中国是职掌之一，即"出谋划策者"。今用"军师"泛指"替人出主意的人"。傅译不但体现了译者深受中国文化的熏陶，而且体现了译者所处的时代特点与社会景况。且看下文译例：

(21) "The whole world can't lick us but we can lick ourselves by longing too hard for things we haven't got any more — and by remembering too much."[4]
傅译："如果一定要为这些无可挽回的事情而怨天尤人，那就等于自

---

[1] Margaret Mitchell, *Gone with the Wind*, p. 647.
[2] 马格丽泰·密西尔：《飘》，傅东华译，第 836 页。
[3] 玛格丽特·米切尔：《飘》，黄建人译，第 526 页。
[4] Margaret Mitchell, *Gone with the Wind*, p. 662.

己打倒自己。我们是整个世界都打不倒的,自己却打得倒自己。"①

黄译:"外部世界甭想打败咱们,可咱们若是老惦记失去的东西,时刻不忘,就会自己打败自己。"②

(22) The O' Haras were a clannish tribe, clinging to one another in prosperity as well as in adversity, not for any overweening family affection but because they had learned through grim years that to survive a family must present an unbroken front to the world. ③

傅译:原来郝家人最富于家族观念,不但能够共安乐,并且能够共患难,这也并不是单单出于手足的感情,却是因为他们受过多年苦痛的教训,知道一个家族要能够生存,就非结成联合战线一致对外不可。④

黄译:奥哈拉一家子看重宗亲,紧密团结,同甘共苦,这并非出自了不起的亲情,而是艰难的岁月教会了他们,要想活命就得抱成一团,一致对外。⑤

(23) He went on speaking and there was a quality in his voice, a sadness, a resignation, that increased her fear until every vestige of anger and disappointment was blotted out. ⑥

傅译:但是卫希礼还是在那里说话,声音愈说愈凄惨,因此她心里的恐惧也愈加强烈起来,竟把刚才感到的愤怒和失望扫荡得不留一丝痕迹。⑦

黄译:他又接着往下说,声音一样,透出一种伤感和听天由命,使

---

① 马格丽泰·密西尔:《飘》,傅东华译,第 855 页。
② 玛格丽特·米切尔:《飘》,黄建人译,第 538 页。
③ Margaret Mitchell, *Gone with the Wind*, pp. 47-48.
④ 马格丽泰·密西尔:《飘》,傅东华译,第 53 页。
⑤ 玛格丽特·米切尔:《飘》,黄建人译,第 36 页。
⑥ Margaret Mitchell, *Gone with the Wind*, p. 255.
⑦ 马格丽泰·密西尔:《飘》,傅东华译,第 323 页。

她愈加害怕，原先的气恼与失望一扫而光。①

从上文三例可以看到，傅译中的"打倒""联合战线一致对外""扫荡"皆是具有战争色彩的语言，鲜明地体现了译者所处的战争年代的时代特征。傅东华翻译《飘》时，国内正处抗日战争的烽火硝烟之中，"打倒日本帝国主义""联合抗日一致对外"及"反扫荡"都是鼓舞人们斗志的战斗口号。傅译重现了战争的时代语境，这还可见于下文译例：

(24) To run away would only give them more ammunition.②

傅译：你要一逃，适足以供给她们一些攻击的军火。③

黄译：逃跑只会叫人家飞短流长更起劲。④

(25) He remained annoyingly unloverlike and, worst of all, seemed to see through all her maneuverings to bring him to his knees.⑤

傅译：然而他始终没有对她表示过一点爱，而且最糟的是他似乎已经看穿她要使他屈膝的战略了。⑥

黄译：可他始终不露声色，最可恨的是还把她试图降伏他的种种伎俩统统看破。⑦

(26) "Scarlett, I'm bad influence on you...."⑧

傅译："思嘉，你要晓得，我对于你是一种恶势力……。"⑨

黄译："斯佳丽，留神跟我学坏了……。"⑩

---

① 玛格丽特·米切尔：《飘》，黄建人译，第205页。
② Margaret Mitchell, *Gone with the Wind*, p. 119.
③ 马格丽泰·密西尔：《飘》，傅东华译，第144页。
④ 玛格丽特·米切尔：《飘》，黄建人译，第93页。
⑤ Margaret Mitchell, *Gone with the Wind*, p. 209.
⑥ 马格丽泰·密西尔：《飘》，傅东华译，第264页。
⑦ 玛格丽特·米切尔：《飘》，黄建人译，第168页。
⑧ Margaret Mitchell, *Gone with the Wind*, p. 229.
⑨ 马格丽泰·密西尔：《飘》，傅东华译，第291页。
⑩ 玛格丽特·米切尔：《飘》，黄建人译，第185页。

傅译将原文的"ammunition"、"maneuverings"和"bad influence"分别译为"军火"、"战略"和"恶势力",它们都是体现革命斗争的语言。傅东华早年所处的年代是极不平静的,先是国内革命战争,接着又是抗日救亡战争。因此,时局的动荡也深深地影响了他对文本的解读与理解,这在译文的遣词中得到了充分体现。然而,黄译则翻译为"飞短流长"、"伎俩"和"学坏",基本上忠实地传递了原文词语的含义。

(27) "Class?" said Scarlett, startled at the idea. "Class? What does class matter now, so long as a girl gets a husband who can take care of her?"①

傅译:"阶级?"思嘉听了这两个字,不由得诧异起来。"阶级?现在这种年头还讲什么阶级呢?女孩子家只要有个丈夫可依靠,别的还有什么可讲的?"②

黄译:"身份?"斯佳丽一惊,"身份?只要姑娘能嫁个照顾她的丈夫,要身份干啥用?"③

原文中三次出现"class"一词,傅译将其处理为"阶级",体现了他自身所处的社会时代的特征。传统中国社会,包括傅东华早年所处的那个时代,是比较讲究阶级划分的。"阶级"在中国是一个政治术语、一个严肃的话题。美国历史上并不存在旧时中国的阶级成分,此处黄译"身份"比较忠实地再现了原文中"class"的含义。昔日的中国不但讲究阶级划分,而且也非常讲究"门第"与"门风"的等级观念。从下面的例子可以窥见一斑:

(28) "But it must be difficult for him to reconcile the honor of the Wilke-

---

① Margaret Mitchell, *Gone with the Wind*, p. 661.
② 马格丽泰·密西尔:《飘》,傅东华译,第 853 页。
③ 玛格丽特·米切尔:《飘》,黄建人译,第 537 页。

ses with coveting your body as he does. "①

傅译:"如今希礼却正是贪图你的肉体,又要顾全他们卫家的门风而觉得万分为难的。"②

黄译:"不过他又眼馋你的肉体,又要维护威尔克斯家的面子,肯定不容易哟。"③

(29) "Will's certainly not quality folks and some of your people were. "④

傅译:"慧儿确实不是一个有门第的人,你们父家母家却是都有门第的。"⑤

黄译:"威尔不是上等人,可你们家有上等人血脉。"⑥

(30) "I would not think of disgracing the family with a divorce. "⑦

傅译:"我不做这种败门风的事,我不跟你结婚。"⑧

黄译:"离婚——我才不干给娘家丢人的事儿。"⑨

在上文三个译例中,傅译与黄译的最大不同就体现在"门第"与"门风"的字眼上。在中国,尤其是在封建制度下的中国,人们的门第观念非常强烈。可以说,影响广泛的门第观念是数千年来等级社会的充分体现。"门第"又可称为"门户""门楣""门望"等,即按照家族发展状况加以规定的等级关系。旧时代的门第观念影响深远,其中最具代表性的当数择偶婚配时的"门当户对"。新中国成立以后,人们的门第观念已经出现了很大的改观,但也不能否认门第观念在人们的思想观念中依然存在,尤其是一些比较固守传统道德的家庭。"门风"概念本质上体现了中国的家族本位思想,反映的是

---

① Margaret Mitchell, *Gone with the Wind*, p. 585.
② 马格丽泰·密西尔:《飘》,傅东华译,第748页。
③ 玛格丽特·米切尔:《飘》,黄建人译,第479页。
④ Margaret Mitchell, *Gone with the Wind*, p. 661.
⑤ 马格丽泰·密西尔:《飘》,傅东华译,第853页。
⑥ 玛格丽特·米切尔:《飘》,黄建人译,第538页。
⑦ Margaret Mitchell, *Gone with the Wind*, p. 875.
⑧ 马格丽泰·密西尔:《飘》,傅东华译,第1116页。
⑨ 玛格丽特·米切尔:《飘》,黄建人译,第710页。

家族成员的行为风范，好的门风就是与家族行为规范相符的风气和行动，因此个人行为与家族的荣辱紧密连接在一起。成功或发达是家族的荣耀，所谓"光宗耀祖"；沦丧或犯罪则意味着家族的耻辱，所谓"家门不幸"。"门第"与"门风"体现了中国传统的家庭观念，具有强烈的中国文化色彩。因此，傅译比黄译更凸显中国传统文化的思想内蕴。下面的例子也体现了同样的趋向：

> （31）Reverence for Confederacy, honor to the veterans, loyalty to old forms, pride in poverty, open hands to friends and undying hatred to Yankees.①
>
> 傅译：对于联盟州要尽忠，对于老战士要尊敬，对于旧礼教要竭力保存，对于贫穷要觉得自傲，对于朋友要慷慨解囊，对于北佬则必须永远结下冤仇。②
>
> 黄译：崇敬联邦，尊重老兵；忠于古老传统，穷得有骨气；对朋友鼎力相助，对北佬刻骨仇恨。③

原文中的"form"指的是"由礼节、礼仪或习俗支配的举止或行为"。傅译用了"旧礼教"来翻译"old forms"。我们知道，礼节、礼仪或习俗必能会打上社会历史的烙印。"旧礼教"体现的是封建等级思想观念，反映了中国封建社会的历史现实，它是统治者剥削、压迫人民的工具。中国的旧礼教体现了人们在政治上、经济上以及血缘关系上的不平等，它总是将占有统治地位的人置于高位，让他们拥有特权。"礼教"是中国文化史上独有的思想观念。显然，傅译"旧礼教"比黄译"古老传统"更能彰显中国的传统文化特色。傅译在翻译中不仅体现了与黄译不同的文化色彩，而且体现了译者自身所处的地域风采，这主要体现在傅译中多处使用上海方言（见表4-3）。

---

① Margaret Mitchell, *Gone with the Wind*, p. 779.
② 马格丽泰·密西尔：《飘》，傅东华译，第1006页。
③ 玛格丽特·米切尔：《飘》，黄建人译，第632页。

表 4-3

原文	傅译
carrying one's liquor like a gentleman	喝酒喝得不至于坍台①
he did seem kind of lukewarm about it.	可是查理的态度老是那么温吞吞。
Ma's a card!	妈是个了不起的脚色呢!
All she'll know about is the balls she went to and the beaux she collected.	她知道什么？知道跳舞会，知道找小白脸儿罢了。
"Mist' Gerald," said Pork, gratefully rolling up the shirt as Gerald fumed….	"俺说，老爷，"阿宝看见主人光火，一面捋平那衬衫，一面结结巴巴地对他说……。
And he did not intend to have it gossiped about over supper tables that this….	他又不愿意去碰钉子，免得日后在宴会上永远给别人谈论……。
…she crossed the hall quietly.	……[她] 轻轻地走过了穿堂。
Alex and Tony Fontaine were whispering in the ears of Dimity Munroe….	方乐西和方东义正跟孟提縻在咬耳朵……。
And don't you go off philandering with those other girls, because I'm mighty jealous….	你千万别跑开去跟那些女孩子七搭八搭，我是要嫉妒的哪……。
…groups of girls started off, laughing and talking, toward the house to exchange gossip in the upstairs bedrooms and to take their naps.	……小姐们则三三两两，笑着说着，都要到楼上卧房去瞎聊打中觉去了。
…she thought suddenly, and remembered how everyone, and she more than anyone else, had laughed contemptuously at Honey's forward conduct.	……她突然笑起来，因为她记得蜜儿平时做品太滥污，是人人都在笑的，她自己尤其笑得厉害。
And you think that because your rotten little boats can outrun the Yankees….	你以为你吃瘪了他们北佬儿……。
…you must write him a note…	……你一定得写个条子给他……
Don't you think that maybe God will understand that she wanted to help and won't care if it is tainted?	你想上帝会不会谅解她的一片好心，便不管这钱腥臜不腥臜呢？
They never knew what wires he pulled.	谁都不知道他走的是什么路数。
"But there are midwives—"	"不过收生婆是有的——"
Of all days in the world, Melaine had to pick this day to have the baby!	为什么媚兰早不养，迟不养，偏偏要拣今天来养孩子呢!

---

① 加着重号的文字为上海方言。

第四章　译者的介入　189

续表

原文	傅译
a hired hack	野鸡马车
And the long months of hard work at Tara had roughened her hands until they were far from pretty.	加上她回到陶乐去做了这许多月的粗生活，那一双手实在不很雅观了。
But it was obvious that the dress, bonnet and muff found no favor with her.	于是思嘉心里想，一定是我这套新行头使她看不顺眼了。

概而言之，傅译的重新语境化，向我们展示了 20 世纪 40 年代中国人的生活实况与文化实景，译者所处时代的战争话语和中国社会的政治风云在译文中大放其彩，使原文展现的美国文化图景披上了中国传统文化的外衣。然而，与傅译相对，黄译则采用异化策略，忠实地再现了原作所体现的美国异域风情与文化意蕴。

由此可见，一部美国文学经典所塑造的独特图景在两位译者的笔下彰显了两种不同的文化意蕴，呈现了两种不同的文化图景。两个译本为什么会出现这样的差异呢？下文就此问题进行具体分析。

三、译者的介入：文化差异背后的原因探析

《飘》呈现了一幅美国旧日南方的田园风景图，叙写了奴隶制下的南方种植园主家族的生产与生活实景，这部异域情调丰满的经典之作在两位译者的笔下却包涵了两种截然不同的文化图景：傅译以典型的中国文化习俗与文化景象归化了原作，给读者展示了一幅中国传统文化的缩略图；而黄译则以异化策略忠实地再现了原作的风貌，如实地展示了美国旧日南方的文化实景。傅译出版于 1940 年，恰是抗日战争之时；而黄译出版于 1999 年，恰是改革开放深入、民族经济腾飞之际。居于不同社会历史阶段的两位译者，他们对原作的解读必然融入时代与社会的情景语境之中。下面就从两部译作产生的社会历史背景进行考察，为译者的社会性与历史性介入提供明证。

抗日战争时期的上海，历经沧桑与风云变幻，1937 年中国军队撤离后，上海进入"孤岛"时期，之后又进一步失陷，成为沦陷区。然而，一批滞留在上海的文化人（其中包括傅东华）他们并没有放下手中的笔杆，而是继续

进行创作或译事工作。《飘》译本就是在这样一种社会时局中诞生,这部诞生于烽火硝烟的全民抗日保国运动中的译作,它的战争题材恰好迎合了时代主题。毛泽东在1939年6月的一封书信中这样写道:"现在需要战斗的作品,现在的生活也全部是战斗。"① 当时翻译家选题的两个主要特点:一是反侵略、反法西斯作品的大量选译;二是战时需要的实用性知识译本占有数量上的绝对优势②。可见,翻译的主题与时代命运紧紧相连。傅东华选择翻译《飘》也不可能不考虑与时代背景相契合,尽管他在《译序》中说翻译《飘》的原因是"它确实还值得一译"③。丹纳曾在《艺术哲学》中阐释过这样一种观点:任何艺术品都由当时当地之风俗习惯与时代精神所决定,环境只接受同它一致的品种而淘汰其余的品种④。同样,一部作品,无论是原作还是译作,它的产生也必定与社会历史语境、文化语境,以及与处在这个语境中的读者的兴趣紧密联系在一起。因此,译者的翻译选题必然具有趋时性,使译作与现实密切关联,更加注意到译作产生的效能问题⑤。

就当时的接受而言,《飘》行走的并不是一条经典化路线,而是大众化、通俗化路线。傅东华认为译这样的书,与译 Classics 究竟两样,它虽不能和古代名家的杰作等量齐观,却也断不是那种低级趣味的时髦小说可比⑥。显然,傅东华并不是将《飘》视为文学经典来翻译的,而是把它定位于"名家杰作"与"时髦小说"之间的通俗文学作品。那么,通俗文学为何能在抗战时期风行呢?有学者指出:

> 在日占区,由国家、民族关系决定的主宰与被主宰的中心——边缘结构,将中华民族的文化置于被殖民的边缘状态,不断加深人们遭主宰、

---

① 王树山、王健夫主编:《毛泽东书信赏析》,山东人民出版社,1997年,第399页。
② 邹振环:《抗战时期的翻译与战时文化》,《复旦学报(社会科学版)》1994年第3期,第91页。
③ 傅东华:《译序》,见马格丽泰·密西尔:《飘》,傅东华译,浙江文艺出版社,1985年,第1页。
④ 丹纳:《艺术哲学》,傅雷译,安徽文艺出版社,1991年,第71页。
⑤ 邹振环:《抗战时期的翻译与战时文化》,第91页。
⑥ 傅东华:《译序》,见马格丽泰·密西尔:《飘》,傅东华译,第3页。

受胁迫、被殖民等边缘体验，正是这种边缘结构、边缘状态、边缘体验的同一指向性，使通俗文学成为日占区中国作家创作的生存方式。①

这同样可用来解释抗战时期译者的翻译实践。"战时翻译一改名著时代浓厚的舶来气质的译风和典雅的文化趣味，强调'通俗化'和'民族化'"②。大众的精神食粮匮乏和读者的文化水准普遍低下使通俗文学的价值获得重新定位，它因此很快受到文艺界乃至整个社会前所未有的关注与重视。茅盾就曾说过："抗战文艺中如果没有民间文艺形式的作品，那就决不能深入民间"③。抗战时期通俗文学在读者接受上具有优势地位，是因为"通俗文学合乎时代需要，而且是广大读者群众的要求"④。

通俗文学的大众化路线必然迫使译者在翻译过程中考虑大多数读者的兴趣和需要。由此，译者在翻译策略的选择上，往往就会采用倾向于译文读者及其期待的处理方法。翻译意味着交际，如果忽视读者的需要，那么译者的活动也就会失去现实意义。一个合格的译者应该且必须关注读者及其自身所处的社会历史语境来操控他的译文，这正是译者主体的社会性与历史性介入的表现。傅东华在译者序言中说："即如人名地名，我现在把它们中国化了，无非要替读者省一点气力。对话方面也力求译得象中国话。有许多幽默的、尖刻的、下流的成语，都用我们自己的成语代替进去，以期阅读时可获如闻其声的效果。"⑤ 可见，傅东华是一位心中装着读者并身体力行的译者。他在其他场合也表达了"关照读者"的思想："翻译是译者和读者在译本的生产和销售中求的一种平衡，到底翻译的事业应该向哪一条路走，什么书应该译，什么人才能胜任，怎样译——这许多问题，决不是少数人推断得定，都得由多数读者来取决。"⑥ 翻译

---

① 黄万华：《抗战时期沦陷区文学及其研究》，《文学评论》2004 年第 4 期，第 621 页。
② 邹振环：《抗战时期的翻译与战时文化》，第 94 页。
③ 章绍嗣：《抗战时期的通俗文学运动和创作》，《中南民族学院学报（哲学社会科学版）》1995 年第 1 期，第 72 页。
④ 杜伟：《沦陷中成熟——论沦陷区的文艺"大众化"讨论》，《西华师范大学学报（哲社版）》2004 年第 1 期，第 94 页。
⑤ 傅东华：《译序》，见马格丽泰·密西尔：《飘》，傅东华译，第 3 页。
⑥ 傅东华：《译什么和叫谁译》，见《山核桃集》，上海生活书店，1935 年，第 351 页。

必须考虑译作的意向读者和译作可能产生的社会效应。

"在不同的时代和不同的社会环境中，翻译家对翻译有着不同的理解和认识，对从事翻译工作也有着不同的动机。"① 产生于改革开放深入、民族经济腾飞的中国新时代的黄译，却是"尽量追求语气的现代性"②。译者同样没有忘记这一时期读者的需要，"为了便于读者更准确地了解小说的时代背景，本译本还附有插图二十幅，依照小说提供的材料，描摹南北战争时期南方的世态民情。所有的这些努力，无非是想给中国读者提供一个更丰富更鲜活的《飘》的译本"③。与傅译相对，黄译则尽力将原作放回到它的社会历史背景中去再现，忠实地赋予了文本原有的异国情调，从而使读者可以真切地感受到美国南北战争的氛围和南方种植园的生活景况，这一差异也可以通过追踪时代社会的足迹来找到解答。

改革开放打开了中国通向世界的大门，中外文化交流日益频繁，在改革开放的思想浪潮中，中国几千年来古老的民族传统与思维模式逐渐被打破，受传统思想禁锢的头脑也开始在改革的春风中渐渐苏醒，国人在应对异国文化时，更倾向于求新、求异与求变。人们的文化视野也因此变得愈来愈开阔，社会与文化心理空间被拓宽，接受新生事物、学习新知识、追求新生活已经成为一种新时代的风尚。由此可见，译者对原文异域性的保留，恰是迎合了这一时期的社会语境和文化心理。

特定时代与社会的环境，以及特定时代社会中的读者都是译者翻译时必须考虑的因素。换句话说，译者对文本的理解与传译，不可能不介入其个人所具有的社会性与历史性，这是因为"对某一民族特定时代的文化成员来说，他无法自由地选择历史，无法超越历史樊篱。他一出生，就生活在以既定的生产方式为基础的该民族漫长历史文化长河的特殊氛围中。传统文化的知识积淀形成了他对客观世界认识的文化心理结构"④。译者对一部作品的理解是

---

① 许钧：《翻译动机、翻译观念与翻译活动》，《外语研究》2004年第1期，第52页。
② 黄建人：《译本前言：飘不散的梦 飘不走的人》，见玛格丽特·米切尔：《飘》，黄建人译，漓江出版社，1999年，第8页。
③ 同上。
④ 杜维斌：《〈红楼梦〉与〈飘〉》的爱情悲剧主题之比较》，《池州师专学报》1996年第4期，第52页。

在一定的社会文化语境中完成的,他(她)的理解不可避免地带有时代的烙印①。

傅译出版于1940年,社会时代的烙印在译文的很多细节上都得到了充分体现,如译文采用抗战语言——"联合战线""一致对外""扫荡""打倒""战略""军火"等。同时,傅译在再现原作时使用"门第""门风""中表为婚""旧礼教""填房""株连"等体现了中国传统文化意蕴与风采的词语,译本也多处使用彰显中国民族文化特色的文化意象,如"尼姑""落水狗""军师""太监""皇帝""皇后"等,以及成语、典故、古谚等。译作还大量使用了上海方言,充分体现了译者的地域背景。此外,对于原作中出现的人名,傅译一律用"姓加名"加以再现;对于称谓语,傅译也采用了归化策略,从而使文本具有了浓厚的中国味;而黄译则以异化策略忠实地再现原文,从而使文本显现了西方的异域情调。中国和西方的不同取名方式体现了两种不同的文化心态:中国人取名时让代表祖宗、民族、群体的"姓"居前,让代表个性、个体的"名"居于姓之后,强调文化的共性与整体性;而西方国家把代表个性的名放置于姓的前面,强调个体、尊重个人的独立人格与主体意识②。"姓名并不是简单的符号……它体现了人们意识深层的价值观念和文化心理,可看到人们思想观念和心理方面的变化。"③ "姓名……还能折射出时代的、社会的、历史的、文化的气息。"④

此外,傅译还将称谓语的翻译放置于中国封建制度的文化背景之中加以再现,例如:将年老和年轻男子译为"老爷"和"少爷",将年轻的已婚女子译为"少奶奶",等等;将美国南方奴隶制下的"种植园主"译为中国封建制度下的"大地主",将"贴身仆人"译为"管家",将"家庭教师"译为"保姆",等等,大幅度地改变了原作的文学、文化形象,从而使意象发生了

---

① 冯庆华、王昱:《从文化交流的宏观角度研究翻译——〈飘〉的译本研究》,《外国语》1998年第3期,第53页。
② 王秉钦:《论中西人名文化比较与翻译》,《外语与外语教学》1994年第5期,第31页。
③ 潘炳信:《姓名的翻译与跨文化交际》,《外语教学》(西安外国语学院学报)1998年第4期,第71页。
④ 孙云梅、倪静:《英汉取名模式比较研究》,《华中科技大学学报(社会科学版)》2004年第2期,第121页。

文化意义上的迁移。然而，与其相对的黄译则用异化策略忠实地再现了原作。称谓是人类社会语言文化的一种普遍现象，反映了不同民族的文化特性。我们可以从称谓语看出一个民族在精神、文化、趣味、习惯等方面的一些倾向，它是民族文化的折射①。可见，称谓语负载了深刻的文化烙印。称谓语还可反映人的社会属性，体现人的价值观念，它与社会结构、政治背景及传统观念有密切的关系②。

应该说，傅译将外国人名、称谓语中国化和黄译的异化翻译，都是为了顺应时代文化的趋势，为了迎合时代语境中读者的价值观念和文化心理。这一差异也突显了译者的"文化认同"。译者由于处在一个完全不同的文化语境之中，他（她）的思维方式、认知模式都与居于原语文化的作者有很大的差别，当两种不同的文化视域相遇时，译者就免不了用自己所处的译语文化语境，不同程度地过滤、归化原文。这样，译文就或多或少会留下译者自身的文化痕迹。

傅东华深受中国传统文化与文学的熏陶，加之其青少年时代又在封建制度下度过，因此这样一种环境必然影响译者对译文的理解，进而影响他采用什么样的翻译策略。而黄建人生活在新时期的中国，其文化素养与知识底蕴必定更显现代气息，这在两个译本中得到了充分体现。黄译以异化为主要策略，忠实地再现了原作的异域风情与文化意蕴，从而与傅译形成了鲜明对照，无论是作品中出现的人名、称谓语，还是作品中包含的文化意象、俗语等，译者都使其在译文中尽显西方的异域风采。

傅译与黄译的差异说明，翻译是特定社会历史语境中的意义重构，译者作为主体的社会性与历史性参与了文本意义的再生产。这样，翻译也就成为意义在新的时空语境中的一种社会性与历史性重构。

第三节　本章小结

任何一个译本的诞生总是与译者置身于其中的社会、文化、历史、经济、

---

① 廖颂举：《〈儒林外史〉称谓之文化透视》，《时代文学》2007年第1期，第58页。
② 张彦：《〈红楼梦〉中的称谓与中国传统称谓文化》，《安徽广播电视大学学报》2005年第2期，第11页。

政治相关联；此外，译者个人的精神思想、价值追求等因素也同样会影响译本的面貌。当原作从异国他乡被植入一个全新的文化土壤时，它必然要适应目标语语境，同时也要满足目标语语境的自我需求。通过对《珍妮姑娘》和《飘》的两个中译本的个案研究可以发现，译者在翻译中或使原作发生意义迁移，或忠实于原作的意义，然而，无论是哪一种情况，都显露了译者的社会性与历史性在意义重构中遗留下的印记。翻译作为一个意义重构的过程，我们需要了解的是：

> 译者添加了什么，遗漏了什么，选择了什么词语，他又是如何使用这些词语的。因为他的每一次选择的背后都是一种自觉行为，这些自觉行为揭示了译者个人所处的历史语境和他周遭的社会－政治语境；换言之，就是他生存于其中的文化。①

可以说，翻译就是对文化的建构与重塑。立足于特定文化语境中的译者就恰如一位文化的使者，行走在两种不同文化的辽阔疆域之中，在译本的生成过程中刻下了自己的每一步足迹。翻译让译者进入到一个与原作截然不同的文化空间——"第三空间"。在"第三空间"里，翻译不是"搬运"，不是"复制"，也不是"转换"，而是意义的空间性重构。"空间性重构"究其实质就是意义的社会性与历史性重构，也是译者的社会性与历史性对文本意义的重构。文本的原意在不同的社会历史语境中不断地被重构着。每个时代有每个时代的但丁，每个时代有每个时代的荷马，从某种意义上说，翻译也成了时风的产物②。文本是社会性、历史性的存在物，文本的社会性与历史性体现了文本的意义总是根植于特定的社会历史情景之中。翻译过程就是译者的社会性与历史性介入原语文本、原语文化空间的重构过程。

---

① Romám Álvarez and M. Carmen-África Vidal, "Translating: A Political Act," in Roman Álvarez and M. Carmen-África Vidal, eds., *Translation, Power, Subversion*, p. 5.
② 赵毅衡：《诗神远游》，上海译文出版社，2003年，第203页。

结　语
——译者主体性研究：补充与思考

　　翻译的长河流经了多少岁月，它沉淀了文明，消融了差异，也酝酿了和平，不同国家与民族正是假翻译为利器，才实现了真正意义上的互通与互利。可以说，一部翻译史就是一部人类文明的发展史与进步史。翻译刻写了人类社会与历史的前行方向与行走踪迹，翻译也彰显了译者的精神追求与价值求索。当翻译与译者进入译学理论的殿堂时，它们的伟大功绩便被载入了一部永恒的史册；而我们今天所做的，无非就是希望能为这部史册中的翻译与译者提供一点注解与明证。

　　翻译研究作为一门独立学科已经逐渐为译界学人接纳，翻译研究的理论建构也在逐步走向成熟，研究视角也颇为丰富。它犹如一个"百草园"，每一朵花和每一株草都展现了一个独立的生命世界，都见证和诠释了人类生命的伟大。应该承认，译学研究的每一个理论视角都展示了一个新的思维空间和思想起点。本研究也希望能够为译学大厦添一块砖、加一小片瓦，为理解翻译与译者提供新路径与新视角。

　　如果说译作是建筑，那么译者就是建筑师，要研究建筑，就不能无视建筑师的存在。无疑，我们观察事物的视角不同，就会看到不一样的景观。正因人们的传统视域习惯把建筑看成是无生命物体，而无视建筑风格与特色熔铸了建筑师的每一滴心血，这就导致了一种"只见物不见人"的现象。传统译学视野下的译者就恰逢这样一种遭遇：翻译囿于语言的"围城"中，译者就如一位"隐形人"，活动在人们视线的边缘，处于"无为"的尴尬境地。翻译研究的"文化转向"砸碎了禁锢译者的枷锁，使其获得自由与解放。此时，译者从幕后走到台前，由"仆人""奴隶""传声筒"的被动角色变为翻译行为的主体。从此，关于译者主体与主体性的研究便呈现一片盎然生机，译界学人从一切可能的视角对其做出了不尽相同的理解与解释。然而，从当前的研究现状可见，不少学者在理解译者主体性的时候，习惯将注意力集中于主体的主观能动性与自主选择性，这本质上是理论哲学路径下的主体性思维模式。理论哲学把对主体与主体性的思考置于一个抽象思辨的文本世界来加以考察，把"主体"摆在先于社会、超于社会和凌驾于历史之上的位置，没有看到主体与主体性的实践性与建构性。

"哲学作为探索人的存在根据的学问，自然要从人作为主体的性质出发，来认识人与世界的关系。"① 主体与主体性本是哲学的基本问题之一。作为两种不同的哲学思维范式，理论哲学和实践哲学皆为我们提供了思考主体与主体性的有力的思想武器。所以，从实践哲学的角度思考译者主体及其主体性有合理性与可行性。一种恰当的主体理论应该强调主体的建构性，强调它在话语、实践及制度中的生成过程②。本研究选择实践哲学作为理论依据，借鉴马克思实践哲学的主体与主体性概念，旨在为译者主体及其主体性补充一种观察与理解的视角，或者说提供另一种理论说明，以弥补当前研究中存在的缺失，同时也希望达到对翻译与翻译过程的再认识与再理解。

马克思实践哲学赋予了主体与主体性以新的内涵：主体不是一个先于实践活动的本原性的、既成的主体事实，而是在实践中自我实现与自我塑造，是为主体赖以生存的社会历史现实条件所建构的；作为一种社会存在物与历史存在物，主体具有社会性与历史性的主体性特征。实践哲学指导下的翻译研究引领我们走进了现实的生活世界，在这一视角的观照下，翻译被看成是一项重要的社会历史实践；译者作为实践主体，其主体身份是在翻译实践中实现的，译者主体性的介入是译者与文本之间双向互动与对话的过程。

毫无疑问，翻译过程不只是译者主体对原作意义的主观性再现与追寻，换句话说，译者主体性的发挥或介入并不单单意味着译者的主观自主与自为。英文中的"主体"（subject）这个词基本上囊括了主体概念的核心内容：主体

---

① 李楠明：《导言》，见《价值主体性：主体性研究的新视域》，第1页。
② D. 凯尔纳、S. 贝斯特：《后现代理论：批判性的质疑》，张志斌译，中央编译出版社，2004年，第362页。

可以是一个角色，如忠诚的臣民、接受某项实验的对象；主体可以指一个动作行为的执行者，就像一句话里的主语一样；主体也可以是一种能动作用、一种自由的主观意志①。英文"subject"一词还有"臣服、顺从"的意思。因此，"要做主体也意味着要做各种制度的服从体。"②"主体是能动体与屈从体的交互动态过程"③，主体性是"主体的能动性和屈从性的内在统一"④。一方面，主体是自我意识的行为发动者，具有主观能动性；另一方面，主体的主观能动性又被安放在社会历史网络和文化符码之中，主体行为要屈从于社会历史的现实。所以，译者不是不受社会历史因素限制的"非历史的人"和"超验主体"，也不是一个"纯然的能动体"，而是社会历史结构中能动性与屈从性（或受动性）之间的交互作用的、动态性的存在物。

同样，文本也不是和社会历史语境无涉的、独立自持的"超社会"和"超历史"的意义符码，而实际上是一项错综而复杂的"社会文化工程"。我们反对把译者主体的翻译行为单纯地限定在原作的意义，或原作的意图，或原作的内在结构等单一的既定要素之中，而是强调翻译的意义生成过程所牵涉的社会现实、语言现实、文化网络、话语规约、意识形态等多重的、复杂的社会性与历史性要素，要在复杂的社会条件和历史进程中去审视译者的主体地位及其主体性表现。应该承认，特定时空语域中的这些多重的、复杂的要素对人的话语实践具有规范作用，人的实际行为却并不一定与它们完全吻合，但占核心与主导地位的话语规约和文化网络会有效地调节并制约人的实践活动。

必须指出，本书对译者的社会性与历史性介入的研究，不是要去发现翻译过程的内在转换机制，而是为了描述和解释译者主体的翻译实践作为一种"话语事件"得以开展的社会历史现实。因为，翻译和译者都处于特定的社会历史情境之中。"一方面，翻译行为的全过程是由处于特定社会系统中的个人［译者］来完成；另一方面，翻译的现象必然与社会制度相关联，它很大程度

---

① 乔纳森·卡勒：《文学理论》，李平译，辽宁教育出版社，1998年，第114-115页。
② 同上，第115页。
③ 张进：《新历史主义与历史诗学》，第213页。
④ 同上，第214页。

结 语 | 199

上决定了翻译的选择、生产和流通，也决定了翻译过程本身所采用的策略"①。翻译不是价值无涉的行为，它实质上是政治和意识形态斗争的场域，它见证了不同国家与民族的意识形态的融合与渗透。翻译永远是译者对原作的能动性阐释，翻译带有浓郁的民族特色与时代风情，这种特色与风情不仅会从译者对翻译的选材上得到体现，而且会在译者对原作的表现方式上得到呈现。可以说，译者主体的翻译实践不但反映社会历史现实，而且翻译实践本身就是社会历史现实，由此译者的翻译活动不仅成为社会历史现实的见证，而且它就是社会历史现实的一部分。

一个译本就是一个时代与社会的缩影，新的社会历史语境必然需要与之相适应的新译本的出台。我们倡导译者在翻译过程中的社会性与历史性介入，同时要求译者在翻译实践中要有一种社会意识与历史意识，要使翻译活动与译者自身所处的现实的社会历史语境相呼应，从而使译作符合目标语或译入语社会系统的需要与期待，以实现其社会价值，完成其历史使命。

此外，译者的社会性与历史性介入需要我们在各种相关要素的联系中全面认识与把握译者与翻译实践的关系。译者的社会性与历史性让我们重新认识了翻译与译者参与其中的整个翻译过程。简言之，翻译就是意义在不同文化空间中的一种社会性与历史性重构，而翻译过程则是译者的社会性与历史性参与意义重构的过程，是译者的社会性与历史性和原作的社会性与历史性的一个互动、互渗的过程。

最后，必须强调，本研究不是对现有研究的扬弃，它只是理解路径或视角上的补充。换句话说，从实践哲学的角度解读译者主体及其主体性不是要把这一"解读"置于其他解读的"对立面"。如果把不同的理论视角作为相对立的阐释方法，就势必会导致阐释的单一化和片面化。任何一套理论的解释力都是有限度的，并不必然具有普遍有效性。同理，从实践哲学的角度来理解译者主体与主体性，必须以"人们在不同时代使用不同的时间空间组合

---

① Michaela Wolf, "Introduction: The Emergence of a Sociology of Translation," in Michaela Wolf and Alexandra Fukari, eds., *Constructing a Sociology of Translation*, John Benjamins Publishing Company, 2007, p. 1.

来把握外部现实"① 为前提。因此,实践哲学视角下的译者主体性探索并不是就要形成一个固定的、永恒的解释模式,而只是期望拓宽理解的视域,增加一种解释的可能性,从而达到对译者主体及其主体性更为丰富的认识与理解。

---

① 张进:《新历史主义与历史诗学》,第172页。

参 考 文 献

1. 英文文献

Álvarez, Romám & M. Carmen-África Vidal. "Translating: A Political Act." In Roman Álvarez and M. Carmen-África Vidal. eds. *Translation, Power, Subversion*. Beijing: Foreign Language Teaching and Research Press, 2007.

Bassnett, Susan & André Lefevere. eds. *Constructing Cultures: Essays on Literary Translation*. Shanghai Language Education Press, 2001.

Bassnett, Susan & André Lefevere. eds. *Translation, History and Culture*. London & New York: Pinter Publishers, 1990.

Bassnett, Susan. *Comparative Literature: A Critical Introduction*. Oxford & Cambridge: Blackwell, 1993.

Bassnett, Susan. ed. *Translating Literature*. Cambridge: D. S. Brewer, 1997.

Bassnett, Susan. *Translation Studies* (Third Edition). Shanghai: Shanghai Foreign Language Education Press, 2004.

Bell, Roger T. *Translation and Translating: Theory and Practice*. Beijing: Foreign Language Teaching and Research, 2001.

Benjamin, Walter. "The Task of the Translator." Harry Zohn. trans. In *The Translation Studies Reader*. Lawrence Venuti. ed. London & New York: Routledge, 2000.

Bhabha, Homi K. *The Location of Culture*. London & New York: Routledge, 2004.

Carbonell, Ovidio. "The Exotic Space of Cultural Translation." In Roámn Àlvarez& M. Carmen-Vidal. eds. *Translation, Power, Subversion*. Beijing: Foreign Language Teaching and Research Press, 2007.

Chamberlain, Lori. "Gender and the Metaphorics of Translation." In Lawrence Venuti. ed. *The Translation Studies Reader*. London & New York: Routledge, 2000.

Davis, Kathleen. *Deconstruction and Translation*. Shanghai: Shanghai Foreign Language Education Press, 2004.

Derrida, Jacques. "What is a 'Relevant' Translation?" Lawrence Venuti. trans. In *The Translation Studies Reader* (2nd Edition). Lawrence Venuti. ed. London & New York: Routledge, 2004.

Dreiser, Theodore. *Jennie Gerhardt*. Cleveland & New York: The World Publishing Company, 1926.

Dryden, John. "On Translation." In Rainer Schutle & John Biguenet. eds. *Theories of Translation: An Anthology of Essays from Dryden to Derrida*. Chicago: The University of Chicago Press, 1992.

Even-Zohar, Itamar. "The Postion of Translated Literature Within the Literary Polysystem." In Lawrence Venuti. ed. *The Translation Studies Reader*. London & New York: Routledge, 2000.

Flotow, Luise Von. *Translation and Gender: Translating in the 'Era of Feminism'*. Shanghai: Shanghai Foreign Language Education Press, 2004.

Gentzler, Edwin. "Translation, Poststructuralism, and Power." In Maria Tymoczko & Edwin Gentzler. eds. *Translation and Power*. Amherst & Boston: University of Massachusetts Press, 2002.

Gentzler, Edwin. *Contemporary Translation Theories*. London & New York: Routledge, 1993.

Godard, Barbara. "A Translator's Diary." In Sherry Simon. ed. *Culture in Transit: Translation and the Changing Identities of Quebec Literature*. Montreal: Véhicue Press, 1995.

Godard, Barbara. "Theorizing Feminist Discourse/Translation." In Susan Bassnett & André Lefevere. eds. *Translation, History and Culture*. London & New York: Pinter Publishers, 1990.

Hatim, Basil & Ian Mason. *Discourse and the Translator*. Shanghai: Shanghai Foreign Language Education Press, 2001.

Hatim, Basil & Ian Mason. *The Translator as Communicator*. London & New York: Routledge, 1997.

Hermans, Theo. ed. *The Manipulation of Literature: Studies in Literary Translation*. London & Sidney: Croom Helm, 1985.

Hermans, Theo. "Norms and the Determination of Translation: A Theoretical Framework." In Roámn Àlvarez & M. Carmen-Àfrica Vidal. eds. *Translation, Power, Subversion*. Beijing: Foreign Language Teaching and Research Press, 2007.

Hulpke, Erika. "Cultural Constrains: A Case of Political Censorship." In Harald Kittel & Armin Paul Frank. eds. *Interculturality and the Historical Study of Literary Translations*. Beijing: Foreign Language Teaching and Research Press, 2007.

Hung, Eva. ed. *Translation and Cultural Change: Studies in History, Norms and Image-Projection*. Amsterdam & Philadelphia: John Benjamins Publishing Company, 2005.

Lefebvre, Henri. *The Production of Space*. Donald Nicholson-Smith. trans. Oxford & Cambridge: Blackwell, 1991.

Lefevere, André. *Translating Literature, Practice and Theory in a Comparative Literature Context*. Beijing: Foreign Language Teaching and Research Press, 2006.

Lefevere, André. *Translation, Rewriting and the Manipulation of Literary Fame*. Shanghai: Shanghai Foreign Language Education Press, 2004.

Mitchell, Margaret. *Gone with the Wind*. Beijing: Foreign Language Teaching and Research Press, 2007.

Niranjana, Tejaswini. *Sitting Translation, History, Post-Structuralism, and the Colonial Context*. California: University of California Press, 1992.

Robinson, Douglas. *Becoming a Translator: An Introduction to the Theory and Practice of Translation*. London & New York: Routledge, 2003.

Robinson, Douglas. *The Translator's Turn*. Beijing: Foreign Language Teaching and Research Press, 2006.

Robinson, Douglas. *Translation and Empire: Postcolonial Theories Explained*. Manchester: St. Jerome Publishing, 1997.

Robinson, Douglas. *Western Translation Theory: from Herodotus to Nietzsche*. Beijing: Foreign Language Teaching and Research Press, 2006.

Robinson, Douglas. *Who Translates? Translator Subjectivities Beyond Reason*. Albany: State University of New York Press, 2001.

Schleiermacher, Friedrich. "On the Different Methods of Translating." In R. Schulte & J. Biguenet. eds. *Theories of Translation: An Anthology of Essays from Dryden to Derrida*. Chicago & London: The University of Chicago Press, 1992.

Simon, Sherry. *Gender in Translation: Cultural Identity and The Politics of Transmission*. London & New York: Routledge, 1996.

Toury, Gideon. "A Rationale for Descriptive Translation Studies." In Theo Hermans. ed. *The Manipulation of Literature: Studies in Literary Translation*. New York: St. Matin's Press, 1985.

Toury, Gideon. "The Nature and Role of Norms in Translation." In Lawrence Venuti. ed. *The Translation Studies Reader*. London & New York: Routledge, 2000.

Tymoczko, Maria. *Translation in a Postcolonial Context—Early Irish Literature in English Translation*. Shanghai: Shanghai Foreign Language Education Press, 2004.

Wolf, Michaela. "Introduction: The Emergence of a Sociology of Transla-tion." In Michaela Wolf & Alexandra Fukari. eds. *Constructing a Sociology of Translation*. Amsterdam and Philadelphia: John Benjamins Publishing Company, 2007.

Veeser, Aram. ed. *New Historicism*. London & NewYork: Routledge, 1989.

Venuti, Lawrence. *The Scandals of Translation: Towards an Ethics of Difference*. London & New York: Routledge, 1998.

Venuti, Lawrence. *The Translator's Invisibility: A History of Translation*. Shanghai: Shanghai Foreign Language Education Press, 2004.

Vermeer, Hans. "Skopos and Commission in Translational Action." Andrew Chesterman. trans. In Lawrence Venuti. ed. *The Translation Studies Reader*. London & New York: Routledge, 2000.

Vieira, Else Ribeiro Pires. "Liberating Calibans: Readings of Antropofagia and Haroldo de Campos' Poetics of Transcreation." In Susan Bassnett & Harish Trivedi. eds. *Post-Colonial Translation: Theory and Practice*. London & New York: Routledge, 1999.

2. 中文文献

阿英选编,《史料索引》,见赵家璧主编,《中国新文学大系》(第十集),上海：上海文艺出版社,1936 年。

埃斯卡皮,《文学社会学》,王美华、于沛译,合肥：安徽文艺出版社,1987 年。

爱德华·W. 萨义德,《东方学》,王宇根译,北京：生活·读书·新知三联书店,2007 年。

爱德华·W. 苏贾,《后现代地理学——重申批评社会理论中的空间》,王文斌译,北京：商务印书馆,2004 年。

安·史蒂芬森,《关于后现代主义——与弗雷德里可·詹姆逊德一次谈话》,见让-弗·利奥塔德等,《后现代主义》,赵一凡等译,北京：社会科学文献出版社,1999 年。

巴恩斯,《亚里士多德》,李日章译,台北：联经出版事业公司,1984 年。

柏拉图,《理想国》,郭斌和、张竹明译,北京：商务印书馆,1986 年。

北京大学哲学系外国哲学史教研室编译,《古希腊罗马哲学》,北京：生活·读书·新知三联书店,1957 年。

北京大学哲学系外国哲学史教研室编译,《西方哲学原著选读》(上卷),北京：商务印书馆,1981 年。

博埃默,《殖民与后殖民文学》,盛宁译,沈阳：辽宁教育出版社,1998 年。

蔡新乐,《翻译的本体论研究》,上海：上海译文出版社,2005 年。

蔡新乐,《翻译还是它本身吗？——"通化翻译"辨析》,《外语与外语教学》2001 年第 10 期。

曹少森、冯文坤,《文学翻译中译者的双重性》,《湛江师范学院学报》2007 年第 1 期。

曹小荣，《实践论哲学导引》，杭州：浙江大学出版社，2006 年。

陈大亮，《翻译研究：从主体性向主体间性转向》，《中国翻译》2005 年第 2 期。

陈大亮，《翻译主体间性转向的再思考——兼答刘小刚先生》，《外语研究》2007 年第 2 期。

陈大亮，《谁是翻译主体》，《中国翻译》2004 年第 2 期。

陈大亮，《针对翻译目的论的一种批判性反思——兼论文学翻译主体性的困境》，《西安外国语大学学报》2007 年第 3 期。

陈福康，《中国译学理论史稿》（修订本），上海：上海外语教育出版社，2000 年。

陈浪，《当代语言学研究途径翻译研究的新发展》，天津：南开大学出版社，2011 年。

陈浪，《德里达思想对翻译研究的影响——戴维斯的〈解构主义与翻译〉评介》，《外语与外语教学》2007 年第 12 期。

陈立胜，《自我与世界：以问题为中心的现象学运动研究》，广州：广东人民出版社，1999 年。

陈琳、张春柏，《译者主体地位：分析哲学的阐释》，《外语与外语教学》2006 年第 9 期。

陈梅，《外部力量与译者主体性的建构——以〈圣经〉翻译为例》，《外语与外语教学》2006 年第 6 期。

陈世旺，《替身的体验——评德莱塞笔下的爱情世界》，《零陵师范高等专科学校学报》2002 年第 4 期。

陈亚杰、王新，《目的论视角下的少数民族特色词汇翻译》，《中国翻译》2011 年第 4 期。

崔唯航，《马克思哲学革命的存在论阐释》，北京：中国社会科学出版社，2005 年。

崔永禄，《鲁迅的异化翻译理论》，《浙江大学学报（人文社会科学版）》2004 年第 6 期。

戴桂玉，《从文化学派角度看女性主义翻译主体性》，《西安外国语大学学报》

2007 年第 1 期。

丹纳,《艺术哲学》,傅雷译,合肥:安徽文艺出版社,1991 年。

德莱塞,《谈我自己》,主万译,上海:上海译文出版社,2003 年。

德莱塞,《珍妮姑娘》,范文美译,南京:译林出版社,2003 年。

德莱塞,《真妮姑娘》,傅东华译,上海:上海译文出版社,1935 年。

德里达,《书写与差异》,张宁译,北京:生活·读书·新知三联书店,2001 年。

邓红、李承坚,《建立翻译中的第三空间——论霍米·巴巴"杂合"概念在翻译中的运用》,《电子科技大学学报(社科版)》2007 年第 2 期。

邓红风、王莉莉,《翻译的窘境还是文化的窘境——评韦努蒂〈翻译的窘境〉》,《中国翻译》2003 年第 4 期。

邓巨、秦中书,《阐释过程中译者的空间与限度》,《中华文化论坛》2007 年第 1 期。

笛卡儿,《第一哲学沉思集》,庞景仁译,北京:商务印书馆,1986 年。

笛卡儿,《方法谈》,见北京大学哲学系外国哲学史教研室编译,《十六—十八世纪西欧各国哲学》,北京:商务印书馆,1975 年。

丁立群,《理论哲学与实践哲学:孰为第一哲学?》,《哲学研究》2012 年第 1 期。

丁立群,《论人类学实践哲学——马克思实践哲学的性质》,《学术交流》2005 年第 7 期。

董广才、刘佳,《受动中的能动——谈译者翻译主体能动性》,《鞍山师范学院学报》2006 年第 1 期。

杜维斌,《〈红楼梦〉与〈飘〉》的爱情悲剧主题之比较》,《池州师专学报》1996 年第 4 期。

杜伟,《沦陷中成熟——论沦陷区的文艺"大众化"讨论》,《西华师范大学学报(哲社版)》2004 年第 1 期。

段成,《交往行为理论与翻译的主体间性》,《四川师范大学学报(社会科学版)》2009 年第 6 期。

段峰,《文化视野下文学翻译主体性研究》,成都:四川大学出版社,2008 年。

樊桂芳、姚兴安,《目的论与译者的策略——兼谈应用型翻译平行语料库的建立》,《西安外国语大学学报》2007 年第 3 期。

丰捷,《无法飘逝的记忆——追踪 20 年前一场关于〈飘〉的争论》,《光明日报》1999 年 1 月 8 日。

冯庆华、王昱,《从文化交流的宏观角度研究翻译——〈飘〉的译本研究》,《外国语》(上海外国语大学学报)1998 年第 3 期。

冯文坤,《舞者,还是舞?——论女性主义翻译观与译者主体性》,《四川师范大学学报(社会科学版)》2005 年第 2 期。

冯文坤,《由实践哲学转向理论哲学的翻译研究》,《四川师范大学学报(社会科学版)》2007 年第 2 期。

弗莱德·R. 多尔迈,《主体性的黄昏》,万俊人、朱国钧、吴海针译,上海:上海人民出版社,1992 年。

傅东华,《译什么和叫谁译》,见《山核桃集》,上海:上海生活书店,1935 年。

傅勇林,《文化范式:译学研究与比较文学》,成都:西南交通大学出版社,2000 年。

傅允生,《试论历史功能》,《史学理论研究》2000 年第 2 期。

伽达默尔,《真理与方法》,洪汉鼎译,上海:上海译文出版社,1999 年。

冈特·绍伊博尔德,《海德格尔分析新时代的技术》,宋祖良译,北京:中国社会科学出版社,1993 年。

高岸起,《论实践的主体性的宏观机制》,《廊坊师范学院学报(社会科学版)》2008 年第 3 期。

高宁,《论译者的主体性地位——兼论翻译标准的设立原作》,《上海科技翻译》1997 年第 1 期。

高宁,《译学主体、译学对话和译者主体性地位》,《中国比较文学》2006 年第 1 期。

葛校琴,《后现代语境下的译者主体性研究》,上海:上海译文出版社,2006 年。

耿强,《性别译者:主体性与身份建构》,《宜春学院学报(社会科学版)》

2004 年第 3 期。

辜正坤,《序一：翻译主体论与归化异化考辩》,见孙致礼,《张谷若翻译艺术研究》,北京：中国对外翻译出版公司,2004 年。

辜正坤,《中西诗比较鉴赏与翻译理论》,北京：清华大学出版社,2003 年。

郭建中,《翻译中的文化因素：归化与异化》,见郭建中编,《文化与翻译》,北京：中国对外翻译出版公司,2000 年。

郭涛,《翻译中的主体间性——交往理论对翻译的启示》,《长春理工大学学报（社会科学版）》2008 年第 3 期。

郭湛,《主体性哲学：人的存在及其意义》,昆明：云南人民出版社,2002 年。

哈贝马斯,《认识与兴趣》,郭官义、李黎译,北京：学林出版社,1999 年。

海德格尔,《林中路》,孙周兴译,上海：上海译文出版社,1997 年。

韩民青,《论人的社会角色》,《学术研究》2011 年第 8 期。

韩庆祥,《马克思主义人学思想发微》,北京：中国社会科学出版社,1992 年。

韩震、孟鸣岐,《历史哲学——关于历史性概念的哲学阐释》,昆明：云南人民出版社,2002 年。

韩子满,《文学翻译杂合研究》,上海：上海译文出版社,2005 年。

贺善侃,《实践主体论》,上海：学林出版社,2001 年。

赫伯特·施皮格伯格,《现象学运动》,王炳文、张金言译,北京：商务印书馆,1995 年。

黑格尔,《逻辑学》（下）,杨一之译,北京：商务印书馆,1976 年。

亨利·列斐伏尔,《空间：社会产物与使用价值》,王志弘译,见包亚明主编,《现代性与空间的生产》,上海：上海教育出版社,2003 年。

亨利·列斐伏尔,《空间政治学的反思》,陈志梧译,见包亚明主编,《现代性与空间的生产》,上海：上海教育出版社,2003 年。

侯江陵,《胡塞尔先验意识理论下的主体间性问题》,硕士学位论文,哈尔滨：黑龙江大学,2007。

胡庚申,《从"译者主体"到"译者中心"》,《中国翻译》2004 年第 4 期。

胡庚申,《翻译适应选择论》,武汉：湖北教育出版社,2004 年。

胡牧,《主体性、主体间性抑或总体性——对现阶段翻译主体性研究的思考》,

《外国语》2006 年第 6 期。

黄海军、马可云，《解构主义翻译：影响与局限》，《外语教学》2008 年第 1 期。

黄龙胜，《阐释学与文学翻译中译者的主体性》，《东华大学学报（社会科学版）》2005 年第 2 期。

黄万华，《抗战时期沦陷区文学及其研究》，《文学评论》2004 年第 4 期。

贾英健，《马克思现代性批判的理论旨趣及其变革实质》，《哲学研究》2005 年第 9 期。

江正云，《空间，文学史的另一叙述视角》，《湖南第一师范学报》2007 年第 2 期。

蒋道超，《德莱塞研究》，上海：上海外语教育出版社，2003 年。

蒋道超，《重读德莱塞的〈珍妮姑娘〉》，《外语与外语教学》2004 年第 5 期。

蒋林，《后殖民视域：文化翻译与译者的定位》，《南京社会科学》2008 年第 6 期。

蒋骁华，《女性主义对翻译理论的影响》，《中国翻译》2003 年第 4 期。

金元浦，《文学的意义：交互建构的第三生成物》，《人文杂志》2006 年第 1 期。

凯尔纳，D.、S. 贝斯特，《后现代理论：批判性的质疑》，张志斌译，北京：中央编译出版社，2004 年。

康德，《判断力批判》（上），邓晓芒译，北京：人民出版社，2002 年。

康德，《实践理性批判》，关文运译，桂林：广西师范大学出版社，2002 年。

克里斯·巴克，《文化研究：理论与实践》，孔敏译，北京：北京大学出版社，2013 年。

克罗齐，《美学原理》，朱光潜译，北京：外国文学出版社，1983 年。

孔子，《论语》，长沙：岳麓书社，2000 年。

劳伦斯·韦努蒂，《翻译与文化身份的塑造》，查正贤译，见许宝强、袁伟编，《语言与翻译的政治》，北京：中央编译出版社，2001 年。

雷咏雪，《主体性是一种实践系统质》，《人文杂志》1992 年第 3 期。

李广熙，《德莱塞小说述评》，《聊城师范学院学报（哲学社会科学版）》1988

年第 4 期。

李红满，《解构主义对传统翻译理论的冲击》，《解放军外国语学院学报》2001 年第 3 期。

李惠诠，《评美国小说〈飘〉》，《外国文学研究》1979 年第 3 期。

李晶，《当代中国翻译考察（1966—1976）："后现代"文化研究视域下的历史反思》，天津：南开大学出版社，2008 年。

李静，《异化翻译：陌生化的张力》，《中南大学学报（社会科学版）》2005 年第 4 期。

李楠明，《价值主体性——主体性研究的新视域》，北京：社会科学文献出版社，2005 年。

李为善等，《主体性和哲学基本问题》，北京：中央文献出版社，2007 年。

李长成、陈立新，《走出近代主体性的困境》，《上饶师范学院学报》2003 年第 1 期。

梁启超，《论译书》，见《翻译通讯》编辑部编，《翻译研究论文集（1894—1948）》，北京：外语教学与研究出版社，1984 年。

廖晶、朱献珑，《论译者身份——从翻译理论的演变谈起》，《中国翻译》2005 年第 3 期。

廖七一，《当代西方翻译理论探索》，南京：译林出版社，2000 年。

廖七一，《硬币的另一面——论胡适诗歌翻译转型期中的译者主体性》，《中国比较文学》2003 年第 1 期。

廖颂举，《〈儒林外史〉称谓之文化透视》，《时代文学》2007 年第 1 期。

廖志勤，《文化语境视阈下的译者主体性研究》，《西南科技大学学报（哲学社会科学版）》2007 年第 3 期。

林菲，《基于关联理论解读译者主体性与误译现象》，《合肥工业大学学报（社会科学版）》2013 年第 1 期。

林晓珊，《空间生产的逻辑》，《理论与现代化》2008 年第 2 期。

刘芳，《女性主义视角下的翻译忠实性及译者主体性》，《天津外国语学院学报》2006 年第 2 期。

刘富华，《索绪尔与结构主义语言学》，孙维张译，吉林：吉林大学出版社，

2005 年。

刘全福，《当"信"与"化境"被消解时》，《中国翻译》2005 年第 4 期。

刘小刚，《翻译研究真的要进行主体间性转向了吗？——兼与陈大亮先生商榷》，《外语研究》2006 年第 5 期。

刘小刚，《释义学视角下的创造性叛逆》，《中国比较文学》2006 年第 1 期。

刘艳丽、杨自俭，《也谈"归化"与"异化"》，《中国翻译》2002 年第 6 期。

柳晓辉，《译者主体性的语言哲学反思》，《外语学刊》2010 年第 1 期。

龙柏林，《主体性黄昏：特指还是泛指？》，《湖南行政学院学报》2001 年第 2 期。

卢玉玲，《翻译的幽灵——评道格拉斯·罗宾逊的〈谁在翻译？——超越理性论译者的主体性〉》，《中国翻译》2004 年第 2 期。

鲁迅，《坟·论费厄泼赖应该缓行》，见《鲁迅文集》（第四卷），哈尔滨：黑龙江人民出版社，2004 年。

鲁迅，《论睁了眼看》，见《鲁迅全集》（第 2 卷），北京：人民文学出版社，1981 年。

陆杰荣，《理论哲学的范式与马克思关于"实践"的有限规定》，《学习与探索》2008 年第 6 期。

陆扬，《德里达——解构之维》，武汉：华中师范大学出版社，1996 年。

罗岗，《读出文本与读入文本——对现代文学研究和文化研究关系的思考》，《文学评论》2002 年第 2 期。

罗琼、陈琳，《试论"译者"的主体性》，《琼州大学学报》2005 年第 4 期。

吕俊，《理论哲学向实践哲学的转向对翻译研究的指导意义》，《外国语》2003 年第 5 期。

吕俊，《论翻译研究的本体回归——对翻译研究"文化转向"的反思》，《外国语》2004 年第 4 期。

吕俊、侯向群，《翻译学——一个建构主义的视角》，上海：上海外语教育出版社，2006 年。

马格丽泰·密西尔，《飘》，傅东华译，杭州：浙江文艺出版社，1985 年。

玛格丽特·米切尔，《飘》，黄建人译，桂林：漓江出版社，1999 年。

马克思，《1844 年经济学哲学手稿》，中共中央马克思恩格斯列宁斯大林著作编译局编译，北京：人民出版社，2000 年。

马克思、恩格斯，《马克恩恩格斯选集》（第 46 卷：上册），中共中央马克思恩格斯列宁斯大林著作编译局编译，北京：人民出版社，1979 年。

马克思、恩格斯，《马克思恩格斯全集》（第 42 卷），中共中央马克思恩格斯列宁斯大林著作编译局编译，北京：人民出版社，1979。

马克思、恩格斯，《马克思恩格斯全集》（第 4 卷），中共中央马克思恩格斯列宁斯大林著作编译局编译，北京：人民出版社，1972 年。

马克思、恩格斯，《马克思恩格斯选集》（第 1 卷），中共中央马克思恩格斯列宁斯大林著作编译局编译，北京：人民出版社，1972 年。

马克思、恩格斯，《马克思恩格斯选集》（第 1 卷），中共中央马克思恩格斯列宁斯大林著作编译局编译，北京：人民出版社，1995 年。

马克思、恩格斯，《马克思恩格斯选集》（第 2 卷），中共中央马克思恩格斯列宁斯大林著作编译局编译，北京：人民出版社，1957 年。

马克思、恩格斯，《马克思恩格斯选集》（第 3 卷），中共中央马克思恩格斯列宁斯大林著作编译局编译，北京：人民出版社，1960 年。

马祖毅，《中国翻译简史》，北京：中国对外翻译出版公司，2004 年。

曼·弗兰克，《正在到来的上帝》，见让－弗·利奥塔等，《后现代主义》，赵一凡等译，北京：社会科学文献出版社，1999 年。

曼纽尔·卡斯特，《网络社会的崛起》，夏铸九、王志弘译，北京：社会科学文献出版社，2003 年。

闵家胤主编，《阳刚与阴柔的变奏：两性关系和社会模式》，北京：中国社会科学出版社，1995 年。

穆雷，《翻译主体的"发现"与研究——兼评中国翻译家研究》，《中国翻译》2003 第 1 期。

倪梁康，《现象学及其效应：胡塞尔与当代哲学阐释》，北京：生活·读书·新知三联书店，1994 年。

欧阳康，《实践哲学思想溯源——从苏格拉底到亚里士多德》，《华中科技大学学报（社会科学版）》2006 年第 1 期。

潘炳信,《姓名的翻译与跨文化交际》,《外语教学》(西安外国语学院学报)1998年第4期。

庞学峰,《发挥与控制的统一——德里达解构主义视角下的译者主体性研究》,《外语与外语教学》2010年第3期。

彭仁忠,《论异化翻译策略与跨文化传播》,《外语学刊》2008年第4期。

乔纳森·卡勒,《文学理论》,李平译,沈阳:辽宁教育出版社,1998年。

秦秀白主编,《当代英语习语大词典》,天津:天津科学技术出版社,1999年。

裘禾敏,《论后殖民语境下的译者主体性:强势文化与弱势文化》,《浙江社会科学》2008年第3期。

裘姬新,《译者的主体性及其制约因素》,《河南科技大学学报(社会科学版)》2005年第1期。

瞿秋白,《〈俄罗斯名家短篇小说集〉序》,《瞿秋白文集·文学篇》(第二卷),北京:人民文学出版社,1986年。

全增嘏主编,《西方哲学史》(下册),上海:上海人民出版社,1985年。

冉诗洋,《tertium comparationis译名商榷》,《中国科技术语》2010年第1期。

冉诗洋、李德凤,《翻译研究"文化转向"的再思考》,《中国科技翻译》2012年第3期。

任平,《交往实践与主体际》,苏州:苏州大学出版社,1990年。

任文,《文化转向后翻译研究语言学派和文化学派的互补性——伊恩·梅森访谈录》,《中国翻译》2007年第6期。

萨特,《存在与虚无》,陈宣良等译,北京:生活·读书·新知三联书店,1997年。

商旭辉,《译者的顺应与抉择——语用顺应论下译者主体性的彰显》,硕士学位论文,长沙:中南大学,2007年。

生安锋,《霍米·巴巴的后殖民理论研究》,博士学位论文,北京:北京语言大学,2004年。

盛宁,《新历史主义》,台北:台湾扬智文化事业公司,1996年。

石琳,《文化全球化与翻译研究的文化转向——论翻译过程中的文化因素》,

《广东外语外贸大学学报》2004 年第 3 期。

史安斌,《"边界写作"与"第三空间"的构建：扎西达娃和拉什迪的跨文化"对话"》,《民族文学研究》2004 年第 3 期。

史志康主编,《美国文学背景概观》,上海：上海外语教育出版社,1998 年。

宋晓春,《论翻译中的主体间性》,《外语学刊》2006 年第 1 期。

苏琪,《"他者的抵抗"——论后殖民语境下翻译对"东方"形象的消解》,《广东外语外贸大学学报》2007 年第 1 期。

孙伯鍨、张一兵主编,《走进马克思》,南京：江苏人民出版社,2001 年。

孙会军,《普遍与差异——后殖民视阈下的翻译研究》,上海：上海译文出版社,2005 年。

孙宁宁,《翻译的主体性与主体间性》,《南京林业大学学报（人文社会科学版）》2006 年第 4 期。

孙宁宁,《实践哲学转向对翻译研究的影响》,《河海大学学报（哲社版）》2003 年第 3 期。

孙宁宁,《主体间性理论与翻译研究的嬗变》,《江苏教育学院学报（社会科学版）》2006 年第 5 期。

孙艺风,《翻译规范与主体意识》,《中国翻译》2003 年第 3 期。

孙云梅、倪静,《英汉取名模式比较研究》,《华中科技大学学报（社会科学版）》2004 年第 2 期。

索杰,《第三空间：去往洛杉矶和其他真实和想象地方的旅程》,陆扬等译,上海：上海教育出版社,2005 年。

谭素琴,《从多元系统论看文学转型期的归化异化》,《华东交通大学学报》2007 年第 3 期。

谭载喜,《西方翻译简史》（增订版）,北京：商务印书馆,2004 年。

唐洁、舒奇志,《相同人物 不同形象——从〈红字〉两译本的文字处理看译者社会历史视野对译作的影响》,《北京电子科技学院学报》2006 年第 3 期。

唐培,《从阐释学视角探讨译者的主体性——兼谈〈魔戒〉译者主体性发挥》,《解放军外国语学院学报》2003 年第 6 期。

唐日新,《中西方价值取向与价值导向的分野与整合》,《求索》1996 年第 3 期。

铁省林,《西方哲学中主体性问题的历史嬗变》,《齐鲁学刊》2003 年第 2 期。

屠国元、朱献珑,《译者主体性:阐释学的阐释》,《中国翻译》2003 年第 6 期。

屠国元、朱献珑,《翻译与共谋——后殖民主义视野中的译者主体性透析》,《中南大学学报(社会科学版)》2010 年第 6 期。

万莉,《译者主体性论析——从奈达的"功能对等"理论到勒菲弗尔的改写理论》,《东北师范大学(哲学社会科学版)》2011 年第 3 期。

汪正龙,《文学意义研究》,南京:南京大学出版社,2002 年。

王秉钦,《论中西人名文化比较与翻译》,《外语与外语教学》1994 年第 5 期。

王伯恭主编,《中国百科大辞典》,北京:全国大百科全书出版社,1999 年。

王东风,《翻译研究的后殖民视角》,《中国翻译》2003 年第 4 期。

王东风,《归化与异化:矛与盾的交锋?》,《中国翻译》2002 年第 5 期。

王凤华等,《社会性别文化的历史与未来》,北京:中国社会科学出版社,2006 年。

王富,《战略本质主义与后殖民译者身份定位》,《社会纵横》2015 年第 9 期。

王宏印,《中国传统译论经典诠释——从道安到傅雷》,武汉:湖北教育出版社,2003 年。

王洪涛,《翻译学的学科建设与文化转向》,上海:上海译文出版社,2008 年。

王建平,《从主体性到主体间性:翻译理论研究的新趋向》,《学术界》2006 年第 1 期。

王建平、卢薇,《倾听"他者"的声音——试析后现代语境下女性主义批评对翻译研究理论的解构与重建》,《东北大学学报(社会科学版)》2005 年第 4 期。

王南湜,《从理论哲学到实践哲学——50 多年来中国马克思主义的发展》,《河南大学学报(社会科学版)》2005 年第 4 期。

王南湜,《进入现代实践哲学的理路》,《开放时代》2001 年第 3 期。

王南湜、谢永康,《后主体性哲学的视域——马克思唯物主义的当代阐释》,

参考文献 | 217

北京：中国人民大学出版社，2004 年。

王平、杨蕴玉，《从认知语言学的翻译观看译者主体性的发挥》，《武汉工程大学学报》2009 年第 6 期。

王书道，《人的生存方式的实践哲学意蕴》，《湛江海洋大学学报》2002 年第 2 期。

王树山、王健夫主编，《毛泽东书信赏析》，济南：山东人民出版社，1997 年。

王铁钧，《中国佛典翻译史稿》，北京：中央编译出版社，2006 年。

王文斌，《论译者在文学翻译中主体作用的必然性》，《外语与外语教学》2001 年第 2 期。

王先霈、王又平主编，《文学批评术语汇释》，北京：高等教育出版社，2006 年。

王湘玲、蒋坚松，《论从翻译的主体性到主体间性》，《外语学刊》2008 年第 6 期。

王艳玲编著，《一部小说创下出版史上的奇迹：米切尔与〈飘〉》，北京：中国少年儿童出版社，2001 年。

王义军，《从主体性原则到实践哲学》，北京：中国社会科学出版社，2002 年。

王友贵，《当代翻译文学史上译者主体性的削弱（1949—1978）》，《外国语言文学》2007 年第 1 期。

王友贵，《翻译家鲁迅》，天津：南开大学出版社，2005 年。

王玉樑，《论理论哲学和实践哲学》，《清华大学学报（哲学社会科学版）》2012 年第 4 期。

王玉括，《译者的身份建构》，《天津外国语学院学报》2005 年第 5 期。

王振林，《"主体间性"是一个应该给予消解的无意义的概念吗?》，《华东师范大学学报（哲学社会科学版）》2002 年第 4 期。

王佐良，《翻译中的文化比较》，见郭建中编，《文化与差异》，中国对外翻译出版公司，2000 年。

威廉·巴雷特，《非理性的人——存在主义哲学研究》，段德智译，上海：上海译文出版社，1992 年。

维·库利岑，《后现代主义：一种新的原始文化》，见让-弗·利奥塔等，《后现代主义》，赵一凡等译，北京：社会科学文献出版社，1999 年。

魏家海，《文学翻译的操纵性与主体性》，《西安电子科技大学学报（社会科学版）》2004 年第 2 期。

魏小萍，《"主体性"涵义辨析》，《哲学研究》1998 年第 2 期。

文永超，《从目的论视角看林纾翻译〈黑奴吁天录〉的目的和方法》，《外国语文》2011 年第 4 期。

沃伦，《理解诗歌》（第 4 版），北京：外语教学与研究出版社，2004 年。

吴波，《译者地位边缘化成因及其对策初探》，《国外外语教学》2004 年第 1 期。

吴慧敏，《〈飘〉在 20 世纪 40 年代中国的重写——论傅东华翻译策略及其制约因素》，硕士毕业论文，北京：首都师范大学，2005 年。

吴南松，《"第三类语言"面面观——文学翻译中译作语言探索》，上海：上海译文出版社，2008 年。

吴萍，《现代阐释学视野下的文学文本翻译者的主体性问题》，《外国语言文学》2004 年第 4 期。

吴友军、黄志刚，《实践作为历史性范畴的哲学内涵》，《贵州师范大学学报（社会科学版）》2004 年 1 期。

吴育林，《实践主体与马克思哲学的生存维度》，《现代哲学》2006 年第 4 期。

西奥·赫曼斯，《翻译的再现》，田德蓓译，见谢天振主编，《翻译的理论建构与文化透视》，上海：上海外语教育出版社，1999 年。

西蒙·波娃，《第二性》，桑竹影、南珊译，长沙：湖南文艺出版社，1986 年。

郗杰英，《新状态——当代城市青年报告》，北京：中国青年出版社，1999 年。

萧子显，《南齐书》，北京：中华书局，1972 年。

谢龙主编，《现代哲学观念》，北京：北京大学出版社，1990 年。

谢世坚，《论文学翻译中的译者主体性及其限度》，《广西师范大学学报（哲学社会科学版）》2004 年第 4 期。

谢天振，《创造性叛逆：争论、实质与意义》，《中国比较文学》2012 年第 2 期。

谢天振，《创造性叛逆——翻译中文化信息的失落与变形》，《世界文化》2016

年第 4 期。

谢天振,《翻译:文化意象的失落与歪曲》,《上海文化》1994 年第 3 期。

谢天振,《翻译本体研究与翻译研究本体》,《中国翻译》2008 年第 5 期。

谢天振,《翻译研究文化转向之后——翻译研究文化转向的比较文学意义》,《中国比较文学》2006 年第 3 期。

谢天振,《国内翻译界在翻译研究和翻译理论认识上的误区》,《中国翻译》2001 年第 4 期。

谢天振,《论文学翻译的创造性叛逆》,《外国语》1992 年第 1 期。

谢天振,《文学翻译:一种跨文化的创造性叛逆》,《上海文化》1996 年第 3 期。

谢天振,《误译:不同文化的误解与误释》,《中国比较文学》1994 年第 1 期。

谢天振,《译介学》,上海:上海外语教育出版社,1999 年。

谢天振、查明建,《中国现代翻译文学史》,上海:上海外语教育出版社,2003 年。

谢永康,《论实践哲学的理论方式及其合理性》,《学海》2002 年第 3 期。

徐来,《在女性的名义下"重写"——女性主义翻译理论对译者主体性研究的意义》,《中国翻译》2004 年第 4 期。

徐岚,《论译者的主体地位》,《中国科技翻译》2005 年第 3 期。

许钧,《"创造性叛逆"和翻译主体的确立》,《中国翻译》2003 年第 1 期。

许钧,《翻译的主体间性与视界融合》,《外语教学与研究》2003 年第 4 期。

许钧,《翻译动机、翻译观念与翻译活动》,《外语研究》2004 年第 1 期。

许钧,《三十年实践与思索——香港刘靖之先生论翻译》,《出版广角》1996 年第 6 期。

许钧,《生命之轻与翻译之重》,北京:文化艺术出版社,2007 年。

许钧,《译事探索与译学思考》,北京:外语教学与研究出版社,2002 年。

亚里士多德,《尼各马可伦理学》,廖申白译注,北京:商务印书馆,2003 年。

亚里士多德,《形而上学》,见北京大学哲学系外国哲学史教研室编译,《古希腊罗马哲学》,北京:商务印书馆,1961 年。

杨耕,《马克思如何成为现代西方哲学的开创者》,《学术月刊》2001 年第 10 期。

杨恒达，《作为交往行为的翻译》，见谢天振主编，《翻译的理论建构与文化透视》，上海：上海外语教育出版社，2000年。

杨劲松，《后现代视野下文本读解的规约性与意义的重构》，《中国外语》2008年第3期。

杨武能，《阐释、接受与再创造的循环——文学翻译断想之一》，见许钧主编，《翻译思考录》，武汉：湖北教育出版社，1998年。

杨武能，《尴尬与自如 傲慢与自卑——文学翻译家心理人格漫说》，见许钧主编，《翻译思考录》，武汉：湖北教育出版社，1998年。

杨晓荣，《二元对立与第三种状态——对翻译标准问题的哲学思考》，《外国语》1999年第3期。

杨镇源，《论后解构主义时代译者主体性之重构》，《电子科技大学学报（社科版）》2009年第3期。

杨镇源，《哲学实践转向的启示：后解构主义时代的译学反思》，《贵州社会科学》2007年第9期。

姚朝文，《文学研究泛文化现象批判》，上海：上海三联书店，2008年。

叶汝贤、李惠斌，《马克思主义实践哲学的现代解读》，北京：社会科学文献出版社，2006年。

叶维廉，《中国诗学》，北京：人民文学出版社，2006年。

易银珍等，《女性伦理与礼仪文化》，北京：中国社会科学出版社，2006年。

殷鼎，《理解的命运：解释学初论》，北京：生活·读书·新知三联书店，1988年。

俞佳乐，《翻译的社会性研究》，上海：上海译文出版社，2006年。

俞吾金，《"主体间性"是一个似是而非的概念》，《华东师范大学学报（哲学社会科学版）》2003年第4期。

俞吾金，《实践诠释学：重新解读马克思哲学与一般哲学理论》，昆明：云南人民出版社，2001年。

俞吾金，《一个被遮蔽的"康德"问题——康德对"两种实践"的区分及其当代意义》，《复旦学报（社会科学版）》2003年第1期。

俞宣孟，《现代西方的超越思考——海德格尔的哲学》，上海：上海人民出版社，1989年。

喻锋平，《"被缚的普罗米修斯"——谈译者主体性的介入和受限》，《河北理工学院学报（社会科学版）》2005年第2期。

袁莉，《关于翻译主体研究的构想》，见张柏然、许钧主编，《面向21世纪的译学研究》，北京：商务印书馆，2002年。

曾利沙，《论翻译的艺术创造性与客观制约性——主题关联性社会文化语境下的译者主体性个案研究》，《广东外语外贸大学学报》2006年第2期。

曾文雄，《"文化转向"核心问题与出路》，《外语学刊》2006年第2期。

查明建、田雨，《论译者主体性——从译者文化地位的边缘化谈起》，《中国翻译》2003年第1期。

张登巧、赵润林，《交往实践观与马克思主体性哲学》，《社会科学》2001年第3期。

张富国，《〈珍妮姑娘〉中的现实主义特色》，《名作欣赏》2011年第2期，

张宏，《从"理论哲学"到"实践哲学"——现代哲学转向及其现实意义》，《理论界》2008年第6期。

张进，《新历史主义与历史诗学》，北京：中国社会科学出版社，2004年。

张青青，《改写理论之赞助人系统——武曌对〈大云经〉与〈华严经〉翻译的操纵》，《外国语文》2011年第6期。

张清祥，《"他者"话语的遮蔽——20世纪30年代新文学男性大师笔下"女性被讲述"文本剖析》，《江西社会科学》2005年第1期。

张荣翼，《阐释的魅力》，重庆：重庆出版社，2001年。

张汝伦，《德国哲学十论》，上海：复旦大学出版社，2004年。

张汝伦，《历史与实践》，上海：上海人民出版社，1995年。

张世英，《哲学导论》，北京：北京大学出版社，2002年。

张彦，《〈红楼梦〉中的称谓与中国传统称谓文化》，《安徽广播电视大学学报》2005年第2期。

张长明、刘清华，《立足实践理解马克思主义哲学本体论》，《湖湘论坛》2004第2期。

张祝祥、杨德娟，《美国自然主义小说》，上海：复旦大学出版社，2007年。

章绍嗣，《抗战时期的通俗文学运动和创作》，《中南民族学院学报（哲学社会科学版）》1995年第1期。

赵彦春，《翻译学归结论》，上海：上海外语教育出版社，2005年。

赵毅衡，《诗神远游》，上海：上海译文出版社，2003年。

郑耀军，《翻译的主体研究范式的新转向：从单一主体性到翻译的主体间性》，《河海大学学报（哲学社会科学版）》2006年第4期。

中国社会科学院语言研究所词典编辑室编，《现代汉语词典（汉英双语）》，北京：外语教学与研究出版社，2002年。

仲伟合、周静，《译者的极限与底线——试论译者主体性与译者的天职》，《外语与外语教学》2006年第7期。

朱贻庭，《现代家庭伦理与传统亲子、夫妻伦理的现代价值》，《华东师范大学学报（哲学社会科学版）》1998年第2期。

邹振环，《抗战时期的翻译与战时文化》，《复旦学报（社会科学版）》1994年第3期。

3. 网络文献

《〈飘〉的作者玛格丽特·米切尔逝世》，http：//www.yes-chinese.com/v2010/culture/historytoday/view.do？id=1518. 2003-08-11/2009-03-25.

《1949年8月16日 美国作家玛格丽特·米切尔逝世》，http：//www.people.com.cn/GB/historic/0816/2687. 2003-8-11/2009-3-28.

钱冠连，《人与人的同一与差异——哲学家对翻译的追问》，http：//www.clal.org.cn/personal/glqian/TYYCY. 2008-09-28/2009-02-30.

后 记

　　本书是在我的博士学位论文基础上稍做修改而成。对每个博士毕业生来说，出版自己的博士学位论文应是一件亟待完成的任务，也是渴望尽早了却的一个心愿。我自2009年6月博士毕业至今已近八年，论文出版拖延的时间实在是太久。在这期间，我曾多次下决心着手修改，但因各种原因被迫放弃、搁置，当然最大的原因还是自己的主观努力不够。其实今天拿出来的出版定稿并未实现原初的改稿计划，整个论文框架未做丝毫变更，只是部分章节内容做了局部调整与修改，所以不得不嗟叹自己"志大"而"才疏"。然又自感欣慰的是，在过去半年多时间里，我能够拥有一整块的自由时间，就像当初撰写初稿一样，心无旁骛地投入其中。

　　拙著《实践哲学视角下的译者主体性探索》以实践哲学为理论基础，对译者主体性进行分析与阐述，对我而言，这的确是一种挑战，因为我既未接受过哲学的专门训练，也未对哲学做过系统、深入的研究，而只是凭着对哲学的兴趣与热爱而作，因此全书有关哲学的论述肯定存在欠缺与不足。

　　我一直认为，攻读博士学位是一个高强度的智能训练，能够在规定时间里完成学业，对每一位博士生而言都是一件值得庆幸的事情。回首当年的求学之路，尽管有些艰辛，但内心却充实丰盈。三年的学习不仅开阔了我的学术视野，也很好地磨炼了我的意志与心性。

　　在这里，首先要感谢我的导师谢天振教授。谢老师对我的影响至深，能够在学术道路上不断收获新知与心得，离不开谢老师的培养与教诲。在攻读博士学位期间，谢老师不但从研究方法上给予我们悉心指导，而且安排我们撰写读书报告，让我们从中掌握研究理路，洞悉作者的思想与逻辑。对我而言，三年的学习不只是理论知识的丰富与夯实，更有研究心得的感知与体悟，这让我终身受用。谢老师高远的学术眼光和锐利的思辨能力也让我耳濡目染、深受教益。跟随谢老师求知问学，每每感动的还有他对理论充满激情的探索，以及对学术研究的那份严谨与执着。毕业后，谢老师总是激励我不要放弃科研，坚持下去必有所获，可我走上工作岗位后很长一段时间里，因为繁重的教学任务和各种无法推延的琐事而堕入了"不学"与"无术"的境地，心里着实有过放弃研究的念头，我仍记得毕业后第一次回母校去见谢老师时的那种忐忑。师恩如海，难报万一，希望不辜负恩师的栽培，在未来的学术道路上走得远一些、再远一些。

感谢上海外国语大学高级翻译学院的柴明颎教授。在上海外国语大学学习期间，学习上的压力总是能够从柴老师的课堂上得到缓解，我仍然记得那些幽默风趣的小故事，捧腹大笑之后得到的是思想上的深刻启迪。柴老师和蔼可亲，平易近人，他的睿智与豁达让我们倍感生命的幸福与美好。

感谢复旦大学历史系的邹振环教授。第一次聆听邹老师的讲座是在香港中文大学翻译研究中心主办的翻译史暑期班上。感谢邹老师不弃，将我收入门墙，使我有机会在复旦历史系学习一年。在这一年中，邹老师对我一视同仁地加以教导，并对我的抗战时期文学翻译史课题给出了很多启发性的意见，使我在研究思路上有了新的突破与进展。邹老师的循循善诱和谆谆教导，以及对待学生的和蔼与亲切，于我而言，是终生难忘的际遇。在我离开复旦之后，邹老师仍然关心我的工作和学术研究，每每遇到疑难他都会给出细心的指点。

生活中我经历了多数同龄人未经历过的困难与波折，但我又时时感觉到自己是命运的"宠儿"，因为每每在我人生的关键时刻，我总能得到很多长辈和老师的鼓励与帮助。在这里，我想向他（她）们表达我由衷的谢意：西南大学文旭教授、杨毅教授，东南大学杨莉教授，广东外语外贸大学黄忠廉教授，华东理工大学王建国教授，江西财经大学叶卫华教授、陈海花教授、潘清华教授、郝燕教授、李会学教授，北京第二外国语学院李美霞教授、汪福祥教授与宋正清师母。我也得到了很多同学、好友的关心与帮助，他（她）们是：师姐卢玉玲、江帆、唐欣玉、张莹、陈浪、刘季、薛锦、张玉芳，师兄刘小刚、李新国，师弟卢志宏、黄德先、耿强，师妹郑晔、刘启君、林秋云，还有万媛、邬溧、揭婷、涂志辉和陈斌。在风雨兼程的路上，他（她）们的鼓励、关心与帮助给了我继续前行的力量。

我还要感谢我所在的工作单位江西财经大学，八年前我来到这里，学校给予了我优越的物质条件和宽松的科研环境；同时我要感谢外国语学院的领导和同事，感谢学院办公室的全体老师，他（她）们给予我的工作上的各种帮助与支持，让我感受到了这个大集体的温暖。

我要感谢我的父亲母亲。感恩父母给我生命，让我来到这个世界去感受人间的喜乐悲苦，去享受生命带来的各种惊奇与乐趣。感恩父母，没有他们早年的含辛茹苦，我不会像今天这样幸运地过上自己想要的生活。父母亲从未因经济负担放弃对子女的教育，而是尽其所能地创造最好的条件，鼓励子女一定要好好念书，走到外面去看更大的世界。小时候的我体弱多病，我时常记起好几个漫天飞雪的寒冬，父母亲用自行车艰难地推着发烧或咳嗽的我去往小镇的卫生所。父亲母亲的养育之恩今生难报万一，我将尽自己所能为他们改善生活，让他们安享晚年。我要感谢我的哥嫂，有他们陪伴在父母身旁，让我"远游"之日少了顾虑与担忧。

拙著能够在这么短的时间里顺利出版，必须感谢中国书籍出版社的李立云女士，衷心感谢她的各种帮助。李老师的尽职尽责与认真仔细是我学习的榜样，严格说来她是第三次做我的责任编辑，每一次与她合作总能得到不少收获。

将所有的感谢珍藏心底，让它们化作我人生征程上的"助力器"，推动我走向一个更加辽阔、更加灿烂的明天。

熊兵娇
2016 年 12 月
于财大蛟桥园

图书在版编目（CIP）数据

实践哲学视角下的译者主体性探索/熊兵娇著.—北京：中国书籍出版社，2016.12
ISBN 978-7-5068-5984-4

Ⅰ.①实… Ⅱ.①熊… Ⅲ.①翻译—研究 Ⅳ.①H059

中国版本图书馆CIP数据核字（2016）第294662号

实践哲学视角下的译者主体性探索
熊兵娇　著

策划编辑	李立云
责任编辑	李立云
责任印制	孙马飞　马　芝
封面设计	文人雅士
出版发行	中国书籍出版社
地　　址	北京市丰台区三路居路97号（邮编：100073）
电　　话	（010）52257143（总编室）　　（010）52257140（发行部）
电子邮箱	eo@chinabp.com.cn
经　　销	全国新华书店
印　　刷	河北省三河市顺兴印务有限公司
开　　本	710毫米×1000毫米　1/16
印　　张	15
字　　数	261千字
版　　次	2016年12月第1版　2016年12月第1次印刷
书　　号	ISBN 978-7-5068-5984-4
定　　价	58.00元

版权所有　翻印必究